"十二五"职业教育国家规划教材
经全国职业教育教材审定委员会审定

"十四五"卫生高等职业教育专科校院合作"双元"规划教材

供临床医学类及相关专业用

医学遗传学

第5版

主　编
张春斌　尚喜雨

副主编
李广智　胡艳玲

编　委（按姓名汉语拼音排序）

蔡哲彦（娄底职业技术学院）　　　　　刘效伊（深圳市龙岗区妇幼保健院）
付　红（重庆三峡医药高等专科学校）　尚喜雨（南阳医学高等专科学校）
广　慧（黑龙江护理高等专科学校）　　王　钏（江西医学高等专科学校）
胡艳玲（重庆三峡医药高等专科学校）　王媛媛（北京大学第三医院）
李广智（江苏护理职业学院）　　　　　谢林峰（四川护理职业学院）
李　娟（赣南卫生健康职业学院）　　　曾渊君（漳州卫生职业学院）
林　纯（广东岭南职业技术学院）　　　张春斌（漳州卫生职业学院）

北京大学医学出版社

YIXUE YICHUANXUE

图书在版编目（CIP）数据

医学遗传学 / 张春斌，尚喜雨主编. -- 5 版.
北京：北京大学医学出版社，2025.7. -- ISBN 978-7-5659-3393-6

Ⅰ．R394
中国国家版本馆 CIP 数据核字第 2025PQ6733 号

医学遗传学（第 5 版）

主　　编：张春斌　尚喜雨
出版发行：北京大学医学出版社
地　　址：（100191）北京市海淀区学院路 38 号　北京大学医学部院内
电　　话：发行部 010-82802230；图书邮购 010-82802495
网　　址：http://www.pumpress.com.cn
E-mail：booksale@bjmu.edu.cn
印　　刷：北京瑞达方舟印务有限公司
经　　销：新华书店
责任编辑：崔玲和　　　责任校对：靳新强　　　责任印制：李　啸
开　　本：850 mm×1168 mm　1/16　印张：13　字数：388 千字
版　　次：1998 年 8 月第 1 版　2025 年 7 月第 5 版　2025 年 7 月第 1 次印刷
书　　号：ISBN 978-7-5659-3393-6
定　　价：30.00 元
版权所有，违者必究
（凡属质量问题请与本社发行部联系退换）

第 6 轮修订说明

党和国家高度重视职业教育发展，《国家职业教育改革实施方案》《职业院校教材管理办法》《高等学校课程思政建设指导纲要》《习近平新时代中国特色社会主义思想进课程教材指南》《关于推动现代职业教育高质量发展的意见》等重要文件陆续发布，对卫生健康职业教育、高职专科临床医学人才培养及教材建设提出了更高的要求。

高职专科临床医学专业教材历经 5 轮建设，不断更新完善、与时俱进，为全国高职临床医学类人才培养做出了贡献。第 3 轮教材入选教育部普通高等教育"十一五"国家级规划教材 15 种，第 4 轮教材入选"十二五"职业教育国家规划教材 17 种。第 5 轮教材全套入选教育部职业教育教材信息库，入选首批"十四五"职业教育国家规划教材 8 种。

高质量的教材是实施教育改革、提升人才培养质量的重要支撑。为全面贯彻党的教育方针，深入贯彻党的二十大精神，落实立德树人的根本任务，更好地支持新时代卫生健康职业教育事业发展，服务于我国高职专科临床医学专业人才培养，北京大学医学出版社启动高职专科临床医学专业教材第 6 轮修订编写工作。本轮教材共 25 种，均为北京大学医学出版社"十四五"规划教材。

第 6 轮教材的修订编写坚持"以学生为中心"的原则，对标教育部高职专科临床医学专业教学标准、临床执业助理医师资格考试大纲，参考助理全科医师培训标准，以技能教育为根本，满足 3 个需要（学科需要、教学需要、行业需要），注重基本理论、基本知识和基本技能。内容以"必需、够用"为度，遵循学生认知规律，注重教学适用性，优化编写体例，深化产教融合，优化数字融合，强化思政融合，围绕"岗课赛证"综合育人机制建设，力争成为一套既满足多数院校教学实际，又适度引领教学，培根铸魂、启智增慧，适应新时代要求的精品高职专科临床医学专业教材。

本轮教材的修订编写得到了多方面的大力支持。参编院校教学管理部门提出了宝贵建议，职教专家精心指导、把关，临床专家认真编写、审稿，他们为锤炼精品教材、服务教学改革、提高人才培养质量做出了贡献，在此一并表示感谢！

希望广大师生多提宝贵意见，反馈使用信息，以使本套教材内容日臻完善，为新时代高职专科临床医学教育发展和人才培养做出贡献！

前 言

在人类探索生命奥秘的征途中，医学遗传学犹如一盏明灯，照亮了前行的道路，引领我们深入洞察生命的本质与疾病的根源。作为一门融合生物学、医学与遗传学精髓的交叉学科，医学遗传学不仅揭示了遗传信息如何影响人类的健康与疾病，还为疾病的预防、诊断与治疗提供了科学依据与技术创新，其重要性在现代医学体系中日益凸显。

追溯过往，我国医学遗传学教材的发展历程是一部凝聚智慧、传承创新的发展史。自1998年北京大学医学部柳家英教授主编的全国高等医学专科教材《医学遗传学》问世以来，该教材便成为了医学遗传学教育领域的里程碑。历经2008年的第2版、2015年的第3版与2019年的第4版修订，每一次改版都凝聚了编者的心血与智慧，紧跟学科发展步伐，不断融入新知，使得教材内容更加丰富，体系更加完善。

而今，随着医学遗传学研究的不断深入与技术的飞速发展，我们深感教材内容亟需再次革新，以更好地适应现代医学教育的需求与挑战。因此，在教育部《"十四五"职业教育国家规划教材建设实施方案》的指导下，我们着手进行了本次修订工作。

在修订过程中，我们对标教育部高职专科临床医学专业教学标准、临床执业助理医师资格考试大纲，秉持"强化基础、联系实际、注重创新"的原则，力求使教材的内容既严谨科学，又生动有趣。教材的第一部分"医学遗传学基础"，在保留第4版精髓的基础上，进行了内容的精选与优化，强化了遗传学基础理论，同时紧密联系临床实际，通过案例导入的方式，激发学生的学习兴趣，引导他们将理论知识与实践相结合。此外，我们还增加了丰富的数字资源，包括知识拓展、自测题、思维导图等，旨在帮助学生巩固所学知识，提升解决问题的能力。教材的第二部分"医学遗传学实验"，则着重培养学生的实践操作能力与创新思维。我们精心设计了涵盖细胞生物学、分子遗传学及群体遗传学等多个层面的教学实验，旨在通过实验的方式，加深学生对医学遗传学原理的理解与掌握。同时，我们还提供了丰富的参考文献与生物医学网站资源，鼓励学生拓宽学术视野，追踪学科前沿动态。

为了方便学生自学与教师授课，我们还配套制作了精美的PPT教学课件。这些PPT教学课件不仅包含了教材中的核心知识点，还融入了丰富的图表与动画效果，使得教学更加直观、生动。本教材还可满足医药卫生类高等职业教育、成人教育及专升本等多个层次的教学需求，具有较强的实用性与适用性。

在此，我们要特别感谢初版主编柳家英教授以及后续各版主编与编委们的辛勤耕耘与无私奉献。正是有了他们的智慧引领与精心策划，本教材才得以不断焕发新的生机与活力。同时，我们也要感谢北京大学医学出版社、漳州卫生职业学院的鼎力支持与帮助，使得本教材能够顺利出版并广泛应用于医学教育领域。还要感谢侯文蓉、杨晓帆和巴晨昊做了大量的校对工作。

当然，我们深知任何教材都不可能尽善尽美，本教材中难免存在不足之处。因此，我们诚挚地希望广大同行专家、师生提出宝贵的意见与建议，帮助我们不断完善与提升教材的质量。让我们携手并进，共同推动医学遗传学教材的建设与发展，为培养更多优秀的医学人才贡献我们的力量！

主编

目 录

第一部分 医学遗传学基础 1

第一章 绪论 2

第一节 遗传病概述 2
一、遗传病的概念 2
二、遗传病的特征 3
三、遗传病的分类 4

第二节 医学遗传学的分支学科及研究方法 5
一、医学遗传学的分支学科 5
二、医学遗传学的研究方法 6

第三节 医学遗传学的发展简史 6
一、医学遗传学的萌芽 6
二、细胞遗传学的发展 7
三、生化遗传学的发展 7
四、分子遗传学的发展 8
五、临床遗传学的发展 8

第二章 遗传的细胞基础 12

第一节 染色质与染色体 12
一、染色质 13
二、染色体 16

第二节 细胞周期中的染色体行为 25
一、细胞周期 25
二、细胞分裂与染色体传递 26
三、生殖细胞的发生 30

第三节 染色体与性别决定 31

第三章 遗传的分子基础 34

第一节 DNA 与基因 34
一、遗传物质 DNA 34

二、基因的概念与特性 ………………………………………………………………………… 36
　　三、人类基因组 ………………………………………………………………………………… 36
　　四、人类基因组计划研究进展 ………………………………………………………………… 38
　第二节　基因的分类和分子结构 …………………………………………………………………… 38
　　一、基因的分类 ………………………………………………………………………………… 38
　　二、基因的分子结构 …………………………………………………………………………… 39
　第三节　基因的功能 ………………………………………………………………………………… 40
　　一、基因复制 …………………………………………………………………………………… 40
　　二、基因表达 …………………………………………………………………………………… 42
　　三、中心法则 …………………………………………………………………………………… 44
　　四、基因表达的调控 …………………………………………………………………………… 45
　第四节　基因突变 …………………………………………………………………………………… 45
　　一、基因突变的概念 …………………………………………………………………………… 45
　　二、基因突变的诱因 …………………………………………………………………………… 45
　　三、基因突变的特性 …………………………………………………………………………… 45
　　四、基因突变的类型 …………………………………………………………………………… 46
　　五、基因突变的表型效应 ……………………………………………………………………… 47

第四章　单基因遗传病

　第一节　遗传的基本规律 …………………………………………………………………………… 50
　　一、分离定律 …………………………………………………………………………………… 51
　　二、自由组合定律 ……………………………………………………………………………… 53
　　三、连锁与互换定律 …………………………………………………………………………… 54
　第二节　单基因遗传的基本概念和研究方法 ……………………………………………………… 57
　　一、基本概念 …………………………………………………………………………………… 57
　　二、系谱与系谱分析 …………………………………………………………………………… 57
　第三节　单基因遗传病的遗传方式 ………………………………………………………………… 58
　　一、常染色体显性遗传病 ……………………………………………………………………… 58
　　二、常染色体隐性遗传病 ……………………………………………………………………… 62
　　三、X连锁显性遗传病 ………………………………………………………………………… 64
　　四、X连锁隐性遗传病 ………………………………………………………………………… 66
　　五、Y连锁遗传病 ……………………………………………………………………………… 68
　第四节　两种单基因遗传病的伴随遗传 …………………………………………………………… 68
　　一、两种单基因遗传病的自由组合传递 ……………………………………………………… 69
　　二、两种单基因遗传病的连锁与互换传递 …………………………………………………… 69
　第五节　影响单基因遗传病发病的因素 …………………………………………………………… 70
　　一、表现度和外显率 …………………………………………………………………………… 70
　　二、基因的多效性 ……………………………………………………………………………… 71
　　三、遗传异质性 ………………………………………………………………………………… 71
　　四、从性遗传和限性遗传 ……………………………………………………………………… 71
　　五、遗传早现 …………………………………………………………………………………… 72
　　六、遗传印记 …………………………………………………………………………………… 72
　　七、拟表型 ……………………………………………………………………………………… 72

目录

第五章　多基因遗传病 … 75

第一节　多基因遗传 … 75
一、质量性状和数量性状 … 75
二、多基因假说 … 76
三、多基因遗传的特点 … 76

第二节　多基因遗传病 … 77
一、易患性与发病阈值 … 78
二、遗传度 … 79
三、多基因遗传病的特点 … 80
四、多基因遗传病再发风险的估计 … 80

第三节　多基因遗传病的研究进展 … 82
一、原发性高血压 … 82
二、糖尿病 … 83

第六章　染色体畸变与染色体病 … 87

第一节　染色体畸变 … 87
一、染色体畸变发生的原因 … 88
二、染色体数目畸变及其产生机制 … 88
三、染色体结构畸变及其产生机制 … 91

第二节　常染色体病 … 96
一、唐氏综合征 … 96
二、18三体综合征 … 97
三、13三体综合征 … 98
四、猫叫综合征 … 98

第三节　性染色体病 … 99
一、克兰费尔特综合征 … 99
二、特纳综合征 … 99
三、XYY综合征 … 100
四、XXX综合征 … 100
五、脆性X染色体综合征 … 100

第七章　线粒体遗传病 … 104

第一节　线粒体DNA的结构与遗传特性 … 104
一、线粒体DNA的结构特点 … 104
二、线粒体DNA的遗传特性 … 105

第二节　线粒体DNA的基因突变与疾病 … 107
一、线粒体DNA突变的类型 … 107
二、常见的线粒体遗传病 … 107

第八章　分子病与遗传性酶病 … 110

第一节　分子病 … 110
一、血红蛋白病 … 111

二、血浆蛋白病 116
　　三、结构蛋白病 116
　　四、受体蛋白病 117
　　五、膜转运蛋白病 117
　第二节　遗传性酶病 118
　　一、遗传性酶病的发病机制 119
　　二、常见的遗传性酶病 119

第九章　肿瘤遗传学 125

　第一节　肿瘤发生的遗传因素 126
　　一、家族聚集现象 126
　　二、种族差异 126
　　三、遗传性恶性肿瘤 127
　　四、遗传性癌前病变 127
　　五、肿瘤的遗传易感性 127
　第二节　染色体异常与肿瘤 128
　　一、肿瘤染色体数目异常 128
　　二、肿瘤染色体结构异常 128
　　三、染色体不稳定综合征与恶性肿瘤 129
　第三节　基因异常与肿瘤 129
　　一、癌基因 129
　　二、抑癌基因 132

第十章　遗传病的诊断 136

　第一节　临床诊断 137
　　一、病史 137
　　二、症状和体征 137
　　三、产前诊断 137
　第二节　系谱分析 138
　第三节　细胞遗传学检查 139
　　一、染色体检查 139
　　二、性染色质检查 139
　第四节　生物化学检查 140
　第五节　基因诊断 141
　　一、基因诊断的特点 141
　　二、基因诊断的常用方法及原理 141
　　三、基因诊断的应用与发展前景 143

第十一章　遗传病的治疗 145

　第一节　手术治疗 146
　　一、矫正畸形 146
　　二、器官和组织移植 146
　第二节　药物治疗 146

一、补其所缺		146
二、去其所余		147
第三节 饮食治疗		147
第四节 基因治疗		147
一、基因治疗的策略		148
二、基因治疗的方法		148
三、基因治疗存在的问题与解决办法		149

第十二章 遗传病的预防 151

第一节 遗传病普查 151
一、群体普查 151
二、新生儿筛查 152
三、携带者筛查 153
四、产前筛查 153

第二节 遗传咨询 154
一、遗传咨询的对象 154
二、遗传咨询的步骤 154
三、遗传咨询的实例 155

第三节 产前诊断 157
一、产前诊断的对象 157
二、产前诊断常用技术 157
三、妊娠早期产前诊断技术进展 159

第四节 遗传保健 159
一、婚前保健检查 160
二、婚姻指导 160
三、生育指导 160
四、环境致畸的预防 161

第二部分 医学遗传学实验 165

实验一 人类正常性状的遗传学分析 166

实验二 人体外周血淋巴细胞培养与染色体标本制备 169

实验三 人类染色体非显带核型分析 172

实验四 人类染色体G带核型分析 177

实验五 人类遗传病与系谱分析 185

实验六 遗传咨询 187

主要参考文献 190

中英文专业词汇索引 191

第一部分

医学遗传学基础

1

第一章 绪论

第一章数字资源

> **学习目标**
> 1. 知识：说出医学遗传学和遗传病的概念，列举遗传病的特征及其分类。
> 2. 能力：能阐述医学遗传学的发展史和任务。
> 3. 素养：通过了解医学遗传学的发展简史，夯实遗传学基础，为优生优育理念和技术推广打好基础，最终实现人口素质的提高。

第一节 遗传病概述

人类遗传学（human genetics）是研究人类正常性状与病理性状的遗传现象及其物质基础的科学。医学遗传学（medical genetics）是人类遗传学的一个组成部分，是医学与遗传学相互交叉的一门学科，它研究人类疾病与遗传的关系，主要是研究遗传病的发病机制、遗传规律、诊断、治疗和预防等，目的是控制遗传病在家庭中的再发，降低人群中遗传病的发生率，防止遗传病的扩散，提高人类的整体身体素质。

一、遗传病的概念

遗传病（genetic disease, inherited disease）是遗传性疾病的简称，指遗传物质改变所导致的疾病。细胞中的遗传物质主要存在于细胞核。此外，少数遗传物质存在于细胞质中的线粒体内，即线粒体 DNA（mitochondrial DNA, mtDNA）。无论是核内遗传物质 DNA 分子改变，还是线粒体内 mtDNA 分子改变，均可引起遗传病。

生物体各种性状的表达都是遗传物质和生长发育过程中各种环境因素相互作用的结果。医学研究表明，遗传因素和环境因素在人类各种疾病中所起的作用不同。根据两种因素所起作用的大小，可将疾病分为四种情况：①环境因素起主导作用的疾病，如中毒、外伤、营养性疾病。②遗传因素起主导作用的疾病，有染色体畸变或致病基因就会发病，如唐氏综合征等染色体病、甲型血友病、红绿色盲等单基因遗传病（简称单基因病）。③基本上由遗传因素决定，但需要环境中的诱因，即遗传因素提供了疾病发生的必要遗传背景，一定的环境因素促使疾病表现出相应的症状，如苯丙酮尿症（phenylketonuria, PKU）、葡萄糖-6-磷酸脱氢酶缺乏症。④遗传因素和环境因素共同起作用，但各自的比重在不同疾病中不同，如多基因遗传病（简称多基因病）。据研究报道，哮喘、精神分裂症等疾病的遗传度为 80%，表明遗传因素在这些疾病的发生中起重要作用，环境因素作用较小。而先天性心脏病、消化性溃疡等疾病的遗传度为 30%~40%，即遗传因素所起的作用较小，而环境因素起很重要的作用（图 1-1）。

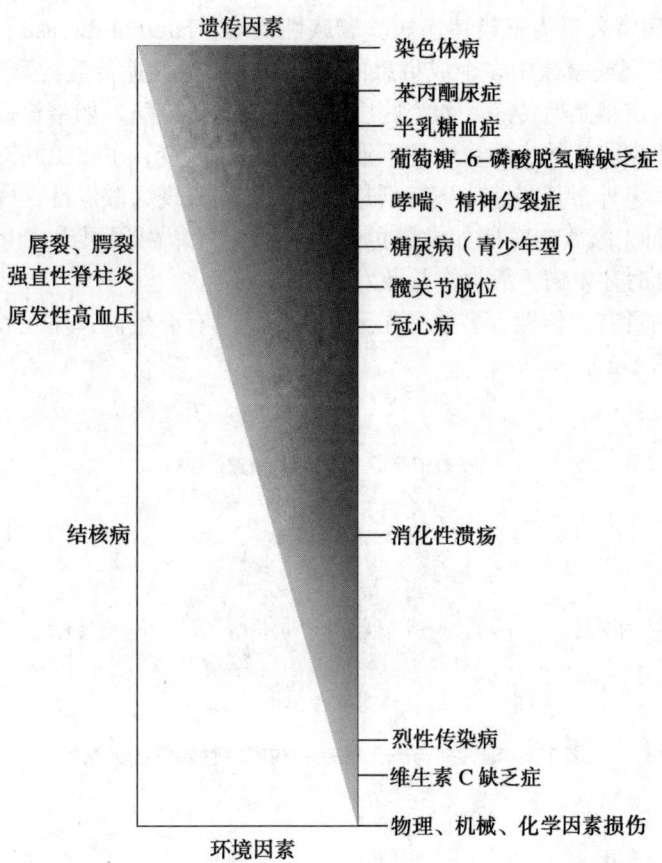

图 1-1 遗传因素和环境因素在疾病发生中的相互作用

二、遗传病的特征

1. 遗传性 遗传病有明显的家族史,在世代中呈垂直遗传,每一代均有患者。但这一特征并非在所有的病例中都能见到,如有些隐性遗传病呈隔代遗传或散发现象;有些遗传病特别是染色体异常者,由于不育或活不到生育年龄,因此家系中仅出现个别患者;有些遗传病呈缺乏家族史的基因突变型,以致观察不到垂直遗传的特征。除此之外,少数遗传病由体细胞内遗传物质改变所致,又称为体细胞遗传病,这类疾病通常不传给后代。

2. 先天性 大多数遗传病是先天性疾病。先天性疾病(congenital disease)指婴儿出生时即已发生的疾病或发育异常,如白化病、血友病、唐氏综合征、多指、并指、唇裂、腭裂及脊柱裂。但先天性疾病不等于遗传病,某些先天性疾病并非遗传物质改变所引起,而是由胎儿发育过程中的环境因素所造成的。例如母亲在妊娠早期(妊娠前3个月内)感染风疹病毒,可使胎儿患先天性心脏病或先天性白内障。此外,不少遗传病患者在出生时并无症状,需要发育到一定年龄才发病。如进行性假肥大性肌营养不良(Duchenne muscular dystrophy,DMD)在儿童期发病,亨廷顿病(Huntington disease,HD)通常于青壮年(25~45岁)发病。部分多基因遗传病受遗传因素和环境因素的共同影响,常表现为较晚发病,但仍是遗传病。

3. 终生性 多数遗传病是终生的。虽然有效的防治可以改善某些疾病的症状或延缓疾病的进程(改变表型特征),但尚不能改变遗传的物质基础,还是会造成患者一生的不幸和家庭沉重的负担,并且致病基因会按照一定的遗传方式向下一代传递。如苯丙酮尿症是常染色体隐性(AR)遗传病,人们可以通过使用低苯丙氨酸奶粉喂养新生儿而避免其发病,但致病基因还将按常染色体隐性遗传方式向下一代传递。

4. **家族性** 遗传病常表现为家族性疾病。家族性疾病（familial disease）指某种疾病具有家族聚集现象，即在一个家庭或家族中多个成员患同一种疾病。显性遗传病的家族聚集现象尤为明显，但是家族性疾病并不一定都是遗传病。如家庭中某一成员患传染病，如结核病或病毒性肝炎，可导致家庭中其他成员也感染同样的疾病。这种不涉及遗传物质改变，主要由共同生活环境造成的家族性疾病并不是遗传病。另外，某些遗传病特别是隐性遗传病表现为散发性，即一个家庭多个成员中通常只有一个人发病而无家族史。例如常染色体隐性遗传病苯丙酮尿症，由于其致病基因频率较低，只有致病基因纯合时才发病，故常常是散发的。

综上所述，遗传病具有遗传性，多数是先天性疾病，具有终生性，往往表现为家族性疾病，但它们并非完全等同（图1-2）。

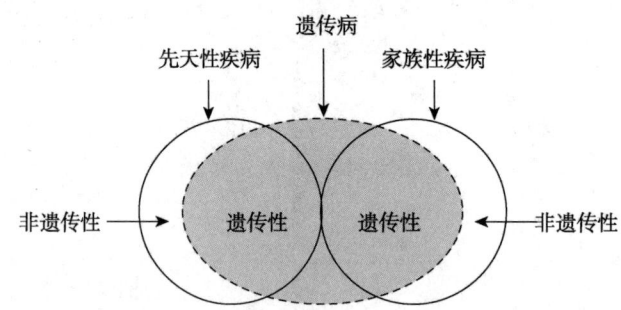

图1-2 遗传病与先天性疾病和家族性疾病的关系

三、遗传病的分类

根据遗传物质异常涉及的结构层面及位置不同，可将遗传病分为染色体病（chromosome disease）、单基因遗传病（monogenic disease）、多基因遗传病（polygenic disease）、线粒体遗传病（mitochondrial genetic disease）和体细胞遗传病（somatic cell genetic disease）。

1. **染色体病** 由于染色体结构或数目异常（畸变）导致的疾病，称为染色体病。它们严重破坏了基因组的正常结构及平衡，导致多种临床表现，表现为染色体畸变综合征（chromosome aberration syndrome），又称染色体异常综合征。目前世界上已鉴定的染色体病超过300种。

2. **单基因遗传病** 单基因遗传病是染色体上单个基因或一对等位基因发生突变所引起的疾病，呈孟德尔遗传。根据致病基因所在的染色体不同以及显性和隐性的区别，可以将单基因遗传病分为常染色体连锁遗传病和性染色体连锁遗传病。前者又分为常染色体显性遗传病和常染色体隐性遗传病；后者又分为X连锁显性遗传病、X连锁隐性遗传病和Y连锁遗传病。

据美国医学遗传学家McKusick统计，迄今已发现人类的单基因遗传病及异常性状达8000种以上。多数单基因遗传病的发病率低于1/1000，人群中有4%~5%的人受累于单基因遗传病。

3. **多基因遗传病** 由多对（两对或两对以上）基因与环境因素共同作用所导致的疾病，称为多基因遗传病，又称多因子病。多基因遗传病涉及的基因多，环境因素的作用明显，遗传机制复杂。目前已认识的多基因遗传病超过100种。多基因遗传病发病率较高，一般高于1/1000，多为常见病，人群中有15%~20%的人受累于某种多基因遗传病。

4. **线粒体遗传病** 线粒体DNA（mtDNA）基因突变造成的疾病，称为线粒体遗传病。线粒体遗传病的致病基因伴随线粒体传递，不遵循孟德尔遗传。由于精子和卵子受精形成受精卵时，只有极少量的精细胞质参与，故线粒体基因绝大多数由卵子传递给后代，线粒体遗传病伴随线粒体传递，呈母系遗传（maternal inheritance）。

5. **体细胞遗传病** 体细胞中遗传物质改变导致的疾病，称为体细胞遗传病。如肿瘤的发病涉及特定组织细胞中的染色体、癌基因和抑癌基因的变化,所以肿瘤属于体细胞遗传病。因为该类遗传病是体细胞中的遗传物质改变,所以其一般不向后代垂直传递。

> **知识链接**
>
> **医学遗传学界的"圣经"**
>
> 1966年,美国约翰·霍普金斯大学Victor A. McKusick教授主编出版了《人类孟德尔遗传:人类基因和遗传病目录》(*Mendelian Inheritance in Man: Catalogs of Human Genes and Genetic Disorders*, MIM)。该书是公认的医学遗传学研究领域最权威的数据库和百科全书,被誉为医学遗传学界的"圣经"。
>
> MIM收录了已知的遗传病和遗传性状及其相关基因,描述了各种疾病的临床特征、诊断、治疗和预防,提供了基因的染色体定位、结构和功能、动物模型等信息,并罗列了重要的参考文献。MIM制定的各种遗传病、遗传性状及相关基因的"身份"编号,简称MIM号,是查询相关信息的重要标签。
>
> 随着医学遗传学的发展,相关信息迅速更新、扩增,纸质版MIM不堪重负。1987年,借助互联网技术,MIM发展为"在线人类孟德尔遗传(Online Mendelian Inheritance in Man, OMIM)",其中,在线版OMIM号代替了纸质版MIM号。OMIM资料全,更新速度快,查询便捷、高效,免费共享,其登录网址是http://www.omim.org。

第二节 医学遗传学的分支学科及研究方法

随着科学的发展和各个学科的相互渗透,医学遗传学与生物化学、生理学、神经科学、免疫学、病理学、药理学和社会医学等学科的关系越来越紧密,形成了细胞遗传学、生化遗传学、分子遗传学、群体遗传学、遗传毒理学、药物遗传学、免疫遗传学、肿瘤遗传学、体细胞遗传学、发育遗传学、行为遗传学和辐射遗传学等分支学科。同时,当医学遗传学侧重研究各种遗传病的临床诊断,产前诊断、治疗、预防,以及遗传咨询时,就形成了临床遗传学。下面简单介绍几个重要的医学遗传学分支学科和研究方法。

一、医学遗传学的分支学科

1. 细胞遗传学(cytogenetics) 细胞遗传学主要研究细胞中染色体的结构和功能、行为规律及遗传机制。医学细胞遗传学则主要研究人类染色体的数目和结构异常,即染色体畸变与疾病的关系。细胞遗传学与分子遗传学相结合,发展成为分子细胞遗传学(molecular cytogenetics),使染色体结构分析更加精密,染色体上的基因定位更加准确,有利于从基因水平揭示各种遗传病的本质。

2. 生化遗传学(biochemical genetics) 生化遗传学是应用生物化学的理论和方法研究遗传病中的遗传物质改变以及相应的蛋白质或酶的变化。医学生化遗传学主要研究基因突变导致的分子病(molecular disease)和遗传性酶病(hereditary enzymopathy)等。

3. 分子遗传学(molecular genetics) 分子遗传学是应用现代分子生物学理论和技术,研究遗传和变异的分子机制。医学分子遗传学主要从DNA水平研究致病基因的结构、突变、表达和调控等,为遗传病的基因诊断、基因治疗等提供新的策略和手段。

4. 群体遗传学(population genetics) 群体遗传学研究群体的遗传结构及其演变规律。医学群体遗传学主要研究人类群体中各种遗传病的发病率、传递方式、致病基因频率、携带者频率、突变率等及其影响因素，如突变、选择、迁移、隔离、婚配方式，控制遗传病在人群中的流行。

5. 临床遗传学（clinical genetics） 临床遗传学是医学遗传学在临床中的应用，其研究内容主要通过家系调查和各项临床检查对遗传病进行诊断、治疗和预防。

二、医学遗传学的研究方法

医学遗传学广泛地采用细胞学、生物化学、免疫学、生物统计学的研究技术和方法，针对不同的研究对象和目的，采用一些特殊的研究方法来确定某种疾病是否与遗传因素有关。

（一）群体筛查法

群体筛查法（population screening method）是采用一种或者几种高效、简便且较为准确的方法对一般人群进行某种遗传病或性状的筛查方法。群体筛查法主要可以了解某种遗传病在群体中的发病率及其基因频率；筛查遗传病的预防和治疗对象；探讨某种疾病是否与遗传因素有关等。

（二）系谱分析法

系谱分析法是以先证者为线索，调查该家族成员的发病情况，绘制成系谱进行分析，确定疾病的遗传方式，探讨遗传异质性，有针对性地进行遗传病的预防。

（三）双生子法

双生子法（twin method）是医学遗传学研究中的重要方法之一。双生子分为两种：一种是同卵双生（monozygotic twins），是受精卵在第一次卵裂后，两个子细胞各自发育成一个胚胎，因此同卵双生子的性别、遗传组成及其表型都是相同的；另一种是二卵双生，是两个卵细胞分别受精后发育成两个胚胎，故其性别可能不同，遗传组成和表型仅有某些相似，与普通的同胞一样。可以通过比较同卵双生与二卵双生者某一疾病的发生一致率，估计疾病在发生过程中遗传因素所起作用的大小。

（四）染色体分析和 DNA 分析

多发性畸形、体格或智力发育不全的患者或者是妊娠早期反复流产的妇女，经过染色体检查、核型分析，可以确定有无染色体异常。基因诊断又称 DNA 诊断，是利用 DNA 分析技术直接从基因水平检测遗传病的基因缺陷。基因诊断特别是基因产前诊断是预防遗传病的重要手段。

（五）关联分析

关联分析（association analysis）是指两种遗传上无关的性状非随机地同时出现，通过分析遗传标记与某些疾病的关联，为这些疾病的病因及遗传方式分析提供线索，对这类疾病的防治起重要作用。如果其中某一性状决定于某个基因座的等位基因，就可以作为遗传标记来检测另一种性状与之是否关联，如果确定有关联，则表明后一种性状也有遗传基础。

除上述方法外，还有种族差异比较、疾病组分分析、动物模型分析和伴随性状研究等方法。

第三节　医学遗传学的发展简史

医学遗传学是在现代遗传学理论的基础上逐渐发展起来的，从 19 世纪初至今已有 200 余年的历史。

一、医学遗传学的萌芽

18 世纪中叶，法国人 Moreau de Maupertuis 研究了多指（趾）及皮肤和毛发缺乏色素者（白化病患者）的家系，指出这两种症状有各自不同的遗传方式。1814 年，Joesef Adams 发表了《论临床所见疾病的遗传可能性》，其中涉及先天性疾病、家族性疾病和遗传病之间的差别，遗传病与发病年龄、环境因素、近亲婚配之间的关系等有关遗传病的一些基本问题。

1902—1908 年，英国人 A.E.Garrod 研究了尿黑酸尿症、白化病、胱氨酸尿症和戊糖尿症，指出这些疾病都是由于人体缺乏某种代谢酶，造成某些代谢产物异常的结果。1909 年出版的《先天性代谢缺陷》一书，首次提出了遗传性代谢缺陷（inborn error of metabolism）的概念。

综上所述，18 世纪中叶至 20 世纪初，人类对遗传病已有了初步的认识，在孟德尔、摩尔根经典遗传学理论的指引下，对不同的遗传病进行调查分类、描述及总结规律，开始出现了医学遗传学的萌芽。

二、细胞遗传学的发展

随着现代生物学和现代遗传学研究技术的蓬勃发展，医学遗传学的研究迅速兴起，人类细胞遗传学的研究不断取得进展，至 20 世纪 80 年代，取得了丰硕的成果。

1952 年，华裔学者徐道觉（T.C.Hsu）建立了细胞低渗制片技术。这一技术成为染色体研究的经典方法。1956 年，华裔学者蒋有兴（J.H.Tjio）首先应用秋水仙碱抑制纺锤丝和纺锤体的形成，使分裂细胞停止在分裂中期，这样可以积累大量中期分裂象细胞，便于染色体的观察和分析。同年，蒋有兴和 A. Levan 通过实验确证了正常人类体细胞染色体数目为 46 条，开辟了人类染色体研究的新纪元。随后，染色体分析技术被迅速应用于临床。

1959 年，J.Lejeune 发现唐氏综合征（Down syndrome）是由于体细胞中多了一条 21 号染色体所致，这是首次报道的染色体病。同年，C.E.Ford 等发现特纳综合征妇女只有一条 X 染色体，核型是 45,X。P.A.Jacobs 等发现克兰费尔特综合征患者的核型为 47,XXY。于是，出现了染色体病（chromosome disease）这一术语。染色体病的发现开辟了临床遗传学的一个新领域。

1960 年，P.C.Nowell 在慢性粒细胞白血病患者的细胞中发现特定的异常染色体，称为费城染色体或 Ph 染色体，首次证实了染色体异常与肿瘤的关系。

20 世纪 70 年代，遗传学家相继建立了 Q 带、G 带、C 带、R 带等染色体显带技术及高分辨显带技术，使染色体分析更加精确。

随着染色体研究技术的发展，经多次国际会议讨论，确立了染色体分析、命名的国际统一标准——人类细胞遗传学命名的国际体制（ISCN，1978、1981、1985）。借助 ISCN 标准，人类能准确地识别每一号染色体及其各区带，可精确到亚带水平；同时，人们相继发现了许多新的染色体畸变综合征，医学细胞遗传学得到迅速发展。

1969 年，M.L.Pardue 创立原位杂交（in situ hybridization，ISH）技术。1986 年，D.Penkel 用荧光标记的探针改进原位杂交技术，称为荧光原位杂交（fluorescence in situ hybridization，FISH）技术，可准确地检测染色体微小片段的变化，有助于基因定位，可直接检测细胞间期核的遗传物质。从此，遗传学的分子水平研究和细胞水平研究交融在一起，产生了分子细胞遗传学（molecular cytogenetics）。

三、生化遗传学的发展

1908 年，Garrod 以家族性尿黑酸尿症为例，首次提出了先天性代谢缺陷的概念，并认为此疾病按孟德尔定律隐性方式遗传，由此产生了一个新的研究领域——人类生化遗传学。

1949 年，美国科学家 L.Pauling 研究镰状细胞贫血，发现患者红细胞内存在一种异常血红蛋白分子，正是这种异常血红蛋白 S（hemoglobin S，HbS）导致疾病。他首先提出分子病（molecular disease）的概念。1952 年，G.T.Cori 研究证实糖原贮积症 I 型是由于患者肝内葡萄糖 -6- 磷酸酶缺乏所致。1953 年，G.A.Jervis 发现苯丙酮尿症是由于苯丙氨酸羟化酶（PAH）缺陷所致。同年，H.Biekel 等认为控制新生儿苯丙氨酸摄入量可有效地防止苯丙酮尿症的发展。

迄今，已发现 1000 余种遗传性酶缺陷所引起的代谢病，其中已确定具体酶异常的代谢病有 200 余种。

1956 年，V.M.Ingram 创立了"指纹法"，分析证实镰状细胞贫血的 HbS 是由于 β 珠蛋白链第 6 位氨基酸由谷氨酸变为缬氨酸所致，推动了分子病研究的发展。

生化遗传学的后续研究证实了所有蛋白质（或酶）的异常都是由于基因变异引起肽链合成异常所致。这就使分子病和遗传性代谢缺陷（或遗传性酶病）的概念从本质上统一起来。

四、分子遗传学的发展

随着细胞遗传学、生化遗传学、分子生物学等学科的发展和融合，遗传学研究进入分子水平。分子遗传学于 20 世纪 50 年代诞生并迅猛发展。

DNA 测序技术的成熟、重组 DNA 技术和聚合酶链反应（PCR）技术的建立、荧光原位杂交（FISH）及分子克隆等技术的发展，极大地促进了医学遗传学的分子水平研究，传统的医学遗传学发展为现代的医学分子遗传学。医学分子遗传学有力地推动了人类基因的研究和疾病相关基因的鉴定、定位和克隆，为揭示人类遗传病的分子病理机制、研究基因诊断和基因治疗开辟了新途径。

1976 年，华裔科学家简悦威（Y.W.Kan）等应用分子遗传学实验技术，用胎儿羊水细胞 DNA 进行珠蛋白生成障碍性贫血出生前诊断。1979 年，他还应用限制性片段长度多态性连锁分析，成功地进行了镰状细胞贫血的基因诊断，标志着医学分子遗传学研究取得重大突破。

20 世纪 80 年代，在人类疾病的研究中，人们越来越清楚地认识到只有进行基因水平的研究，才能找到疾病的根本原因，进而对遗传病进行有效的防治。

20 世纪 90 年代初，人们开展了基因治疗（gene therapy）的临床试验。由腺苷脱氨酶（adenosine deaminase，ADA）缺乏引起的重症联合免疫缺陷病（severe combined immunodeficiency disease，SCID）和由凝血因子Ⅸ缺乏引起的血友病 B 的基因治疗都取得了初步的治疗效果。但基因治疗还存在着安全性、可控性和局限性等方面的问题。

1990 年，国际协作的人类基因组计划（human genome project，HGP）被正式立项。人类基因组计划包括绘制遗传图、物理图和完成 DNA 测序等方面的工作。2004 年 10 月 21 日，英国 *Nature*（《自然》）杂志公布了人类基因组的完整序列。中国在这一项目中做出了 1% 的贡献。人类基因组计划将给 21 世纪的生物医学科学带来一场革命，对医学遗传学的发展产生深远的影响。

1999 年 12 月，德国、法国、英国和美国的多家研究机构和公司组成了人类表观基因组合作组织，正式启动了人类表观基因组计划（human epigenome project，HEP），开展表观基因组研究。

2002 年 10 月，由美国、加拿大、英国、中国、尼日利亚和日本科学家联合承担的国际人类基因组单体型图计划（international HapMap project）正式启动。2005 年 10 月 27 日，英国《自然》杂志公布了该计划的研究成果——人类变异基因图谱，即人类基因组单体型图。中国在这一项目中做出了 10% 的贡献。

五、临床遗传学的发展

随着医学遗传学研究的迅猛发展及临床实践的不断深入，20 世纪 90 年代，出现了遗传医学（genetic medicine），即在有条件的地区设立遗传医学中心，负责该地区遗传病的预防、诊断和治疗，目的是有效地控制遗传病的发生。遗传医学必将对现代医学产生重大而深远的影响。

现将 19 世纪，特别是 20 世纪 50 年代以来医学遗传学发展的主要大事概要列表（表 1-1）。

表 1-1 医学遗传学发展大事概要

年份	事件	研究者	意义
1869	分离 DNA	Miescher	首次发现 DNA
1900	孟德尔豌豆杂交实验结果被总结为孟德尔定律	Mendel	奠定现代遗传学基础
1902	解释尿黑酸尿症的遗传方式	Garrod	医学遗传学的起始标志
1903	提出染色体是遗传物质载体	Sutton, Boveri	创立遗传的染色体学说
1908	阐明哈迪-温伯格（Hardy-Weinberg）定律（遗传平衡定律）	Hardy, Weinberg	奠定群体遗传学基础
1909	提出"多因子遗传"假说	Nilsson Ehle	阐明数量性状的本质和传递规律
1910	总结出连锁定律和互换定律	Morgan	细胞遗传学诞生的标志
1926	发表《基因论》	Morgan	创立遗传的基因学说
1941	提出"一个基因一种酶"假说	Beadle, Tatum	开辟生化遗传学新领域
1944	证实 DNA 是遗传物质	Avery	奠定分子遗传学基础
1949	研究异常血红蛋白 HbS	Pauling	提出分子病的概念
1952	研究糖原贮积症 I 型	Cori	发现遗传性代谢病
1953	发现 DNA 双螺旋结构	Watson, Crick	分子遗传学诞生的标志
1956	确定人类染色体数目	J.H.Tjio（蒋有兴），Levan	人类细胞遗传学诞生的标志
1959	发现唐氏综合征 发现特纳综合征 发现克兰费尔特综合征	Lejeune Ford Jacobs	提出染色体病的概念
1959	发现琥珀酰胆碱高敏感个体	Vogel	提出药物遗传学概念
1960	发现肿瘤费城染色体	Nowell	肿瘤遗传学的里程碑
1966	《人类孟德尔遗传：人类基因和遗传病目录》出版	McKusick	医学遗传学界的"圣经"
1967	破译遗传密码	Nirenberg, Khorana, Holley	阐明 DNA 遗传密码
1971	建立染色体 G 带技术，定位第一个常染色体基因	Seabright, Donahue	细胞遗传学的重要进展
1973	建立 DNA 克隆技术	Boyer, Cohen, Berg	分子遗传学的重要技术
1975	创立染色体高分辨显带技术	Yunis	微细胞遗传学诞生的标志
1976	建立重组 DNA 技术	Knudson	分子遗传学的重要技术
1976	珠蛋白生成障碍性贫血出生前诊断	Kan（简悦威）	首例 DNA 诊断
1977	双脱氧核苷酸法进行 DNA 测序	Sanger	分子遗传学的重要技术
1977	首例人类基因克隆	Shine	分子遗传学的重要突破
1985	建立 PCR 技术	Mullis, Saiki, Erlich	体外扩增 DNA
1986	创建荧光原位杂交（FISH）技术	Penkel	建立了分子细胞遗传学
1991	腺苷脱氨酶缺乏症基因治疗	Anderson, Hott	基因治疗进入临床试验
1994	发表人类基因组连锁图	Murray, Weissenbach, White, Ward, Dausset	完成遗传连锁图谱绘制

续表

年份	事件	研究者	意义
1999.12	启动人类表观基因组计划	德、法、英、美	开展表观遗传学研究
2004.10.21	公布人类基因组完整序列	中、美、英、日、法、德	完成人类基因组测序
2005.10.27	公布人类基因组单体型图	中、美、加、英、尼、日	完成人类变异基因图谱绘制
2012.11	公布人类千人基因组计划成果	中、英、美	绘制人类详尽的基因多态图谱

展望未来，随着现代生物学技术的不断突破和更新、医学遗传学与医学各学科的融合渗透，将使21世纪的医学发生革命性的变化。通过高效、低成本的基因分析技术，可以鉴定每个人的基因组表达特征。临床医师可以根据个体的或群体的遗传信息，评估多基因常见病、复杂病的发病风险，提出针对性的措施，如通过改善生存环境及改进生活方式来预防疾病。在临床实践中，还可通过疾病的分子诊断，准确掌握患者的病因和病情，根据个体的遗传特征，制定个体化的治疗方案，保证药物治疗的高效和低毒。随着越来越多的致病基因和易感基因被鉴定，基于靶点的药物设计和筛选必将加快药物的研发过程。借助基因操作等分子遗传学技术，基因治疗将可能应用于临床。医学遗传学必将在医学现代化的进程中做出重要贡献。

自 测 题

一、选择题

1. 遗传病特指
   A. 先天性疾病　　　　　　　　　　B. 遗传物质改变引起的疾病
   C. 家族性疾病　　　　　　　　　　D. 既是先天性疾病，又是家族性疾病
   E. 不可医治的疾病
2. 唐氏综合征是
   A. 单基因遗传病　　　B. 多基因遗传病　　　C. 染色体病
   D. 线粒体遗传病　　　E. 体细胞遗传病
3. 染色体畸变所导致的疾病称为
   A. 染色体病　　　　　B. 单基因遗传病　　　C. 多基因遗传病
   D. 体细胞遗传病　　　E. 线粒体遗传病
4. 受一对等位基因控制的疾病称为
   A. 染色体病　　　　　B. 单基因遗传病　　　C. 多基因遗传病
   D. 体细胞遗传病　　　E. 线粒体遗传病
5. 由多对（两对或两对以上）基因与环境因素共同作用所致的疾病称为
   A. 染色体病　　　　　B. 单基因遗传病　　　C. 多基因遗传病
   D. 体细胞遗传病　　　E. 线粒体遗传病
6. 体细胞遗传物质改变所引起的疾病称为
   A. 染色体病　　　　　B. 单基因遗传病　　　C. 多基因遗传病
   D. 体细胞遗传病　　　E. 线粒体遗传病
7. 家族性疾病是指
   A. 遗传病　　　　　　　　　　　　B. 非遗传病
   C. 先天畸形　　　　　　　　　　　D. 出生后即表现出来的疾病

E. 具有家族聚集现象的疾病
8. 人类基因组主要包括
   A. 核基因组与线粒体基因组
   B. 细胞核中全部遗传信息
   C. 细胞质中全部遗传信息
   D. 核 DNA 及其转录而成的 mRNA
   E. 全部 mRNA 序列和蛋白质的氨基酸序列
9. 人类基因组计划主要参与国不包括
   A. 中国
   B. 日本
   C. 意大利
   D. 法国
   E. 德国
10. 人类基因组含有的碱基个数大概为
   A. 3×10^{10}
   B. 3×10^{9}
   C. 3×10^{8}
   D. 3×10^{11}
   E. 3×10^{12}

二、名词解释

1. 医学遗传学
2. 遗传病
3. 家族性疾病
4. 先天性疾病
5. 体细胞遗传病
6. 细胞遗传学
7. 生化遗传学
8. 分子遗传学
9. 群体遗传学
10. 临床遗传学

三、简答题

1. 何为遗传病？遗传病有哪些主要类型？
2. 简述单基因遗传病的主要类型。
3. 如何理解遗传病与先天性疾病和家族性疾病的关系？
4. 简述人类基因组计划的目标和任务。

（张春斌　曾渊君）

第二章　遗传的细胞基础

第二章数字资源

学习目标

1. 知识：说出细胞周期、染色质和染色体的概念、人类染色体的形态结构和数目，列举染色质和染色体的类型、常用的染色体显带技术，解释细胞有丝分裂和减数分裂的区别和意义、生殖细胞发生的基本过程，分析莱昂假说和性染色质的特点、显带染色体核型的描述方式和人类染色体的多态性。

2. 能力：能运用性染色质的特点做性染色体的数目分析，完成非显带和显带染色体核型的描述。

3. 素养：通过染色质和染色体的学习，培养开拓创新的科研精神，树立求真务实的理念。通过有丝分裂和减数分裂的学习，培育珍爱生命的素养，形成积极、正确的生育观。

案例 2-1

患儿，男性，出生后 3 d，哺乳后出现拒乳、呕吐、腹泻、腹胀，同时伴有黄疸等症状。经诊断为半乳糖血症。半乳糖血症属于常染色体隐性遗传，致病基因定位于 9p13。

问题与思考：
1. 基因和染色体有何关系？
2. 对于基因的定位是如何描述的？
3. 作为医护人员，应如何对待此类患者，如何避免此类疾病的发生？

细胞（cell）是生命体（除病毒外）结构与功能的基本单位。染色体（chromosome）是遗传物质（基因）的载体，真核生物的大部分基因存在于细胞核内的染色体上。通过细胞分裂，染色体上储存的遗传信息可随染色体的传递而遗传，从母细胞传给子细胞，从亲代传给子代，维持遗传的稳定性，也是变异的细胞学基础。同一物种染色体的形态和数目相对恒定，1956 年，华裔科学家蒋有兴等首先确定了人类体细胞染色体数目为 46 条。此后，染色体技术很快被应用于临床。1968 年染色体显带技术的发明和 1976 年高分辨显带技术的出现使染色体分析更加精确，染色体结构异常更易被发现。随后，分子生物学高速发展，并与细胞遗传学结合，出现了细胞分子遗传学这一交叉学科，进一步拓宽了染色体技术在临床上的应用范围。

第一节　染色质与染色体

染色质（chromatin）和染色体都是由 DNA、组蛋白、非组蛋白和少量 RNA 等组成的核蛋白复合物，是同一物质在细胞周期不同阶段的两种不同存在形式。在间期细胞核中以丝状的染色质形式存在，在细胞分裂期以棒状的染色体形式存在。它们的形态结构在细胞周期的不同阶段可以相互转变（图2-1）。间期的染色质有利于遗传信息的复制和表达，分裂期的染色体有利于复制后遗传物质平均分配到子代细胞。

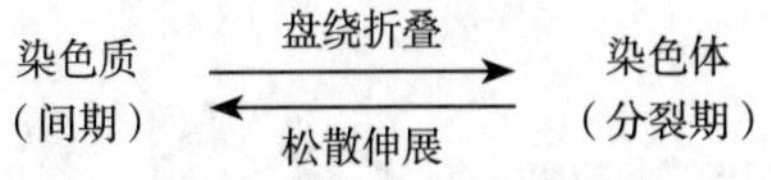

图 2-1　染色质与染色体转变示意图

一、染色质

染色质是指在间期细胞核中丝状的 DNA 纤维和蛋白质构成的复合结构，是间期细胞遗传物质存在的形式。

（一）染色质的组成成分

染色质的主要成分是脱氧核糖核酸（deoxyribonucleic acid，DNA）和组蛋白，还有非组蛋白及少量核糖核酸（ribonucleic acid，RNA）。其中 DNA 和组蛋白（碱性蛋白）含量较为稳定，两者之比为 1∶1。非组蛋白（酸性蛋白）与 RNA 的含量则随着细胞生理状态的不同而变化。非组蛋白与 DNA 含量之比为（0.2～0.8）∶1。RNA 与 DNA 含量之比为 0.1∶1。通常，细胞代谢活动越旺盛，非组蛋白和 RNA 的含量就越高。

（二）染色质的基本结构单位——核小体

1974 年，Kornberg 等根据染色质的酶切降解和电镜观察，发现核小体（nucleosome）是染色质包装的基本结构单位。核小体由核心颗粒和连接部两部分构成，包括 200 个碱基对的 DNA 链和 5 种碱性的组蛋白分子。核心颗粒为扁圆形，由 4 种组蛋白分子（H_2A、H_2B、H_3、H_4）各两个组成八聚体，约 146 个碱基对的 DNA 分子在八聚体周围缠绕 1.75 圈。两个核心颗粒之间的 DNA 链为连接部，长度约为 60 个碱基对，其上结合有一个 H_1 组蛋白分子。H_1 分子能锁住核小体 DNA 的出入端，起到稳定核小体的作用。许多核小体相连，形成一条串珠状的纤维，直径为 10～11 nm，其上结合有非组蛋白和 RNA 等，形成染色质的基础结构（图2-2）。

（三）染色质包装的结构模型

人类细胞核的直径为 5～8 μm，而一个体细胞中 DNA 分子的总长度可达 2 m 左右。这么长的 DNA 分子是如何组装到微小的细胞核中的呢？1977 年，Bak 等提出的从染色质到染色体的四级结构模型解释了这一问题。当间期细胞进入分裂期时，染色质纤维可经过四级包装最终形成染色体（图2-3）。

1. 一级结构　许多核小体相连，形成一条串珠状的纤维，为染色体的一级结构。DNA 包装成核小体，其长度大约压缩至 1/7。

2. 二级结构　由核小体构成的串珠状纤维进一步螺旋化，形成致密的、直径为 30 nm 的螺线管（solenoid），为染色体的二级结构。由于螺线管的每一圈含有 6 个核小体，因此，DNA 长度又被压缩至 1/6。

3. 三级结构　螺线管进一步螺旋化，形成直径为 400 nm 的圆筒状结构，称为超螺线管（super solenoid），为染色体的三级结构。在此过程中，DNA 长度又被压缩至 1/40。

4. 四级结构　超螺线管进一步缠绕折叠，形成了细胞分裂中期的染色体，由两条染色单体构成的中期染色体直径约为 1400 nm，为染色体的四级结构，DNA 长度又被压缩至 1/5。

这样，在染色体形成的过程中，DNA 的长度总共被压缩了 8000～10 000 倍，从而将近 2 m 长的 DNA 有效地组装在直径只有几微米的细胞核中（图2-3）。

由直径为 30 nm 的螺线管如何包装形成染色体，近 30 年学者们曾提出不少模型，其中较为重要的有多级螺旋模型与骨架 - 放射环结构模型。这两种模型都是以染色体的一级结构（核小体）和

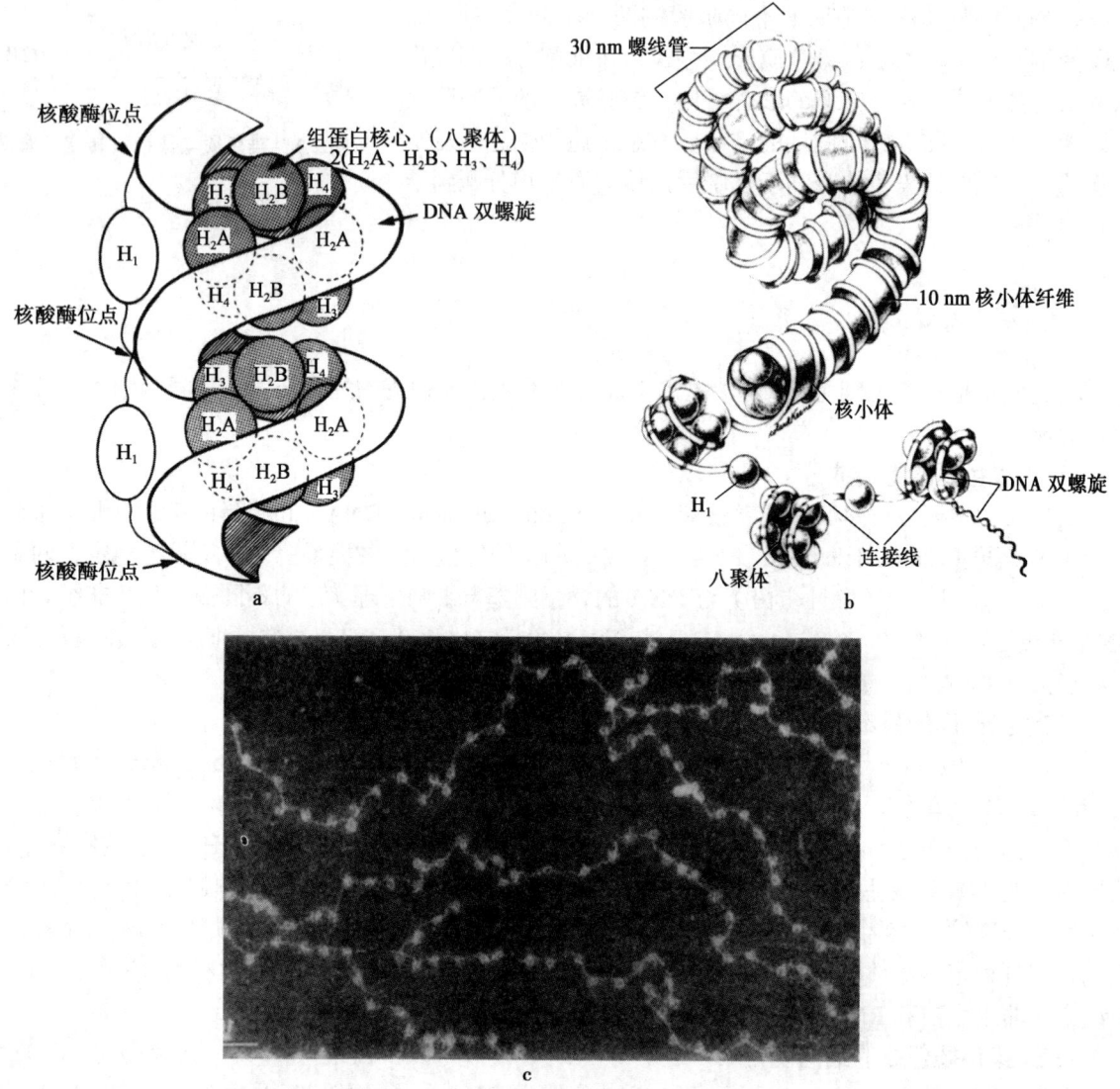

图 2-2 从 DNA 双螺旋到螺线管的结构图解
a. 核小体结构模式图；b. DNA 分子到螺线管的结构图解；c. 核小体形成的串珠状纤维电镜图

二级结构（螺线管）为基础的，前者强调螺旋化，后者强调环化与折叠。

（四）染色质的类型

根据染色质的螺旋化程度及功能，间期细胞核中的染色质可分为两种类型：常染色质（euchromatin）和异染色质（heterochromatin）。

1. 常染色质　常染色质指间期细胞核内螺旋化程度低，呈松散状，染色较浅而均匀，具有转录活性的染色质。常染色质中含有单拷贝序列或重复序列 DNA，多位于细胞核的中央部位，因不易着色，所以光镜下看不到，只有在电镜下才能看到。

2. 异染色质　异染色质在间期核中仍呈凝集状态，螺旋化程度较高，着色较深，很少转录或无转录活性，为间期核中不活跃的染色质，多分布在核膜内表面，其 DNA 复制较晚，主要含有重复序列 DNA。异染色质又可分为组成性异染色质（constitutive heterochromatin）和兼性异染色质（facultative heterochromatin）两类。

（1）组成性异染色质：是异染色质的主要类型，又称为结构性异染色质、专性异染色质，在所有细胞中都呈永久浓缩状态，无转录活性，一般为高度重复序列，常位于染色体的着丝粒区、端粒

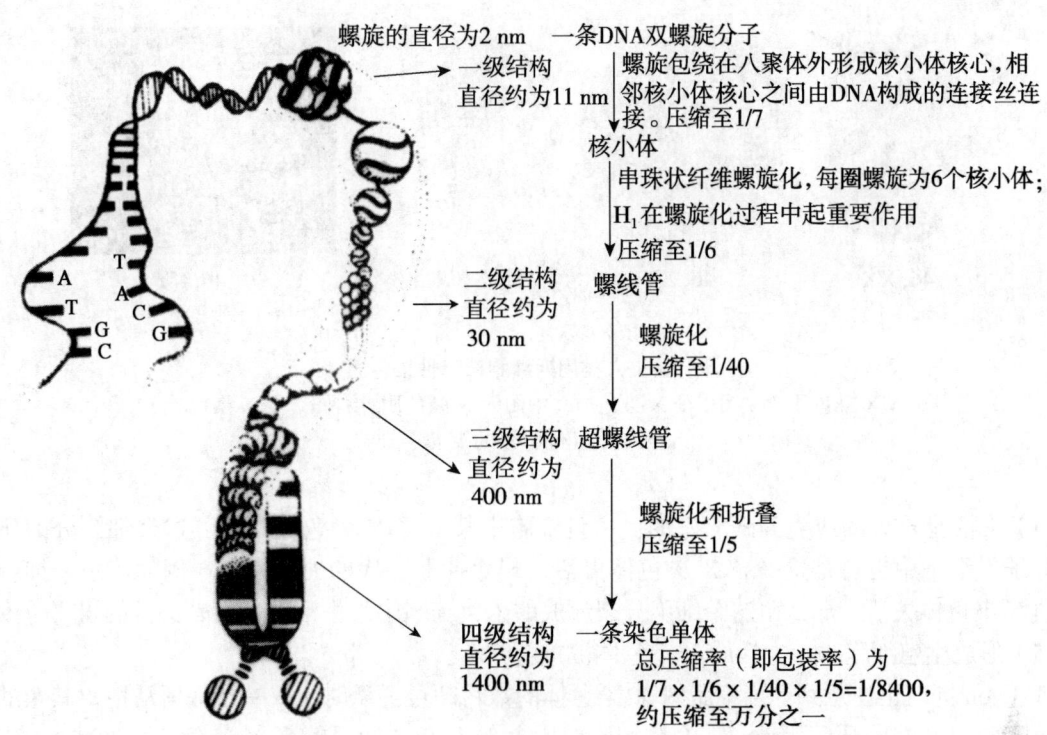

图 2-3　由 DNA 双螺旋到染色单体的压缩过程

区、Y 染色体长臂远端 2/3 区段以及副缢痕区等。

（2）兼性异染色质：在某类型细胞或特殊的发育阶段，由原来的常染色质转变成浓缩状态的异染色质。当其处于浓缩状态时，失去转录活性；当其处于松散状态时，又恢复活性，转变为常染色质。故此类异染色质称为兼性异染色质，又称为功能性异染色质，如人类女性体细胞中的 X 染色质。

（五）性染色质

性染色质（sex chromatin）是指在间期细胞核中性染色体（X 和 Y）的异染色质部分呈现出来的一种特殊结构，属于兼性异染色质，包括 X 染色质（X chromatin）和 Y 染色质（Y chromatin）两种（图 2-4）。

1. X 染色质　正常女性间期细胞核中，有一个紧贴核膜内缘，大小约为 1 μm，能被碱性染料浓染的小体，称为 X 染色质，也称 Barr 小体或 X 小体。X 染色质呈椭圆形或三角形，是一条 X 染色体呈异固缩的状态。研究发现，正常男性间期细胞核中无 X 染色质，且男性虽然只有一条 X 染色体，但 X 染色体的基因产物与女性两条 X 染色体所形成的基因产物数量几乎相等。1961 年，M. Lyon 提出了 X 染色体失活假说，即莱昂假说，对这一现象进行了解释，其要点如下。

（1）剂量补偿效应：正常女性体细胞内的两条 X 染色体中，只有一条具有转录活性，另一条在遗传上是失活的，即无转录活性。这条失活的 X 染色体在间期细胞核中呈异固缩状态，即 X 染色质。因正常男性只有一条 X 染色体，保有转录活性，故无 X 染色质。因此，虽然正常女性具有两条 X 染色体，但因其中一条无转录活性，故 X 染色体转录产物的数量和只有一条 X 染色体的正常男性几乎一样，称为剂量补偿效应（dosage compensation effect）。

（2）失活发生在胚胎发育早期：正常女性大约在胚胎发育的第 16 天，细胞中就有一条 X 染色体失去活性。

（3）随机失活：失活的 X 染色体可以来自父方，也可以来自母方，通常情况下，两者概率几乎相等。

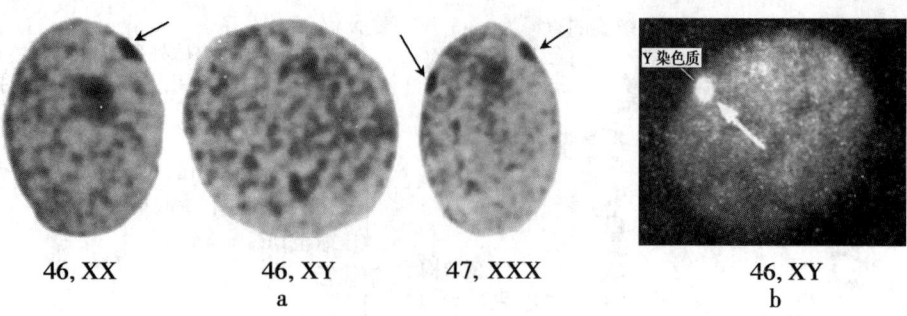

图 2-4　人类间期细胞核示性染色质
a. X 染色质（左图 1 个 X 染色质；中图无 X 染色质；右图 2 个 X 染色质）
b. 男性间期细胞核的 Y 染色质

（4）失活是永久的或克隆式繁殖的：一旦细胞中某一条 X 染色体失活，这个细胞分裂所产生的所有子代细胞中也总是这一条 X 染色体失活，即保持上一代的失活特点。例如，一个细胞中是父源的 X 染色体失活，那么由这个细胞分裂形成的子代细胞中，失活的都将是父源的 X 染色体。

（5）形成生殖细胞时，失活的 X 染色体被重新激活。

M. Lyon 同时也注意到，当细胞内 X 染色体的数目超过两条时，仅一条保留活性，其余的都将形成异固缩的 X 染色质。因此，一个体细胞中所含 X 染色质数目等于 X 染色体数目减 1，正常男性只有一条 X 染色体，所以 X 染色质数目为 0。例如，核型为 47,XXX 性发育异常的女性个体，该个体间期细胞内具有 2 个 X 染色质。需要指出的是，虽然失活是广泛的，但失活的 X 染色体上仍有一部分基因保持一定的转录活性。据估计，人类 X 染色体上约有 1/3 的基因可能逃避完全失活。因此，X 染色体数目异常的个体也会因 X 染色体基因的增减而在表型上有别于正常个体，或出现多种异常临床症状。

2. Y 染色质　正常男性的间期细胞用荧光染料染色后，在细胞核内出现的直径约为 0.3 μm 的圆形或椭圆形强荧光小体，称为 Y 染色质或 Y 小体。它是 Y 染色体长臂远端约 2/3 区段的异染色质部分，为男性细胞所特有，在女性细胞中不存在。男性 Y 染色质的数目与 Y 染色体的数目相等。如核型为 46,XY 的个体，细胞中有 1 个 Y 染色质，核型为 47,XYY 的个体，细胞中则有 2 个 Y 染色质。

3. 性染色质检查的意义　临床上通过口腔上皮细胞、羊水脱落细胞和绒毛细胞等进行 X 染色质和 Y 染色质检查，可以对个体进行性别鉴定，对疑似性染色体数目异常的个体或性发育畸形的个体进行鉴别诊断（表 2-1）。

表 2-1　性染色体疾病与性染色质数目的关系

性染色体疾病	核型	X 染色质数目	Y 染色质数目
特纳综合征（先天性卵巢发育不全）	45,X	0	0
克兰费尔特综合征（先天性睾丸发育不全）	47,XXY	1	1
XYY 综合征	47,XYY	0	2
X 三体综合征	47,XXX	2	0
超雌综合征	48,XXXX	3	0
真两性畸形（嵌合体）	45,XX/46,XXY	1	1

二、染色体

细胞分裂期，细丝状的染色质盘绕、折叠、缩短变粗，形成高度螺旋化的染色体。染色体是染色质在细胞分裂期的存在形式。

（一）人类染色体的形态结构、数目和类型

1. 人类染色体的形态结构　染色体的形态结构在细胞增殖周期中不断发生变化。一般在有丝分裂中期，染色体的数量和形态最清晰、结构最典型，可用光学显微镜进行观察，因此中期染色体常用于染色体的研究和临床上染色体病的诊断。

每一中期染色体均由两条染色单体组成，两条染色单体在着丝粒处相连。同一染色体上的两条染色单体互称姐妹染色单体（sister chromatid），它们各含有一条DNA。人类中期染色体具有如图2-5所示的形态结构特征。

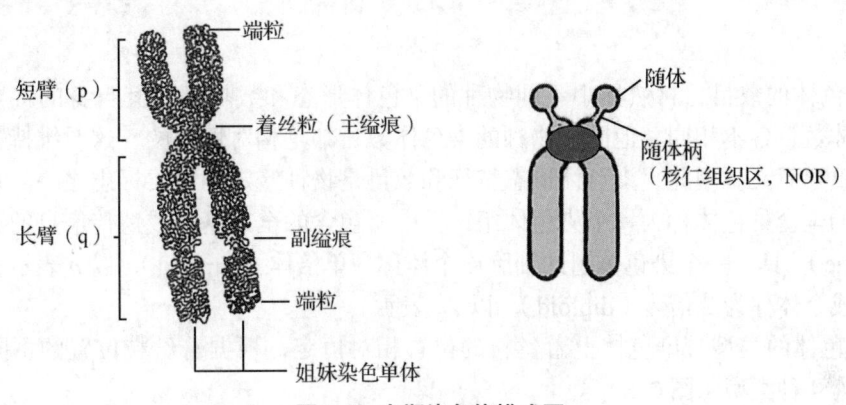

图2-5　中期染色体模式图

（1）着丝粒（centromere）：是染色体上凹陷缩窄、连接两条姐妹染色单体的部位，也称为初级缢痕或主缢痕（primary constriction）。着丝粒将染色体分为两部分，短的部分称为短臂（p），长的部分称为长臂（q）。在着丝粒的两侧各有一个由蛋白质构成的三层盘状结构，可以与纺锤丝相连，与染色体的移动有关，称为动粒（kinetochore）。着丝粒在细胞分裂过程中发挥着重要的作用。失去着丝粒的染色体片段因不能在分裂后期向两极移动而丢失。

（2）副缢痕（secondary constriction）：某些染色体的长臂或短臂上存在的浅染、凹陷缩窄的区域，称为副缢痕。副缢痕的数目、位置和大小是某些染色体特有的形态特征，可作为鉴别染色体的标志。

（3）随体（satellite）和核仁组织区（nucleolar organizing region，NOR）：人类近端着丝粒染色体短臂末端可见一个球形或圆柱形小体，称为随体。随体与短臂之间的细丝样结构称为随体柄，为缩窄的副缢痕。研究发现，随体柄参与核糖体RNA的合成且与核仁的形成有关，因此该区域又称为核仁组织区。

（4）端粒（telomere）：染色体长臂与短臂末端各有一特化结构，长短不一、形似念珠，称为端粒。端粒由高度重复DNA序列和蛋白质组成，主要功能是维持染色体形态结构的稳定性和完整性，是染色体末端必不可少的结构。正常情况下，端粒可保护染色体末端，使其不被降解，同时防止染色体之间的非正常连接。当染色体的端粒丢失后，染色体可能会彼此连接，形成异常染色体，改变染色体的结构与功能。

> **知识链接**
>
> **端粒：人类生命的长寿密码**
>
> 端粒是位于染色体末端的DNA重复序列，可以保护染色体末端不被降解。研究发现，每一次细胞分裂，端粒都会缩短一些，当端粒缩短到一定程度时，细胞就会进入衰老状态，不再

分裂。因此端粒的长度可以用于衡量细胞寿命的长短，又被称为细胞的"生物钟"。当人体某组织的大部分细胞进入衰老状态而不再更新时，该组织的结构和功能将发生异常，影响人体的寿命。端粒酶是一种能延长端粒末端的核蛋白酶，主要成分是 RNA 和蛋白质，其能以自身 RNA 为模板，合成端粒 DNA 并加到染色体末端，使端粒延长，从而延长细胞的寿命。正常人体细胞中一般检测不到端粒酶，但在睾丸、卵巢、胎盘及胎儿细胞中端粒酶含量较高。值得注意的是，人类肿瘤细胞中端粒酶活性普遍较高，端粒酶阳性的肿瘤有卵巢癌、淋巴瘤、乳腺癌等，此发现也为人类攻克癌症提供了新的思路和治疗靶点。

2. **人类染色体的数目** 自然界中不同物种的染色体形态和数目都有其自身的特异性特征。不同物种的染色体数目各不相同，但同一物种的染色体数目却是相对恒定的，这对维持物种遗传性状的稳定性具有重要意义。因此，染色体形态特征和数目是物种鉴定的重要标志之一。真核生物单倍体细胞中所含的全套染色体称为一个染色体组，其中所包含的全部基因或遗传信息的总和称为一个基因组（genome）。具有一个染色体组的细胞或个体称为单倍体（haploid），以 n 表示；具有两个染色体组的细胞或个体称为二倍体（diploid），以 $2n$ 表示。

3. **人类染色体的类型** 染色体上着丝粒的位置相对恒定，根据着丝粒位置的不同，真核生物的染色体可分为 4 种类型（图 2-6）。

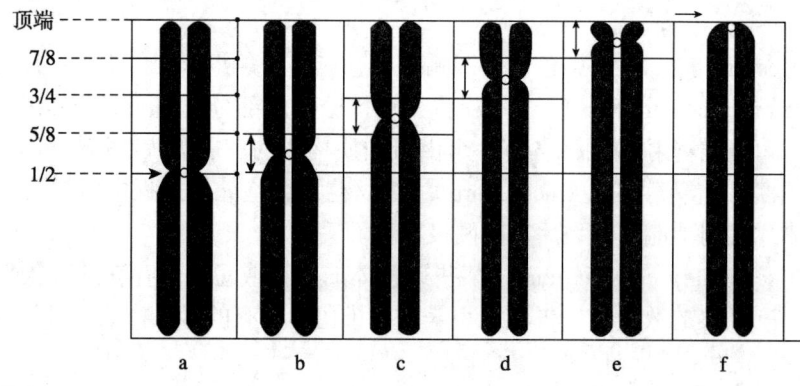

图 2-6 染色体的四种类型
a、b. 中着丝粒染色体；c、d. 亚中着丝粒染色体；e. 近端着丝粒染色体；f. 端着丝粒染色体

（1）中着丝粒染色体：着丝粒位于染色体纵轴的 1/2~5/8，染色体两臂长度相等或近似相等。

（2）亚中着丝粒染色体：着丝粒位于染色体纵轴的 5/8~7/8，染色体长、短两臂长度明显不同。

（3）近端着丝粒染色体：着丝粒靠近一端，位于染色体纵轴的 7/8 至末端，短臂很短。

（4）端着丝粒染色体：着丝粒位于染色体末端，没有短臂。

人类正常细胞中只有中着丝粒、亚中着丝粒、近端着丝粒 3 种染色体，没有端着丝粒染色体，但在肿瘤细胞中有时可见端着丝粒染色体。另外，根据功能的不同，人类染色体还可分为常染色体（autosome）和性染色体（sex chromosome）两类。

（二）人类染色体的核型

核型（karyotype）是指将一个体细胞中的全部染色体，按其大小、形态特征分组编号排列所构成的图形。将待测细胞的核型进行染色体数目、形态结构特征的分析，称为核型分析（karyotype analysis）。核型分析时，通常以细胞有丝分裂中期的染色体作为分析对象。正常情况下，一个细胞的核型可代表该个体的核型。一个群体中一部分正常体细胞的核型分析综合绘制而成的模式化核型图，称为核型模式图（ideogram）或染色体组型，代表一个物种的染色体组成。

1. **非显带染色体核型**　20世纪70年代以前，用常规吉姆萨（Giemsa）染料对染色体进行染色的技术，称为非显带染色体技术，得到的染色体标本称为非显带染色体标本。除着丝粒和副缢痕外，非显带染色体整条染色体着色都比较均匀。

（1）丹佛体制：为了便于对病例中畸变染色体进行描述和利于国际间的交流，1960年在美国丹佛市召开了第一届国际细胞遗传学会议，随后，1963年在英国伦敦、1966年在美国芝加哥分别召开国际会议，最终讨论并确定了人类染色体的国际标准命名体制——丹佛体制（Denver system）。这一命名体制根据染色体的长度和着丝粒的位置等特征，将人类体细胞中的46条染色体分为23对，其中有22对为男女所共有，称为常染色体，按由大到小的顺序依次编为1~22号，另外一对与性别有关，称为性染色体，包括X染色体和Y染色体。23对染色体依据大小和形态特征，从大到小依次分为A、B、C、D、E、F、G 7个组，A组的染色体最大，G组最小。X染色体和Y染色体分别归入C组和G组（表2-2，图2-7）。

表2-2　人类核型分组与各组染色体形态特征

组别	染色体编号	大小	着丝粒位置	副缢痕	随体	可鉴别程度
A	1~3	最大	1、3号中 2号亚中	1号常见		可鉴别
B	4~5	次大	亚中			难鉴别
C	6~12、X	中等	亚中	9号常见		难鉴别
D	13~15	中等	近端		有	难鉴别
E	16~18	小	16号中 17、18亚中	16号常见		16号可鉴别 17、18号难鉴别
F	19、20	次小	中			难鉴别
G	21~22、Y	最小	近端		21、22号有，Y无	难鉴别

（2）非显带染色体核型的描述：包括染色体总数和性染色体组成两部分内容，两者之间用逗号隔开。例如，正常女性核型描述为46,XX；正常男性核型描述为46,XY。如果染色体异常，核型的描述则包括三部分内容：染色体总数、性染色体组成和染色体异常情况。例如，某男性患者比正常人多了一条21号染色体，则他的核型描述为47,XY,+21。

2. **显带染色体核型**　非显带染色体除着丝粒和副缢痕外，其余部位都均匀着色。我们只能根据明显的外部特征准确识别1号、2号、3号、16号和Y等几条染色体，其余的只能分辨到组，很难准确鉴别，组内染色体微小的结构畸变更难发现，这使得染色体结构畸变的研究以及染色体病的临床诊断受到很大的限制。1970年，在非显带染色体的基础上发展出了染色体显带技术。该技术能显示染色体更细微的结构，可以准确地描述染色体的结构异常，提高了染色体核型分析的精准度，对于诊断、预防和控制染色体病具有十分重要的意义。同时，该技术还可以准确地描述基因的定位，为基因病的诊断与治疗奠定了坚实的基础，具有重要的临床价值。

（1）染色体显带技术：染色体经过一定程序的处理，并用特定的染料染色后，染色体沿其长轴显现出明暗或深浅相间的横行带纹，称为染色体带。这种能显示染色体带的技术，称为染色体显带技术。由于人的每一号染色体都有其独特的带纹，这就构成了每条染色体的带型（banding pattern）。

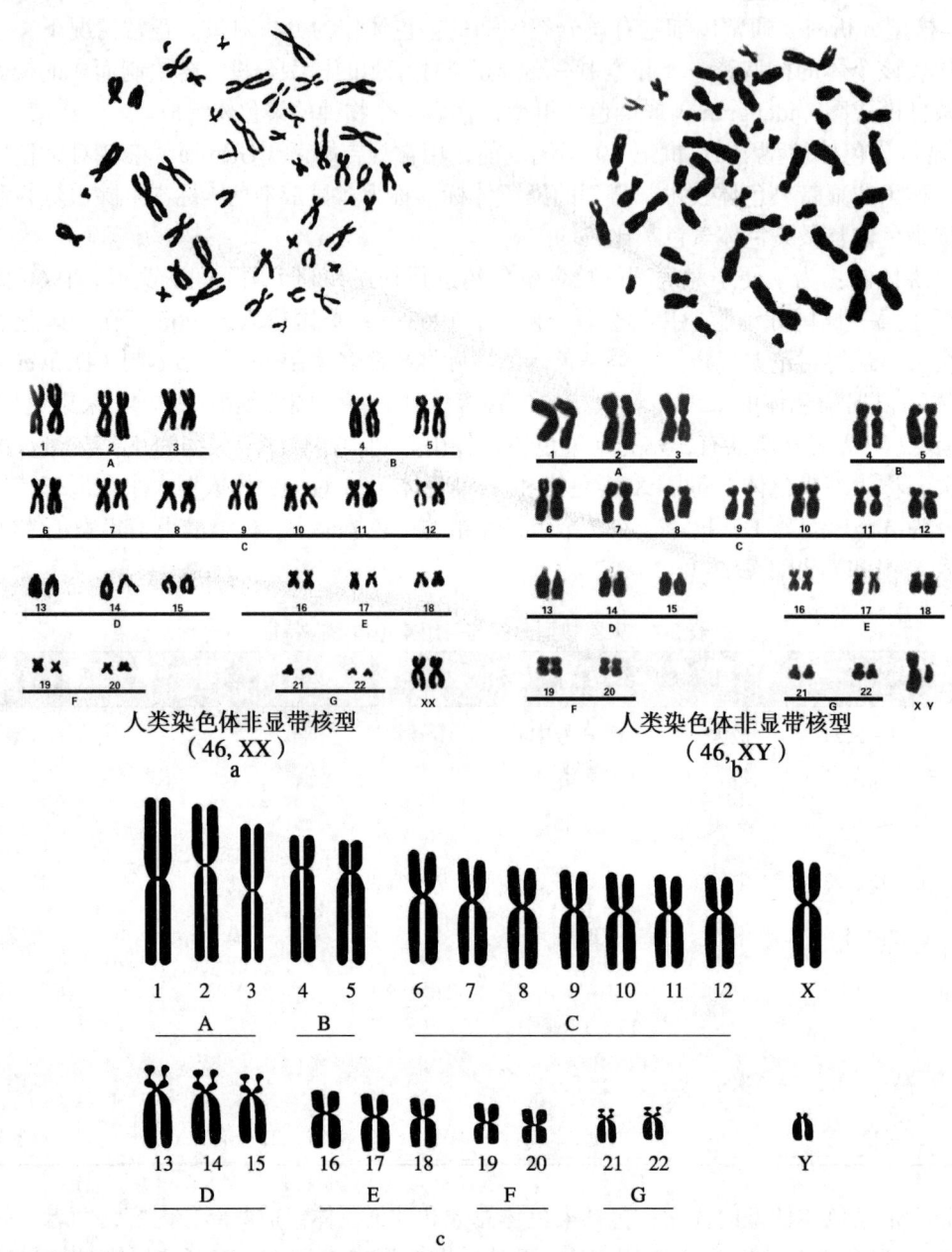

图 2-7 正常人非显带核型图
a. 女性核型；b. 男性核型；c. 人类的模式核型图
a、b 图上为分散相染色体，图下为配好的核型

同源染色体的带型基本相同，非同源染色体带型各异。

（2）常用的显带技术：染色体的显带技术分为两类。一类为整条染色体的显带技术，如 Q 带、G 带、R 带；另一类则为染色体局部显带技术，如 C 带、T 带、N 带。

1）Q 带：使用荧光染料氮芥喹吖因（quinacrine mustard，QM）对染色体标本进行染色，在荧光显微镜下可呈现出荧光亮带和暗带，称为 Q 带（Q band）。通常富含 A-T 碱基的区域为亮带，富含 C-G 碱基的区域为暗带。Q 带带型清晰、稳定，但由于荧光易于淬灭，显带后需及时观察和分析。

2）G 带：将染色体标本经过加热、用碱或胰蛋白酶溶液等处理后，再用吉姆萨染液染色，在普通显微镜下，可在整条染色体上显示与 Q 带相似的深浅相间的带纹，称为 G 带（G band）（图 2-8）。

除少数区段外，G 带与 Q 带相对应，G 带的深带区相当于 Q 带的亮带区；G 带的浅带区相当于 Q 带的暗带区。由于 G 带方法简便、带纹清晰，染色体标本又可长期保存，因此，G 带核型分析技术被广泛用于染色体病的诊断和研究，是目前最常用的染色体显带技术。

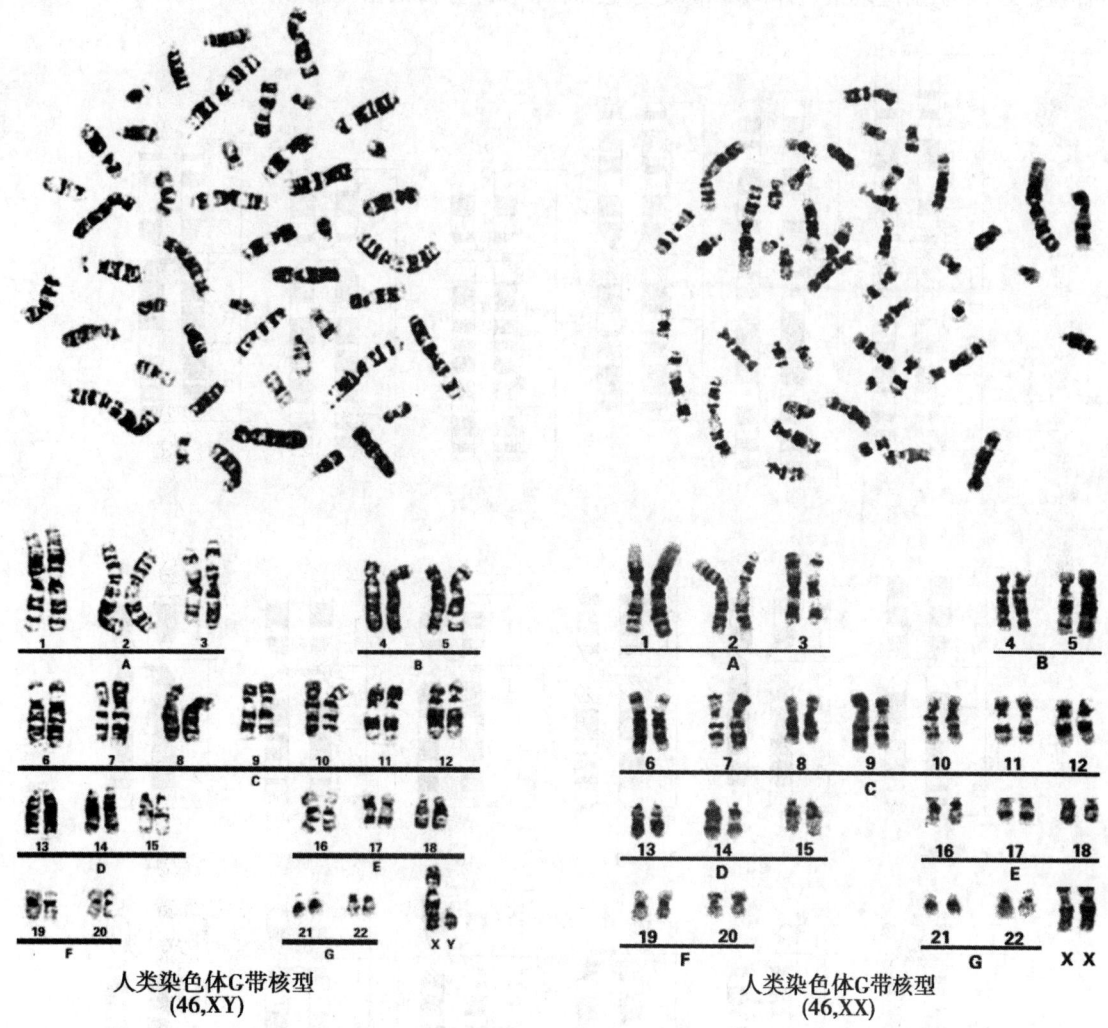

图 2-8　正常人 G 带核型图

3）R 带：先用盐溶液预处理染色体标本后，再用吉姆萨染液染色，可显示与 G 带相反的带型，即 G 带深带相应的部位在 R 带中为浅带，而 G 带浅带相应的部位在 R 带中为深带，称为 R 带（R band），也称反带。R 带能将染色体两臂末端深染，因此常用于测定染色体长度及研究染色体末端缺失或结构重排等结构异常。

4）C 带：用 NaOH 或 Ba（OH）$_2$ 预处理染色体标本后，再用吉姆萨染液染色，可有选择地对着丝粒和副缢痕部位的组成性异染色质进行深染，所显示的条带称为 C 带（C band）。C 带技术可用于检测 Y 染色体、着丝粒区和副缢痕区的变化，也是常用的染色体显带技术。

5）T 带：将染色体标本加热处理后，再用吉姆萨染液染色，可使染色体末端区域特异性深染，称为 T 带。T 带为局部染色，主要用于分析染色体末端结构变化。

6）N 带：应用硝酸银预处理染色体标本后，再用吉姆萨染液染色，可使染色体的随体及核仁组织区（NOR）呈现出特异的黑色银染物。这种银染色阳性的 NOR 称为 N 带（N band），也称银染显带（Ag-NOR）。研究表明，Ag-NOR 的可染性取决于它的功能活性，即具有转录活性的 NOR

容易着色,但被染色的物质不是副缢痕本身,而是其附近与 rRNA 转录有关的一种酸性蛋白质。该技术为肿瘤细胞以及减数分裂等方面的研究开辟了新的途径。

(3)人类显带染色体模式图:应用 Q、G、R 等显带方法,可显示人类染色体 24 种客观存在的特异带型,并为识别每条染色体的异常改变提供了准确的分析依据(图 2-9)。

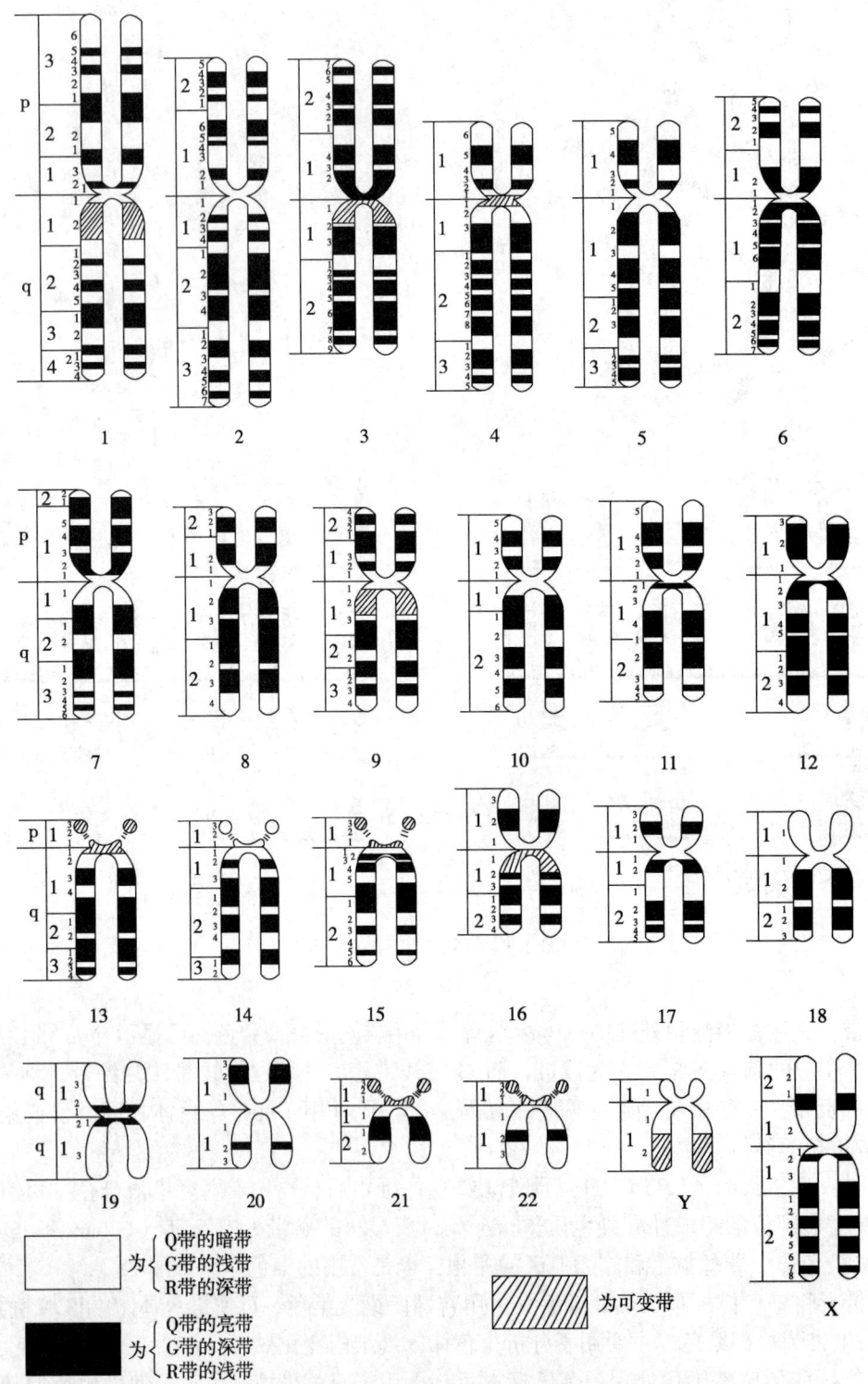

图 2-9　人类显带染色体模式图

(4)染色体显带核型的描述：根据1971年在巴黎召开的第四届国际人类遗传学大会以及其后的多次人类细胞遗传学国际会议制定的人类细胞遗传学命名的国际体制（International System for Human Cytogenetic Nomenclature，ISCN），遗传学家提出了命名每一条显带染色体上各区和带的标准系统。

按照ISCN规定的命名方式，可将各条显带染色体划分为若干个区，每个区又划分为若干个带（图2-10）。

1）染色体的界标、区和带：界标是识别染色体的重要指标。它是染色体上恒定、有显著形态学特征的部位。界标主要包括着丝粒，染色体长臂、短臂的末端和某些特殊的带。两相邻界标之间为区，每个区又包含若干条带。每条染色体都由一系列连贯的带组成，没有非带区。各带之间借助其亮-暗或深-浅的着色差异，清楚地与相邻的带相区别。每条染色体的区和带均从着丝粒开始向远端标记，沿着染色体的长臂或短臂从着丝粒向远端依次编写为1区、2区、3区……以及1带、2带、3带……界标所在的带归属此界标以远的区，并作为该区第1带。

2）显带核型的描述方法：需要写明染色体序号、臂的符号、区号、带号四项内容。这些符号依次连续书写，不留间隔，也不加标点。例如，1q32表示1号染色体长臂3区2带（图2-10）。

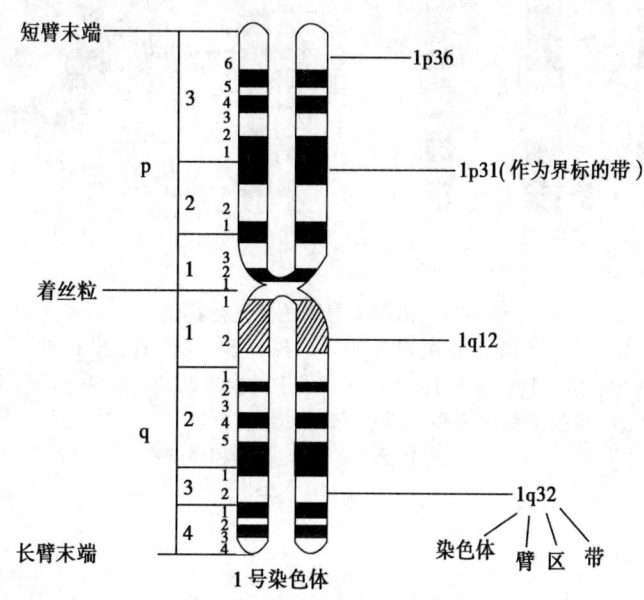

图2-10　显带染色体区、带命名示意图

(5)高分辨显带染色体核型：20世纪70年代后期，由于细胞分裂同步化制片技术的应用和染色体显带技术的改进，人们能够从早中期、前中期、晚前期或更早时期的细胞中得到更长、带纹更加丰富的染色体。处于中期的染色体由于高度浓缩导致带纹数仅有320条，而处于早中期、晚前期的染色体带纹数可达550~850条。这种在中期染色体原有的带纹上分出更多、更细的亚带和次亚带的染色体称为高分辨显带染色体。

图2-11显示了1号染色体550~850条带的高分辨带型。高分辨带的命名遵循ISCN（1978）所用的编号系统，亚带和次亚带的命名也是由着丝粒一端向远端依次编号，在原带的名称后面加一个小数点，写上亚带和次亚带的号码，亚带和次亚带之间不用标点隔开。如1p36.32表示1号染色短臂3区6带3亚带的2次亚带。高分辨显带技术的应用，使染色体核型分析更加精确，有助于发现更细微的染色体结构异常。这对于临床染色体病的诊断、染色体及肿瘤的研究、基因定位等具有重要意义。

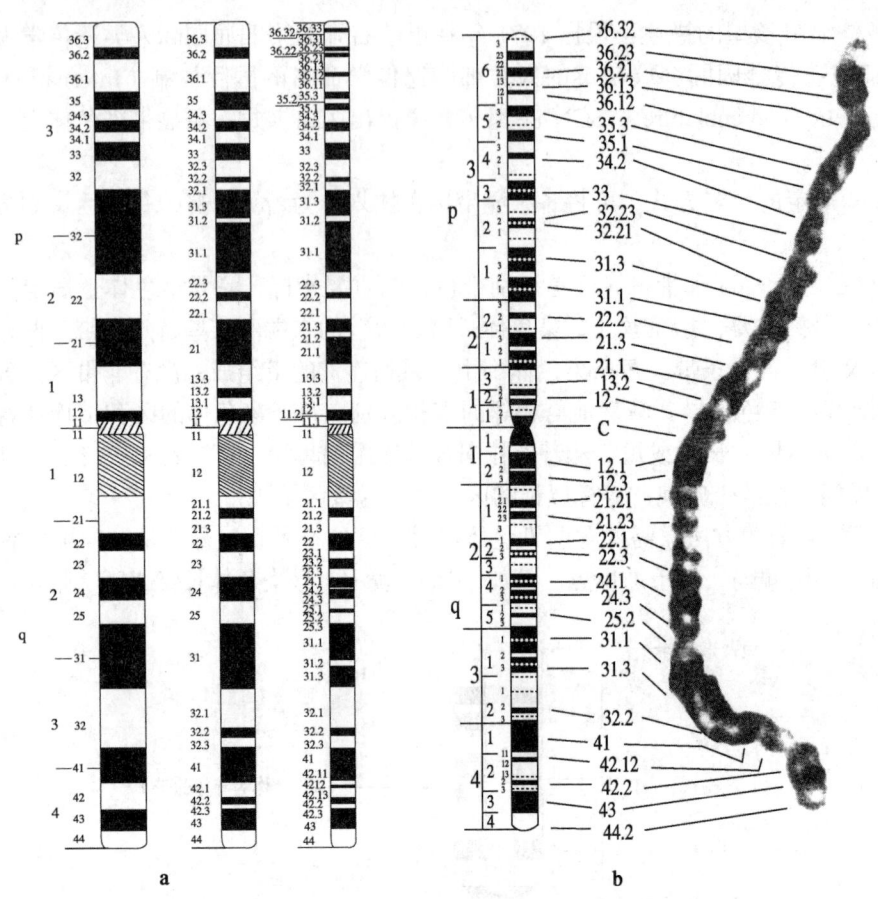

图 2-11　人类 1 号染色体高分辨带

a. 三种不同浓缩程度的正常人 1 号染色体 G 带带型模式图

左边的染色体相当于巴黎命名法（1971）和 ISCN（1978）中的模式图约 400 条带的带型；中央的染色体是约 550 条高分辨带带型，右边的染色体是约 850 条高分辨带带型

b. 1 号染色体高分辨带的照片和模式图

> **知识链接**
>
> **《人类细胞遗传学命名的国际体制（ISCN）》**
>
> 　　《人类细胞遗传学命名的国际体制》是人类染色体命名的国际标准，用于规范描述人类染色体和染色体畸变时使用的条带名称、符号和缩写词术语等。自首次出版以来，人类细胞遗传学命名国际标准委员会对 ISCN 进行了多次修订和完善，形成了不同的版本，如《ISCN（1978）》《ISCN（1991）》《ISCN（2005）》《ISCN（2013）》。随着细胞分子遗传学技术的不断进步，2015 年底，人类细胞遗传学命名国际标准委员决定用细胞分子遗传学代替细胞遗传学，随即出版了《ISCN（2016）》，现行最新版本为《ISCN（2020）》。自出版以来，ISCN 被国际社会广泛认可，已成为细胞遗传学家、分子生物学家和相关技术人员解释和沟通人类细胞分子遗传学命名方法的重要参考资料。

（三）人类染色体的多态性

人类染色体形态结构和数目是相对恒定的。在正常人群中，染色体上的形态结构、带纹宽度和着色强度等方面存在恒定的微小变异，这种变异称为染色体多态性（chromosomal polymorphism）。

目前已知的人类染色体多态性主要表现为异染色质区、副缢痕、随体和随体柄的长度、数量和位置的变异以及染色体带纹的多态性等。

染色体多态性不同于染色体畸变，不属于染色体异常，因此不具有明显的表型效应和病理学意义。但也有研究报道，某些多态现象与临床症状有关。因此，染色体多态性与表型效应之间的关系还有待于进一步研究。

染色体多态性具有重要的生物学意义和应用价值，主要包括：①染色体多态性是一种较稳定的结构变异，可作为一种遗传标记在显微镜下观察并应用于临床研究和临床实践。②染色体多态性可用于追溯染色体或异常染色体的来源。如鉴定唐氏综合征患者的额外染色体来源时，可根据21号染色体的短臂、随体、副缢痕以及显带着色强度等多态性特征，追溯额外的21号染色体来自父方还是母方。③可用于亲权认定。通过检查子女、父母（或可能的父母）的染色体，根据染色体多态性标记的异同，来帮助确定子女与其父母的亲缘关系，进行亲权认定。④染色体多态性也可作为一项标志，进行不同种族或民族的人类学、遗传学研究。

第二节 细胞周期中的染色体行为

细胞周期（cell cycle）又称细胞增殖周期，是细胞物质积累与细胞分裂的过程。在细胞周期的不同时期，染色体的形态发生变化，在有丝分裂中期染色体形态结构最清晰，常用于染色体研究和临床上遗传病的诊断。

一、细胞周期

细胞周期是20世纪50年代细胞学研究领域中的重大发现之一。细胞生长到一定阶段，将通过细胞分裂而增殖，否则可能衰老而死亡。细胞在生命过程中不断地进行生长和分裂，这种生长和分裂具有周期性。

（一）细胞周期的概念

通常把细胞从一次分裂结束开始，到下一次分裂结束为止所经历的全过程称为细胞增殖周期（cell generation cycle），简称细胞周期。它是一个连续的、动态的变化过程，是细胞物质积累与细胞分裂的循环过程。

（二）细胞周期的各个阶段

一个完整的细胞周期包括间期和分裂期两个阶段（图2-12）。这两个阶段所占时间相差很大，间期占细胞周期的90%~95%，分裂期占细胞周期的5%~10%。根据细胞的种类不同，细胞周期经历的时间也不同。下面以人类体细胞有丝分裂为例进行介绍。

1. 间期（interphase） 间期是细胞从一次分裂结束开始，到下一次分裂开始之前的一段时间，是DNA复制和细胞分裂的物质准备和积累阶段，是物质代谢非常活跃的时期。间期又可分为G_1期（DNA合成前期）、S期（DNA合成期）、G_2期（DNA合成后期）三个时期。

（1）G_1期：是细胞生长和DNA合成准备时期，主要合成细胞生长所需要的RNA、蛋白质、糖类、脂质等。特别是合成一些重要的蛋白质，如周期蛋白、钙调蛋白及与DNA合成有关的酶，为细胞进入S期创造必备条件。G_1期末存在调节细胞周期进程的限制点，是推进细胞周期的关键时刻，也是药物等因素作用于细胞的敏感点。

（2）S期：为DNA合成期，是细胞周期中最关键的阶段，主要是进行DNA复制、组蛋白和非组蛋白的合成。DNA经复制后其含量增加1倍，每条丝状的染色质具有2条DNA分子，染色体中的两条染色单体已经形成。此期对肿瘤治疗具有重要意义，临床上使用的一些化疗药物专门作用于

S期，目的是阻断肿瘤细胞DNA合成。

（3）G_2期：为DNA合成后期，合成RNA和蛋白质，为细胞进入M期进行准备，如组装纺锤体的微管蛋白、促成熟因子（MPF）等的合成。

间期细胞经过G_1期、S期、G_2期，已经做好了进行有丝分裂的物质准备，细胞增殖由间期进入分裂期（M期）。

2. M期（mitotic phase） M期又称有丝分裂期，是从细胞间期结束时开始，到新的间期出现时的一个阶段。此期的主要特征是把S期已经复制的两套遗传物质（DNA）平均分配到两个子细胞中。最明显的变化是细胞中染色体的变化，确保细胞内遗传物质能精确、均等地分配给两个子细胞核，使分裂后的细胞保持遗传上的一致性。它是一个连续的动态变化过程。根据其主要变化特征，可将其分为前期、中期、后期和末期4个时期。

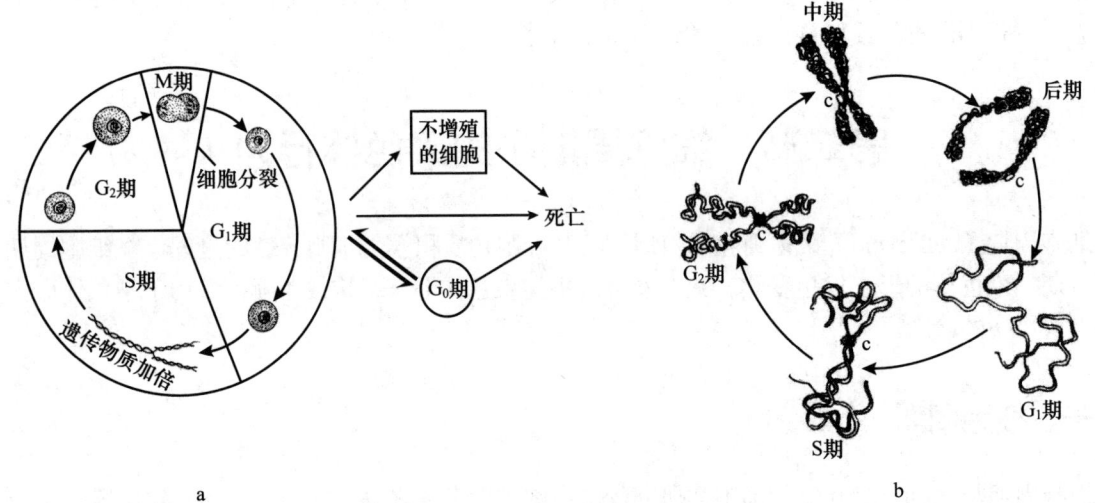

图2-12 细胞周期示意图
a.细胞周期；b.细胞周期中的染色体

二、细胞分裂与染色体传递

真核细胞的细胞分裂主要包括有丝分裂（mitosis）和减数分裂（meiosis）两种方式。体细胞增殖方式为有丝分裂；减数分裂则主要发生在生殖细胞增殖过程中，是一种特殊形式的有丝分裂。

（一）有丝分裂

有丝分裂是母细胞将复制的遗传物质平均分配给两个子细胞的过程，是人类及其他生物体细胞增殖的基本方式。

1. 有丝分裂的过程 有丝分裂是一个复杂的、连续的、动态变化过程。按时间顺序，将有丝分裂过程分为间期、前期、中期、后期和末期等（图2-13）。

2. 有丝分裂的生物学意义 通过有丝分裂，染色体复制一次，细胞分裂一次。由于染色体的复制和平均分配，亲代与子代细胞染色体数目相同，确保了遗传物质的连续性和稳定性。

（二）减数分裂

减数分裂是有性生殖的生物体在生殖细胞或配子（gamete）形成时所发生的一种特殊的有丝分裂过程。因分裂后形成的子细胞中的染色体数目减半，故称减数分裂。

1. 减数分裂的分期 减数分裂也是一个复杂的连续动态变化过程，包含减数分裂Ⅰ和减数分裂

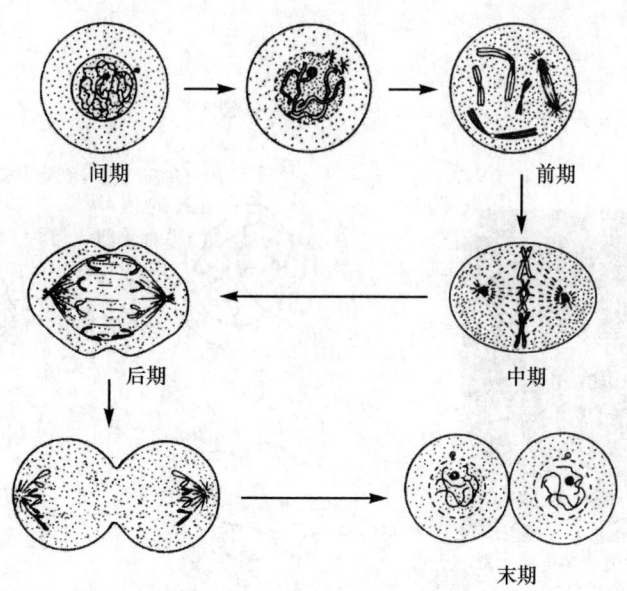

图 2-13 细胞有丝分裂各期图解

Ⅱ两次连续的分裂过程。染色体只复制一次，而细胞连续分裂两次，结果使染色体数目从体细胞的 46 条（二倍体）减半为成熟生殖细胞的 23 条（单倍体）。减数分裂Ⅰ是同源染色体通过联会进行片段交换，然后分开。减数分裂Ⅱ与有丝分裂相似，是姐妹染色单体分开，经过两次分裂形成 4 个单倍体子细胞（图 2-14）。

减数分裂的特殊事件主要发生在减数分裂Ⅰ中。减数分裂Ⅰ的前期Ⅰ是减数分裂过程中最复杂的时期，根据染色体的变化，可将前期Ⅰ分为以下 5 个时期。

（1）细线期：染色质已螺旋化成细而长的线状染色体，彼此交织成网状。每条染色体包含的两条姐妹染色单体紧密相连，在光镜下难以分辨。

（2）偶线期：同源染色体相互靠拢，进行配对，称为联会（synapsis）。同源染色体（homologous chromosome）是指大小、形态相同，结构基本相似，一条来自父方、一条来自母方的一对染色体。联会的结果是每对同源染色体形成一个二价体（bivalent），细胞中有几对同源染色体就形成几个二价体。

（3）粗线期：染色体进一步螺旋化缩短变粗，光镜下可见每一条染色体由两条染色单体构成，称为二分体（dyad）。一个二价体有四条染色单体，称四分体（tetrad）。同一条染色体上的两条染色单体之间称为姐妹染色单体。同源染色体的染色单体之间互称为同源非姐妹染色单体（non-sister chromatid）。非姐妹染色单体之间有时可以看到交叉，表示它们之间发生了相对应片段的交换，即遗传物质交换。

（4）双线期：同源染色体相互排斥，发生分离，交叉点逐渐向染色体末端移动（交叉端化），二价体继续缩短变粗。

（5）终变期：染色体高度螺旋化，变得最短、最粗。核膜、核仁消失解体，纺锤体开始形成。

前期Ⅰ完成后，随后的中期Ⅰ、后期Ⅰ、末期Ⅰ、前期Ⅱ、中期Ⅱ、后期Ⅱ、末期Ⅱ与有丝分裂过程基本相同（表 2-3）。

2. 减数分裂的生物学意义

（1）经过减数分裂产生单倍体的生殖细胞（$n=23$），再通过受精作用，精子与卵子结合形成二倍体的受精卵（$2n=46$），这是维持物种遗传特性的重要条件，保证了人类亲子代之间的染色体数目相对稳定。

（2）同源染色体之间发生的局部物质交换以及在分离时非同源染色体之间的自由组合，导致基

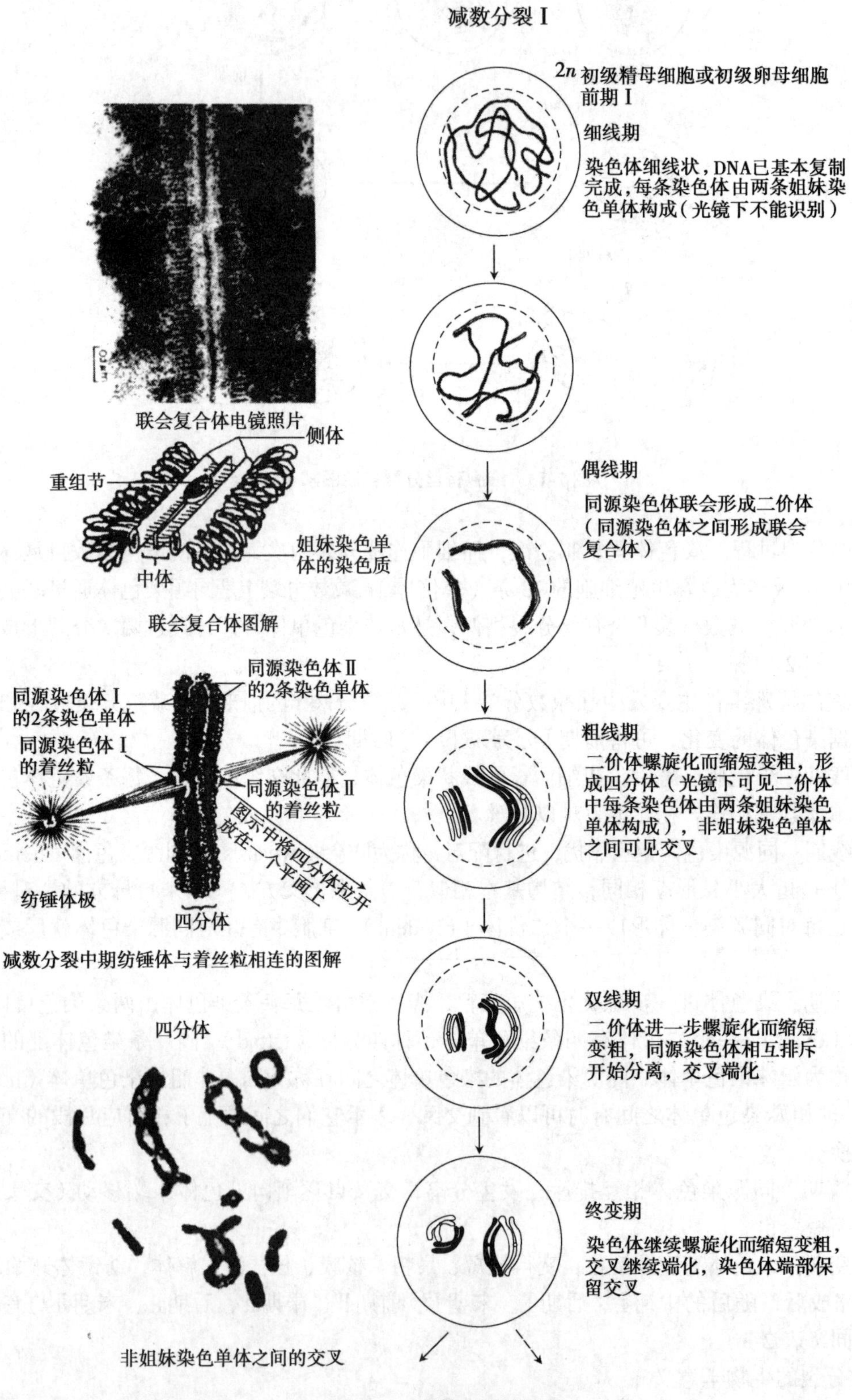

减数分裂 I

2n 初级精母细胞或初级卵母细胞
前期 I

细线期
染色体细线状，DNA已基本复制完成，每条染色体由两条姐妹染色单体构成（光镜下不能识别）

偶线期
同源染色体联会形成二价体（同源染色体之间形成联会复合体）

粗线期
二价体螺旋化而缩短变粗，形成四分体（光镜下可见二价体中每条染色体由两条姐妹染色单体构成），非姐妹染色单体之间可见交叉

双线期
二价体进一步螺旋化而缩短变粗，同源染色体相互排斥开始分离，交叉端化

终变期
染色体继续螺旋化而缩短变粗，交叉继续端化，染色体端部保留交叉

联会复合体电镜照片

联会复合体图解
- 侧体
- 重组节
- 中体
- 姐妹染色单体的染色质

减数分裂中期纺锤体与着丝粒相连的图解
- 同源染色体 I 的2条染色单体
- 同源染色体 I 的着丝粒
- 同源染色体 II 的2条染色单体
- 同源染色体 II 的着丝粒
- 图示中将四分体拉开放在一个平面上
- 纺锤体极
- 四分体

四分体

非姐妹染色单体之间的交叉

图 2-14　减数分裂的过程
两对染色体的细胞，白色和黑色染色体分别代表同源染色体中的父源和母源染色体

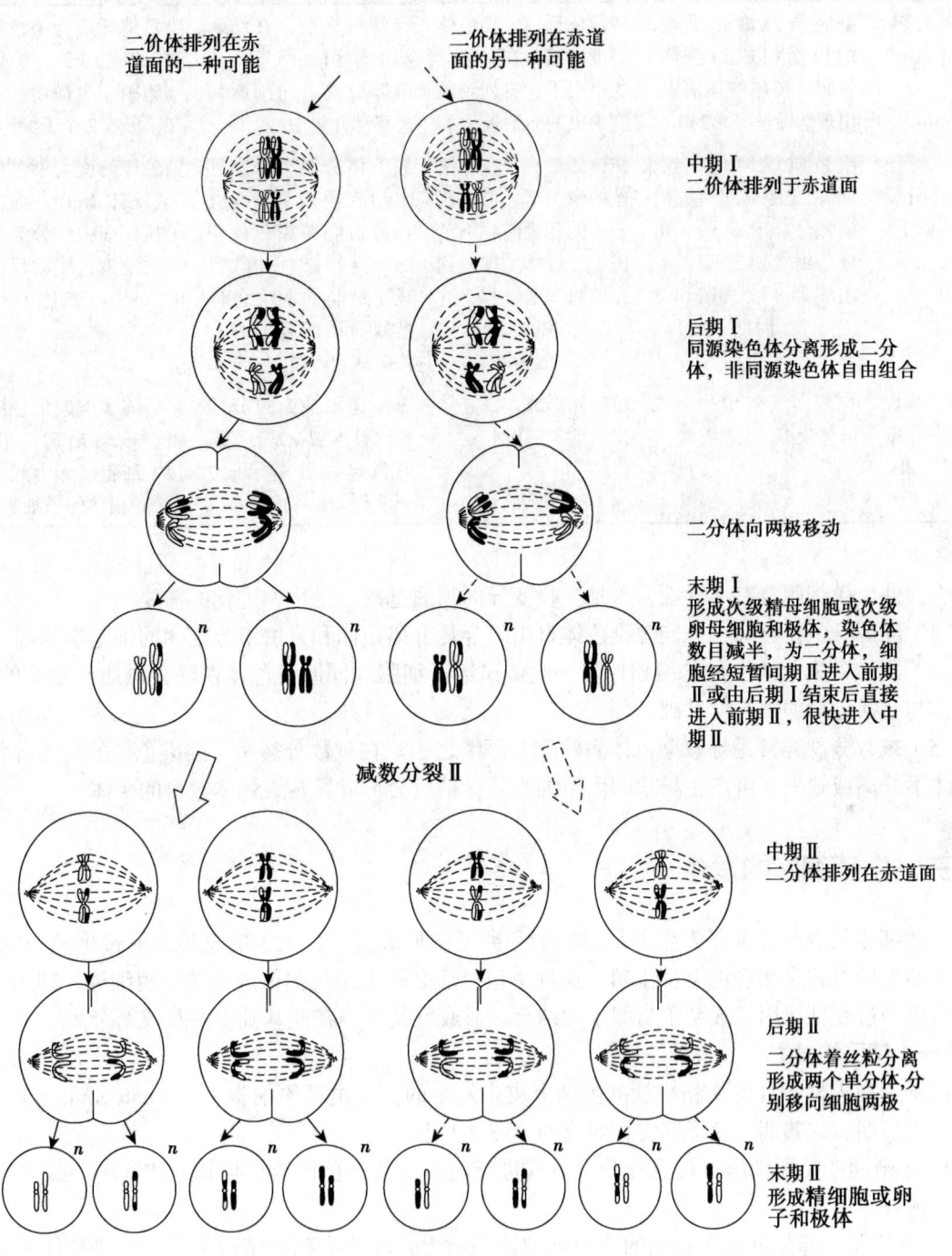

图 2-14（续）

表 2-3　细胞有丝分裂与减数分裂各期及形态特征

分裂方式、时期、特征		前期	中期	后期	末期
有丝分裂		染色质螺旋化成丝，缩短变粗成染色体，核膜、核仁解体消失，出现纺锤丝等（2n）	纺锤体形成，染色体高度浓缩，在纺锤丝的牵引下，排列到细胞中央的赤道板	着丝粒纵裂，在纺锤丝的牵引下姐妹染色单体分离，向细胞两极移动并集中	染色体解旋为染色质，核膜、核仁出现，形成子核，细胞膜中央横缢，一分为二，形成2个子细胞（2n）
减数分裂	减数分裂Ⅰ	染色质螺旋化成丝，缩短变粗成染色体，核膜、核仁消失，可分为细线期、偶线期、粗线期、双线期和终变期5个时期（2n）	纺锤体形成，在纺锤丝的牵引下，形成四分体的各对同源染色体（二价体）排列到赤道面上	二价体分离，分别移向细胞两极，每极分到每对同源染色体中的一条，染色体数目减半，非同源染色体是以自由组合的方式移向细胞两极	染色体解旋为染色质，核膜、核仁出现，形成两个子核，细胞一分为二，形成两个染色体数目已减半的二分体子细胞（n）
	减数分裂Ⅱ	核膜、核仁消失，二分体凝缩	纺锤体形成，二分体排列到赤道板上	纺锤体形成，二分体着丝粒纵裂，2条姐妹染色单体分离形成2个单分体，移向两极	单分体解旋成染色质，核膜、核仁出现，形成子核。细胞二分为四，产生4个单倍体的子细胞（n）

因重组，使生殖细胞具有多样性，这是生物变异的物质基础，是生物进化的需要。

（3）同源染色体分离，非同源染色体自由组合是分离定律和自由组合定律的细胞学基础。

（4）同一条染色体上的基因相伴随一起传递给子细胞和同源染色体在联会时遗传物质的交换，是连锁与互换定律的细胞学基础。

（5）减数分裂异常是导致染色体病的重要原因之一。在减数分裂中，因染色体的行为异常，如染色体不分离或缺失，可产生异常的生殖细胞，受精后会形成异常染色体数目的个体。

三、生殖细胞的发生

生殖细胞的发生（配子发生）是指精子和卵子的形成过程。人类的遗传是通过生殖来完成的，而人类的生殖方式是典型的有性生殖。这种生殖过程必须由亲代提供成熟的生殖细胞，即精子和卵子，然后经过受精作用完成精子与卵子的结合，形成受精卵，在此基础上发育成新个体。

（一）精子的发生

精子是在男性睾丸的生精小管的生精上皮中发生的，是由精原细胞（spermatogonium）经过增殖期、生长期、成熟期、变形期发育而成的（图2-15）。

1. 增殖期　精原细胞通过有丝分裂方式进行增殖，其染色体数目与其他体细胞一致，含有46条染色体。

2. 生长期　部分进入生长期的精原细胞体积增大，分化为初级精母细胞，其染色体数目仍为46条。

3. 成熟期　初级精母细胞进行减数分裂，经过减数分裂Ⅰ形成2个次级精母细胞（secondary spermatocyte），每个次级精母细胞含有23条染色体。经过减数分裂Ⅱ，每个次级精母细胞形成2个精细胞（spermatid），每个精细胞含有23条染色体。结果1个初级精母细胞（2n）经过减数分裂后，形成4个精细胞（n）。

4. 变形期　精细胞在此期经过形态变化，形成尾部（又称为鞭毛），成为能主动游动的精子（sperm）。

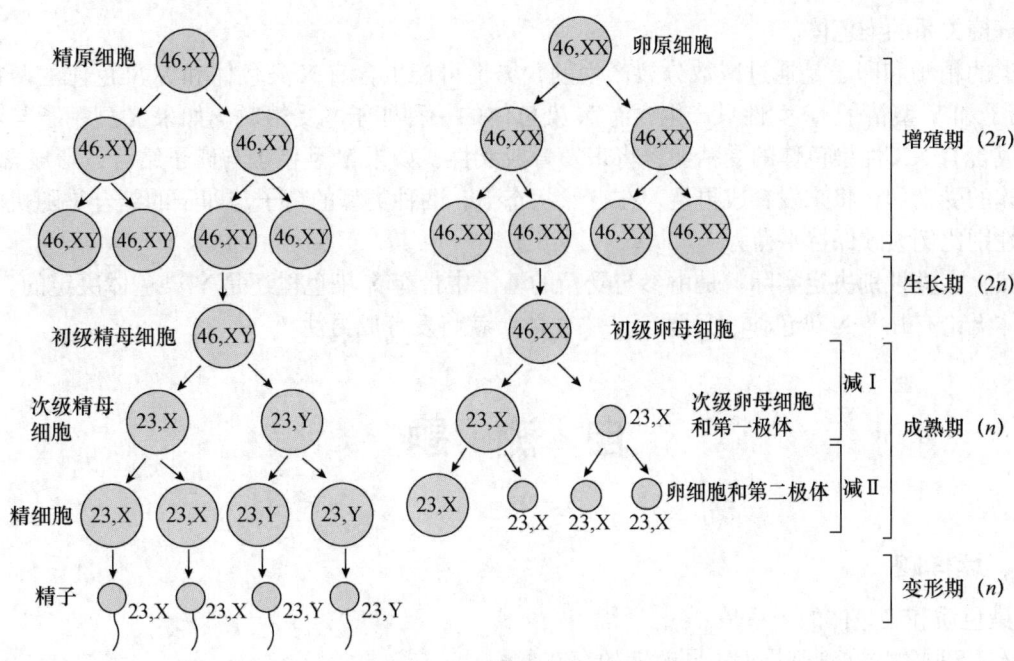

图 2-15 精子和卵子的生成过程

从精原细胞到成熟的精子需要 64~72 d。一个男性一生大约产生 1 万亿个精子。

（二）卵子的发生

卵子由女性卵巢中的卵原细胞发育而成，其基本过程与精子发生过程相似，但无变形期（图 2-15）。

1. 增殖期　卵巢中卵原细胞通过有丝分裂进行增殖，其染色体数目为 46 条（2n）。

2. 生长期　进入生长期的部分卵原细胞，体积显著增大并发育成初级卵母细胞（primary oocyte）。其细胞质中积累了大量的卵黄、RNA 和蛋白质等物质。初级卵母细胞的染色体仍为 46 条（2n）。

3. 成熟期　初级卵母细胞进行减数分裂，经过减数分裂 I，初级卵母细胞形成 1 个次级卵母细胞和 1 个第一极体，细胞内染色体数目减半，含有 23 条染色体（n）。经过减数分裂 II，次级卵母细胞形成 1 个卵子（ovum）与 1 个第二极体，第一极体也分裂为 2 个第二极体，具有 23 条染色体。这样，1 个初级卵母细胞经过减数分裂形成了 1 个卵细胞（即卵子）和 3 个极体，极体不能继续发育而逐渐退化消失。

在人类的卵子发生过程中，女性胎儿自第 5 个月起至出生后，卵巢中的卵母细胞逐渐退变。从青春期开始，卵巢出现周期性变化。每个月通常有一个初级卵母细胞形成一个次级卵母细胞和一个极体，次级卵母细胞继续发育并停留在减数分裂中期 II，同时从卵巢中排出，进入输卵管（周期性排卵）；受精后，才能进入后期和末期，完成完整的减数分裂，形成卵子和第二极体。如果未受精，次级卵母细胞在 24 h 内死亡。由此可见，减数分裂前期 I 双线期的初级卵母细胞在女性体内停留时间较长，可达十余年到数十年之久。随着女性年龄的增长，这些初级卵母细胞将经历更多环境因素的影响而易发生异常。

第三节　染色体与性别决定

人类体细胞含 46 条（23 对）染色体，其中 22 对为常染色体（每对都是一对同源染色体），另一对是大小、形态不同的性染色体（即 X 染色体和 Y 染色体）。常染色体组成男女相同，而性染色体组成男女有别，女性为 XX（同型性染色体），男性为 XY（异型性染色体）。性染色体是与性别决定有直接关系的染色体。

人类的精子和卵子是通过减数分裂产生的，男性可产生含有 X 染色体和 Y 染色体的两种精子（X 型精子和 Y 型精子），女性只产生含有 X 染色体的一种卵子。受精时，如果 X 型精子与卵子结合，形成含有 XX 性染色体的受精卵，将来发育成女性；如果 Y 型精子与卵子结合，形成含有 XY 性染色体的受精卵，将来发育成男性。在自然状态下，两种类型的精子与卵子的结合是随机的，人类男女性别比例大致保持平衡为 1∶1。

显然，人类性别决定实际上是由参与受精的精子中带有 X 染色体还是 Y 染色体决定的。然而，一个个体无论有几条 X 染色体，只要有 Y 染色体，就将发育成男性。

自 测 题

一、选择题

1. 染色质和染色体的关系是
   A. 不同物质在细胞周期不同时期的存在形式
   B. 同一种物质在细胞周期不同时期的两种存在形式
   C. 同一种物质在细胞周期同一时期的两种形态表现
   D. 同一种物质在细胞周期同一时期的两种名称
   E. 同一种物质在细胞周期同一时期的两种状态

2. 下列关于细胞周期的叙述，正确的是
   A. 细胞周期是指细胞从开始分裂到分裂结束
   B. 细胞周期是指细胞从上一次分裂到下一次分裂结束
   C. 细胞周期是指细胞从上一次分裂结束开始到下一次分裂结束为止
   D. 细胞周期是指细胞从上一次分裂开始到下一次分裂开始之前
   E. 细胞周期是指细胞从分裂结束到下一次分裂

3. 有丝分裂染色体加倍和 DNA 加倍发生的时期分别是
   A. 间期和后期 B. 间期和末期 C. 后期和间期
   D. 后期和末期 E. 间期和前期

4. 细胞在有丝分裂过程中，染色体计数的最佳时期是
   A. 前期 B. 中期 C. 后期
   D. 末期 E. 间期

5. 受精卵中的染色体来源是
   A. 全部来自卵子 B. 一部分来自卵子
   C. 全部来自精子 D. 一半来自精子，一半来自卵子
   E. 一部分来自精子

6. 减数分裂中，同源染色体联会发生在
   A. 细线期 B. 偶线期 C. 双线期
   D. 粗线期 E. 生长期

7. 只在减数分裂过程中发生，而在有丝分裂过程中不发生的是
   A. DNA 的复制 B. 染色体的平均分配 C. 同源染色体联会
   D. 纺锤丝的出现 E. 染色体的复制

二、名词解释

1. 细胞周期
2. 有丝分裂
3. 减数分裂
4. 同源染色体
5. 核型

三、简答题

1. 简述染色质和染色体的关系。
2. 简述细胞周期的过程。
3. 简述减数分裂的意义。

（谢林峰　广　慧）

第三章 遗传的分子基础

第三章数字资源

案例 3-1

1910年,一名黑种人青年到医院看病,症状是发热和肌肉疼痛,经过检查发现,他的红细胞不是正常的圆饼状,而是弯曲的镰刀状。镰刀状的红细胞容易破裂,使人患溶血性贫血,严重时会导致死亡。这是当时尚未被认知的一种特殊的贫血症,后来把这种疾病称为镰状细胞贫血(镰刀型细胞贫血症)。

问题与思考:
1. 引起红细胞形状从圆饼状变成镰刀状的原因是什么?
2. 引发该疾病的致病机制是如何发生的?

生命的遗传与变异现象是由生物体所携带的遗传信息决定的。20世纪初,科学家们通过大量研究发现,从受精卵发育成个体,直至生长、衰老、死亡,整个生命过程中细胞内最稳定的结构是DNA。一旦DNA发生改变,就能导致生物体发生突变等现象,从而推测DNA可能是遗传物质。直到20世纪40年代以后,人们才证明DNA就是遗传物质。

在整个生物界中,绝大多数生物的遗传物质是脱氧核糖核酸(deoxyribonucleic acid,DNA),而在某些仅含有RNA和蛋白质的病毒中,遗传物质是核糖核酸(ribonucleic acid,RNA)。例如,烟草花叶病毒仅含有一条单链的RNA,不含DNA。实验证明,这条单链RNA能感染宿主细胞,并繁殖后代。

基因是具有特定遗传效应的DNA片段,是遗传物质结构和功能的基本单位,遗传信息编码在DNA的核苷酸序列中,通过生殖细胞由亲代向子代传递,基因通过复制、转录、翻译等指导细胞中蛋白质(包括酶)的合成,控制细胞的代谢、增殖和分化,决定生物体的表型。

第一节 DNA 与基因

基因的概念是在19世纪由遗传学家W. L. Johannsen提出来的,而对其化学本质及功能的真正了解是在20世纪40年代以后。基因研究作为医学遗传学研究的主要内容,将分子生物学、生物化学、细胞生物学等多种学科融合在一起,是揭示人类生命奥秘的重要环节。

一、遗传物质DNA

1868年,瑞士青年医师F.Miesher从脓细胞核中分离提取出一种富含磷的有机物,也就是"核酸"。随着研究的深入,人们发现所有生物体都含有核酸。1928年,英国细菌学家F. Griffith通过肺炎链球菌转化实验发现转化因子是遗传物质。1944 年，O. T. Avery 等利用灭活的 S 型肺炎链球菌的细胞提取液进行了一系列分析，证实了 DNA 就是将 S 型肺炎链球菌的致病性转移给 R 型肺炎链球菌的物质，而非蛋白质。1952 年，A. Hershey 和 M. Chase 利用噬菌体感染细菌实验再次证实了 DNA 是遗传信息的携带者。以上几大经典遗传学实验是证实 DNA 是遗传物质的直接证据。

（一）DNA 的化学组成

核苷酸是组成核酸的基本单位，核苷酸由磷酸和核苷组成，核苷可水解为戊糖和含氮碱基两部分（图 3-1）。构成 DNA 分子的基本单位是脱氧核苷酸，每个 DNA 分子由几千至几千万个脱氧核苷酸聚合而成。每个脱氧核苷酸由磷酸、脱氧核糖和含氮碱基三部分组成。组成 DNA 的碱基有 4 种：腺嘌呤（adenine，A）、鸟嘌呤（guanine，G）、胞嘧啶（cytosine，C）和胸腺嘧啶（thymine，T）。碱基的不同，可构成 4 种不同的脱氧核苷酸：腺嘌呤脱氧核苷酸（dAMP）、鸟嘌呤脱氧核苷酸（dGMP）、胞嘧啶脱氧核苷酸（dCMP）和胸腺嘧啶脱氧核苷酸（dTMP）。构成 RNA 分子的基本单位是核糖核苷酸，其组成与 DNA 的区别在于：RNA 中的核糖和尿嘧啶（U）分别替代了 DNA 中的脱氧核糖和胸腺嘧啶（T）。

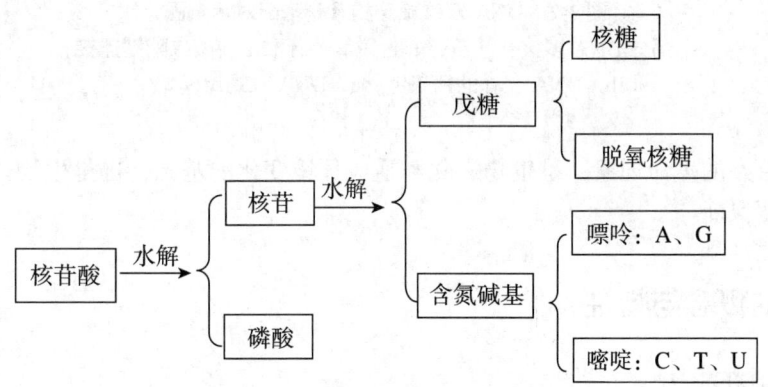

图 3-1　核苷酸的组成示意图

（二）DNA 的分子结构

1953 年，美国生物学家 J. D. Watson 和英国物理学家 F. Crick 通过 DNA 的 X 射线衍射研究，提出了著名的 DNA 双螺旋模型，阐明了 DNA 分子的空间结构（图 3-2）。其主要内容如下：

（1）DNA 由两条反向平行的脱氧核苷酸链组成，其中一条链方向是 $5'\rightarrow 3'$，另一条链方向是 $3'\rightarrow 5'$，围绕同一中心轴向右盘旋，形成右手双螺旋结构。

（2）DNA 分子的磷酸和脱氧核糖交替排列于双螺旋结构的外侧，构成 DNA 的骨架，碱基位于双螺旋结构的内侧。

（3）两条脱氧核苷酸链上的碱基通过氢键连接成碱基对，严格遵守碱基互补配对原则：即 A 只能与 T 通过 2 个氢键相连，G 只能与 C 通过 3 个氢键相连。

（4）双螺旋结构的直径为 2 nm，两个相邻碱基对之间的距离为 0.34 nm，每 10 个碱基对构成螺距 3.4 nm。

（5）DNA 分子双螺旋结构表面有大沟和小沟。

虽然构成 DNA 的碱基只有 4 种（A、T、G、C），只能形成 4 种脱氧核苷酸，碱基配对方式只有 2 种，但是构成的 DNA 分子可以很大（4000~40 亿个核苷酸），形成碱基对的排列顺序可以千变万化，可以形成许多贮存不同遗传信息的 DNA 分子。例如，某一 DNA 分子有 100 个碱基对，它可能形成 4^{100} 种不同的排列方式，从而代表 4^{100} 种不同的遗传信息。碱基对的种类、数目、排列顺序的千变万化体现了 DNA 分子结构的多样性；而特定的碱基排列顺序则决定了 DNA 分子的特异性。在如此众多、结构复杂的 DNA 分子内蕴藏着生物界无穷无尽的遗传信息，决定了自然界中

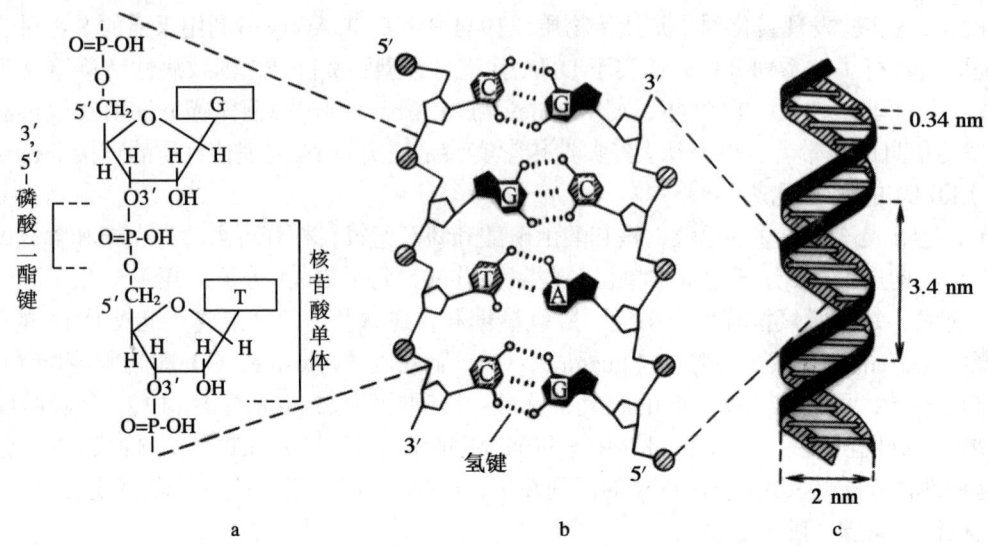

图 3-2 DNA 双螺旋结构及碱基配对示意图

a. 部分 DNA 多核苷酸链，邻近脱氧核苷酸由磷酸二酯键连接；
b. DNA 互补的两条链；c. DNA 双螺旋模型

形形色色、千姿百态的生命现象，是生物进化和适应环境变化的基础，也是生物体能够进行复杂多变生命活动的重要保证。

二、基因的概念与特性

（一）基因概念的提出

1865 年，Mendel 在他的豌豆杂交实验中首次提出了"遗传因子"这一概念，并对遗传因子的基本性质做了最早的论述。1909 年，丹麦学者 Johannsen 将遗传因子改名为基因（gene），提出基因型（genotype）和表现型（phenotype）的概念。1910 年，T.H.Morgan（摩尔根）发现了基因的连锁、互换现象，创立了遗传基因学说。1926 年，摩尔根出版了遗传学巨著《基因论》，证明了基因位于染色体上，并呈线性排列。20 世纪 40 年代以前，人们对于基因的化学本质并不了解，直到 1944 年 O. T. Avery 等证实了肺炎双球菌的转化因子是 DNA，是生物遗传的基础物质。1953 年，Watson 和 Crick 提出了 DNA 分子双螺旋结构模型，该模型的提出在分子水平上揭示了基因的本质，阐明了基因是具有遗传效应的特定的 DNA 片段，是遗传物质结构和功能的基本单位，基因通过复制、转录、翻译等指导细胞中蛋白质（包括酶）的合成，控制细胞的代谢、增殖和分化，决定生物体的表型。随着分子遗传学研究的不断深入，基因的概念逐步被阐明与完善，内涵也得到了丰富和发展。

（二）基因的特性

从分子水平来说，基因具有 4 个基本特性：①可携带遗传信息。②能自我复制：基因随着 DNA 的复制而复制，通过复制，遗传的连续性得以保持。③可决定生物性状：基因通过转录和翻译决定多肽链的氨基酸序列，从而决定某种酶或蛋白质的性质，最终决定生物体的某一性状。④可发生突变：基因虽然很稳定，但也会发生突变。新突变的基因一旦形成，可通过自我复制在随后的细胞分裂中保留下来。

三、人类基因组

基因组（genome）一词最早出现于 1922 年，是指一个生物体所有遗传物质的总和。人类基因组（human genome）是人类一个生殖细胞所包含的全套遗传物质的总和。人体细胞中的 DNA 主要分布在细胞核中，细胞质中的线粒体也有少量的 DNA。因此，根据功能和细胞内位置不同，可将人类基因组分为核基因组和线粒体基因组（图 3-3）。通常所说的人类基因组就是指核基因组。

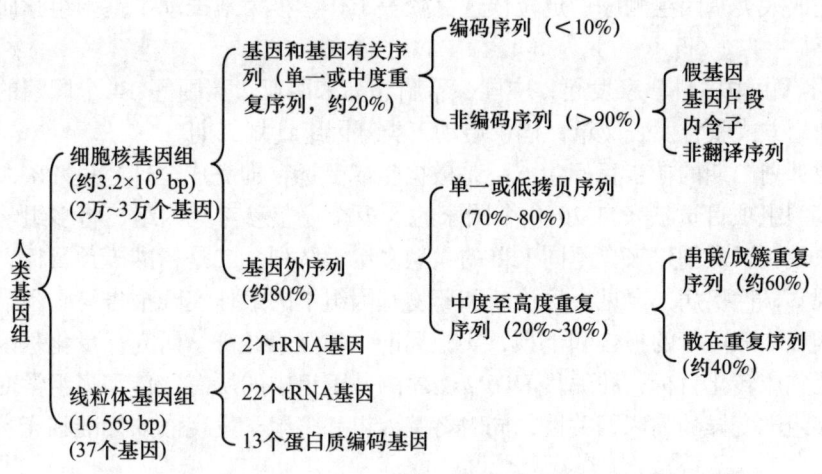

图 3-3 人类基因组的组织结构

（一）核基因组

人类每个体细胞中含有两个染色体组，一个染色体组的全部 DNA 称为一个基因组。目前已知人类的基因组总长度约为 3.2×10^9 个碱基对（bp），基因总数估计有 2 万~3 万个。在这些基因中，与蛋白质合成有关的基因序列只占整个基因组 DNA 序列的 2%，绝大部分 DNA 序列是不表达的，构成基因间的间隔序列、基因内的间插序列、重复序列等。

根据人类基因组 DNA 序列重复出现的频率不同，可将基因组 DNA 序列分为单一序列和重复序列两大类型。

1. 单一序列（unique sequence） 单一序列是指在一个基因组中仅有单一拷贝或少数拷贝的 DNA 序列。单一序列占人类基因组 DNA 序列的 60%~65%，绝大多数编码蛋白质的 DNA 序列为单一序列。

2. 重复序列（repetitive sequence） 重复序列是指在一个基因组中重复出现且拷贝数大于 10^2 的 DNA 序列，占基因组的 30%~35%。根据重复序列的大小和拷贝数的多少，又可分为高度重复序列、中度重复序列。

（1）高度重复序列：是指在一个基因组中重复频率高，拷贝数在 $10^6 \sim 10^8$ 的 DNA 序列，序列长度小于 200 bp，约占基因组的 10%。此类序列的特点是不能转录，不编码蛋白质。这些序列主要分布在染色体的着丝粒、端粒以及 Y 染色体长臂的异染色质区。

（2）中度重复序列：指在一个基因组中重复出现且拷贝数在 $10^2 \sim 10^5$ 的 DNA 序列，序列长度为 300~7000 bp，占整个基因组 DNA 序列的 20%~30%。此类序列多数能转录，但不能编码蛋白质，如 tRNA 基因、rRNA 基因、Alu 家族等，它们在基因调控中起重要作用。

（二）线粒体基因组

人类线粒体 DNA（mitochondrial DNA，mtDNA）能自主复制，是一个环形封闭的双链 DNA 分子，全长 16 569 bp。人类已确定的线粒体基因组含有 37 个基因，其中有 13 个编码蛋白质的基因，2 个 rRNA 基因和 22 个 tRNA 基因。线粒体不均等分布于细胞质中，线粒体 DNA 中的基因伴随线粒体的传递而传递，与染色体的行为无关，表现为母系遗传。

四、人类基因组计划研究进展

人类基因组计划（human genome project，HGP）是一项规模宏大、跨国、跨学科的科学探索工程。目前已经完成人类基因组测序、定位候选克隆等工作，极大地推动了基因组学研究和精准医疗的发展。

2024 年 9 月，由中国科学家发起，中国、希腊、马来西亚、英国等 14 个国家的科学家在《细胞研究》上以社论方式联合发表文章，倡议启动人类基因组计划二期。

人类基因组计划二期的初步目标为：一是数据生成目标，即完成全球超过 1% 人口的基因组测序、为人类泛基因组项目贡献来自 20 余个国家的 5 万个完整参考基因组、将多组学整合到精准医疗的标准和方法中，以及创建来自不同人群的大型多组学队列。二是精准干预目标，即定义携带者筛查、偶然发现、显性疾病、罕见疾病诊断和药物基因组学的最佳实践报告与干预措施，并对所有测序的基因组实施临床可行的报告和干预，实施标准化的健康经济学研究，量化基因组引导干预的成本效益。三是临床转化目标，即编目 HGP2 测序的基因组中的所有遗传和多组学变异，并阐明所有编目遗传和多组学变异的临床相关性，同时将基因组和多组学发现嵌入标准临床实践和精准公共卫生管理。

> **知识链接**
>
> ### DNA 与基因的关系
>
> 大肠埃希菌的拟核中有一长约 $4.7×10^6$ 个碱基对的 DNA 分子，研究表明，在这个 DNA 分子上分布着大约 4400 个基因，每个基因的平均长度约为 1000 个碱基对。**说明基因位于 DNA 上，是 DNA 的组成片段。**
>
> 生长在太平洋西北部的一种海蜇能发出绿色荧光。研究证明，海蜇之所以能发出绿色荧光，是因为其 DNA 分子上有一段长约 5170 个碱基对的片段。利用基因工程技术，将从海蜇体内分离得到的绿色荧光蛋白基因导入小鼠体内，在紫外线照射下，小鼠也能像海蜇一样发出绿色荧光。**这说明基因是具有遗传效应的特定的 DNA 片段。**
>
> 近年来的科学研究发现，小鼠体内的 *HMGIC* 基因与肥胖直接相关。具有 *HMGIC* 基因缺陷的实验鼠与作为对照的小鼠，吃同样多的高脂肪食物，经一段时间后，对照组的小鼠变得十分肥胖，而具有 *HMGIC* 基因缺陷的实验鼠体重仍保持正常。**说明基因能控制生物的性状，并具有遗传效应。**

第二节　基因的分类和分子结构

一、基因的分类

根据基因在细胞内分布的部位，可将其分成细胞核基因和线粒体基因。细胞核基因位于细胞核内染色质的 DNA 上，线粒体基因位于细胞质中线粒体的环状 DNA 上。

根据基因的功能不同，可将其分为结构基因和调节基因两大类。结构基因（structural gene）是指能编码蛋白质或酶分子结构的基因，能直接决定氨基酸的种类和排序。结构基因的改变可导致特定蛋白质（或酶）一级结构的改变或引起蛋白质（或酶）量的改变，导致某种蛋白质（或酶）的活性发生异常。调节基因（regulatory gene）是指可以调节、控制结构基因表达的基因。调节基因的突变可以影响一个或多个结构基因的功能异常，引起一种或多种蛋白质（或酶）合成量的改变。调节基因通常在基因的两端，又称为基因的旁侧序列。

除以上两种基因外，还有一些只转录不翻译的基因，如核糖体RNA基因（rRNA基因）、转运RNA基因。

二、基因的分子结构

（一）原核生物与真核生物结构基因的区别

原核生物的结构基因和真核生物（包括人类）的结构基因是不同的，主要有以下区别：

1. 在基因的数量和大小上，原核生物的结构基因数量较少，DNA分子中约1 kb相当于一个基因；真核生物的结构基因数量较多，基因彼此之间的大小相差较大。

2. 在结构上，原核生物结构基因的编码序列通常是连续的，而真核生物（包括人类）的结构基因编码序列是不连续的，被非编码序列间隔开，形成编码序列和非编码序列嵌合排列的断裂形式，故称为割裂基因（split gene）或断裂基因。

3. 原核生物有较多的重叠基因，即两个或两个以上的基因共有一段DNA序列；而真核生物的基因组中仅发现有极少的重叠基因。

（二）真核生物结构基因的结构

真核生物的结构基因主要由编码区和非编码区两部分组成。编码区是基因转录形成RNA的转录区，主要包括外显子和内含子，非编码区由转录区两侧的旁侧序列组成（图3-4）。

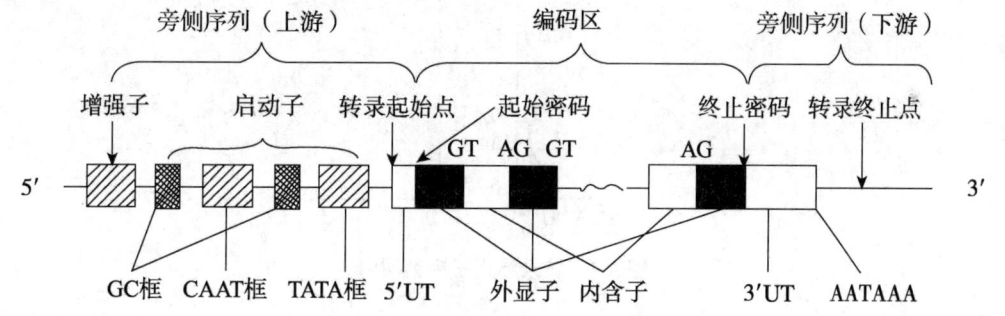

图3-4 真核生物基因的结构示意图

1. **外显子和内含子** 大多数真核细胞的割裂基因中，编码序列被非编码序列分隔开。其中，能够编码多肽链的DNA序列称为外显子（exon，E），外显子是不连续的，相邻的外显子之间存在一段非编码的DNA序列称为内含子（intron，I）或间插序列（intervening sequence，IVS）。外显子与内含子交互排列，内含子可以与外显子共同被转录成RNA，此时的RNA被称为核内不均一RNA（heterogeneous nuclear RNA，hnRNA），是RNA的前体，其中的内含子对应序列在mRNA成熟的过程中将被剪切掉，成熟的mRNA则可作为蛋白质合成的模板。

2. **外显子与内含子接头** 在每个外显子和内含子的接头区，都有一段高度保守的特定序列，即内含子5′端大多数是GT开始，3′端大多是AG结束，称为GT-AG法则。这种接头方式普遍存在于真核生物的基因中，是RNA剪接的识别信号。

3. **旁侧序列** 在每个结构基因的第一个外显子和最后一个外显子的外侧，都有一段非编码区，称为旁侧序列（flanking sequence）。旁侧序列含有一些基因调控序列，它们不被转录，但是对基因的有效转录必不可少，包括启动子、增强子、终止子等。

（1）启动子：是指一段与转录启动相关的特定 DNA 序列，通常位于基因转录起点上游的 100 bp 以内，能与 RNA 聚合酶识别结合，启动基因转录。目前已发现 3 种启动子序列，即 TATA 框、CAAT 框和 GC 框。

（2）增强子：是指一段能增强启动子转录活性的特定 DNA 序列，位于转录起点的上游或下游，位置灵活，可明显提高基因转录效率。

（3）终止子：是一段具有终止转录作用的特定 DNA 序列，主要包括终止信号和 mRNA 加尾信号，由特定的 AATAAA 序列和一段回文序列（反向重复）组成（图 3-5）。AATAAA 序列是 hnRNA 进行加工时的加尾信号。回文序列在转录后会形成一个发夹结构，此结构阻碍了 RNA 聚合酶的移动，其末尾的一串 U 与模板 DNA 中的一串 A 之间结合力较弱，使得转录产物易从模板 DNA 上脱离开来，从而终止转录。

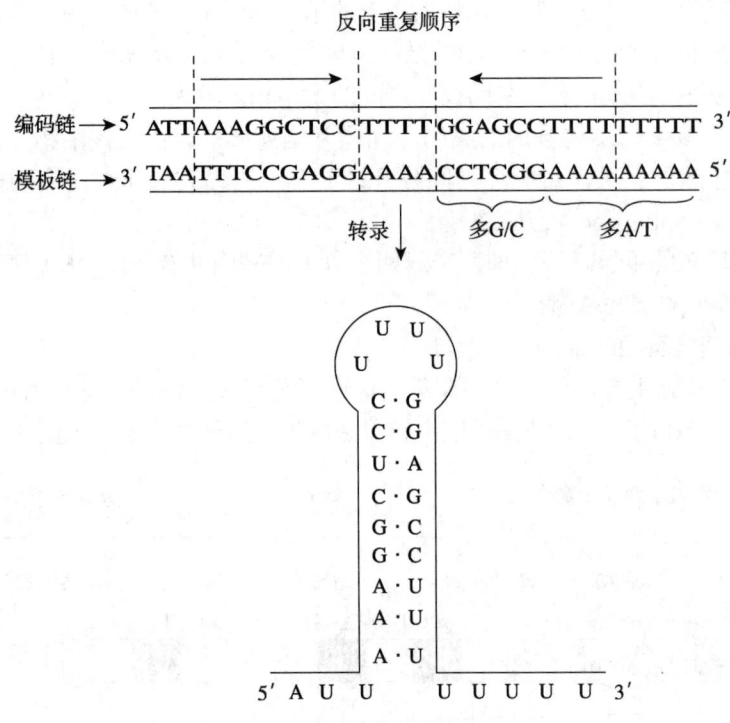

图 3-5　转录终止子序列图解

第三节　基因的功能

基因是具有遗传效应的特定的 DNA 片段，基因的功能反映了 DNA 的功能。从基因的基本特性中，可总结基因的功能如下。①储存遗传信息：特定的核苷酸序列中储存着遗传信息。②自我复制：基因的复制是随着 DNA 的复制而进行的。通过复制，使遗传信息的量成倍增加，再通过细胞分裂将其平分给两个子细胞，遗传的连续性得以保持。③基因表达：基因通过转录和翻译决定多肽链的氨基酸序列，从而决定某种酶或蛋白质的性质，最终决定生物体的某一性状。

一、基因复制

基因的复制（replication）是以 DNA 的复制为基础的，DNA 分子通过自我复制将遗传信息从亲代 DNA 分子传递给子代 DNA 分子。DNA 的复制是一个复杂的酶促反应过程，需要 4 个基本条件。①模板：即母链 DNA。②原料：dATP、dGTP、dCTP 和 dTTP 4 种三磷酸脱氧核苷酸。③酶：DNA 拓扑异构酶、DNA 解旋酶、DNA 聚合酶和 DNA 连接酶等。④RNA 引物。

DNA 的复制过程具有半保留复制、双向复制（图 3-6）及半不连续复制（图 3-7）3 个特点。

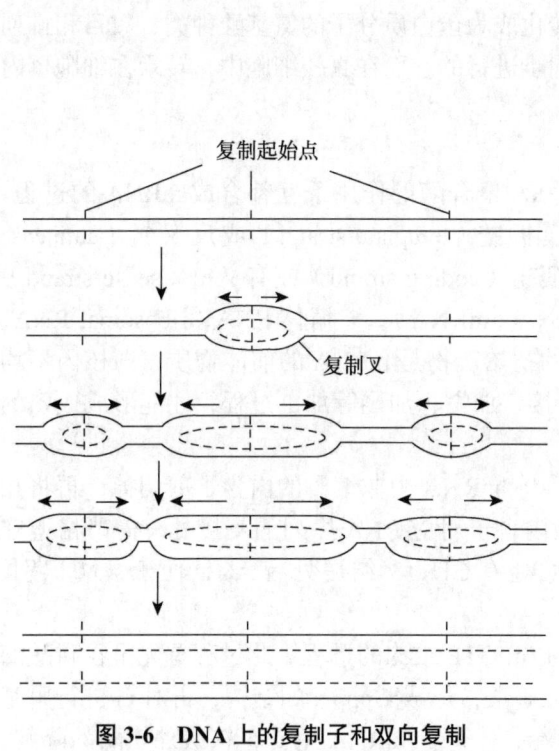

图 3-6　DNA 上的复制子和双向复制

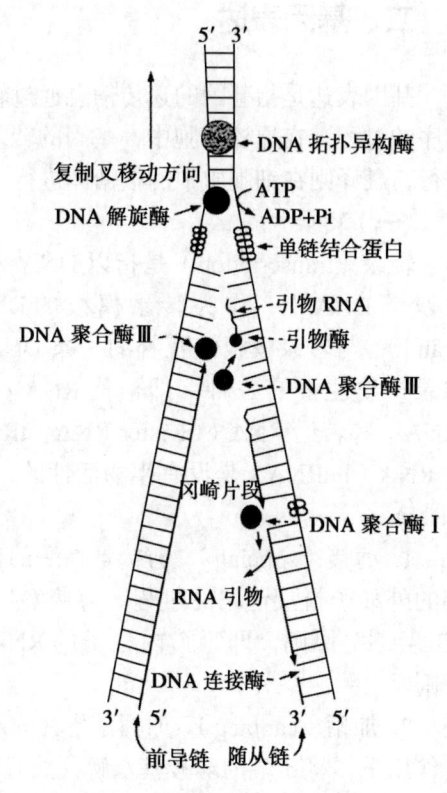

图 3-7　DNA 的半不连续复制

（一）半保留复制

DNA 的复制是一个边解旋边复制的过程。DNA 分子在 DNA 解旋酶的作用下，断开成为两条单链，分别以两条单链为模板，按照碱基互补原则，在 DNA 聚合酶和 DNA 连接酶的作用下，重新互补合成一条新链。复制后每一个子代 DNA 分子中，一条链是亲代留下的，一条链是以亲代链为模板新合成的。因此，DNA 这种复制方式称为半保留复制。

（二）双向复制

DNA 复制从链上某一个特定的复制起始点开始，同时向两侧相反方向进行，称为双向复制（bidirectional replication）。一般原核生物细胞中 DNA 复制比较简单，只有一个复制起始点，真核生物的 DNA 分子大，具有多个复制起始点。含有一个复制起始点的复制单位称为复制子（replicon）。双向复制启动后，向两侧复制形成两个复制叉（replication fork）。随着双向复制，复制叉延伸移动，相邻复制子汇合相连成两条连续的 DNA 分子时，复制完成。

（三）半不连续复制

由于 DNA 聚合酶只能使脱氧核苷酸连接在前一个脱氧核苷酸游离的 3′-OH 上，所以 DNA 复制时，新合成的子链只能沿 5′→3′方向进行合成。因此，以 3′→5′方向的 DNA 母链为模板时，DNA 的合成可以沿 5′→3′方向快速地连续复制，复制完成快，时间短，因此新合成的这条子链称为前导链（leading strand）。而以 5′→3′方向的 DNA 母链为模板时，子链的合成是不连续的，复制完成晚，所用时间长，这条新合成的子链称为后随链（lagging strand）。1968 年日本学者 Okazaki 等通过实验证实，当 DNA 以 5′→3′方向的 DNA 母链为模板进行复制时，先合成一段 RNA 作为引物，合成数量众多的小片段，这段带有 RNA 引物的 DNA 片段称为冈崎片段（Okazaki fragment）。

之后，在 DNA 连接酶的作用下，将冈崎片段连接成完整的一条后随链。因此，DNA 分子的复制是半不连续复制（semi-discontinuous replication）。

二、基因表达

基因表达是指基因的遗传信息通过转录和翻译转化成为蛋白质分子的氨基酸种类、数目和排列顺序的过程。在原核细胞中，基因的转录和翻译是同步进行的。而在真核细胞中，转录在细胞核内进行，翻译则在细胞质中的核糖体进行。

（一）转录

转录（transcription）是指以 DNA 为模板，在 RNA 聚合酶的作用下互补合成 mRNA 的过程。在双链 DNA 中，作为转录模板的 DNA 链称为模板链（template strand）或反义链（antisense strand）；与转录模板链互补的一条 DNA 链称为编码链（coding strand）或有义链（sense strand）。转录产物主要有三种，即信使 RNA（messenger RNA，mRNA）、核糖体 RNA（ribosomal RNA，rRNA）和转运 RNA（transfer RNA，tRNA）。转录的初始产物是 mRNA 的前体物质，即核内不均一 RNA（hnRNA）是没有生物活性的，需要经过剪接、加帽、加尾等加工过程，才能形成成熟的 mRNA。

1. 剪接（splicing） 剪接是在酶的催化作用下，将 hnRNA 中非编码的内含子剪切掉，再将相邻的外显子拼接起来的过程。剪接发生在外显子和内含子对应 RNA 序列的交接处，需严格遵守"GU-AG"原则，即每个内含子的 RNA 序列 5′ 起始处有 GU，3′ 结尾处有 AG，便于被酶识别、切割。

2. 加帽（capping） 加帽是指在 hnRNA 5′ 端加上 m^7GTP 结构的过程。此过程首先是在磷酸酶的作用下，将 5′ 端的磷酸基水解，然后再加上鸟苷三磷酸，形成 GpppN 的结构，再对 G 进行甲基化。加帽的主要作用是：①能有效地封闭 mRNA 5′端，以保护 mRNA 免受 5′核酸外切酶的降解，增强 mRNA 的稳定性；②易被核糖体小亚基识别，促进 mRNA 和核糖体的结合；③促进内含子剪接反应的进行。

3. 加尾（tailing） 加尾是指 hnRNA 在 3′ 端加尾信号序列 AAUAAA 下游 15~30 bp 处加上一段多腺苷酸（poly A）。多腺苷酸可促进 mRNA 从细胞核向细胞质的转运，使 mRNA 保持稳定，不易解聚，并有利于核糖体识别 mRNA。

经过剪接、加帽、加尾后的 mRNA 成为成熟的 mRNA，即可进入细胞质中开始翻译（图 3-8）。

（二）翻译

翻译（translation）是指遗传信息由 mRNA 的碱基序列转变成多肽链中氨基酸序列的过程。成熟的 mRNA 从细胞核进入细胞质，与核糖体结合，由核糖体读取 mRNA 中所携带的遗传信息，并指导特异的多肽链合成（图 3-9）。

1. 遗传密码 多数生物（除 RNA 病毒以外）的遗传信息都是以特定的核苷酸（或碱基）的排序储存在 DNA 分子中的。DNA 通过转录将遗传信息传递至 mRNA，mRNA 上每三个相邻的核苷酸可以组成一个三联体遗传密码（又称密码子），密码子是遗传密码的单位，每个密码子编码一个氨基酸，翻译成多肽链上特定的氨基酸。mRNA 中的 4 种碱基以三联体形式可以组成 4^3 即 64 种遗传密码，其中，61 个密码子编码蛋白质中的 20 种氨基酸，其余 3 个不能编码的氨基酸视为蛋白质合成的终止信号，即终止密码子。1966 年，Nirenberg 和 Khorana 等用人工合成的不同核苷酸组合的 RNA 片段，研究破译了全部的遗传密码（genetic code），成功编绘了 mRNA 的遗传密码表（表 3-1），揭示了基因储存遗传信息的秘密。

2. 翻译的过程

（1）氨基酸的活化：氨基酸不能自动缩合成多肽链，在参与多肽链合成之前，必须经过活化以

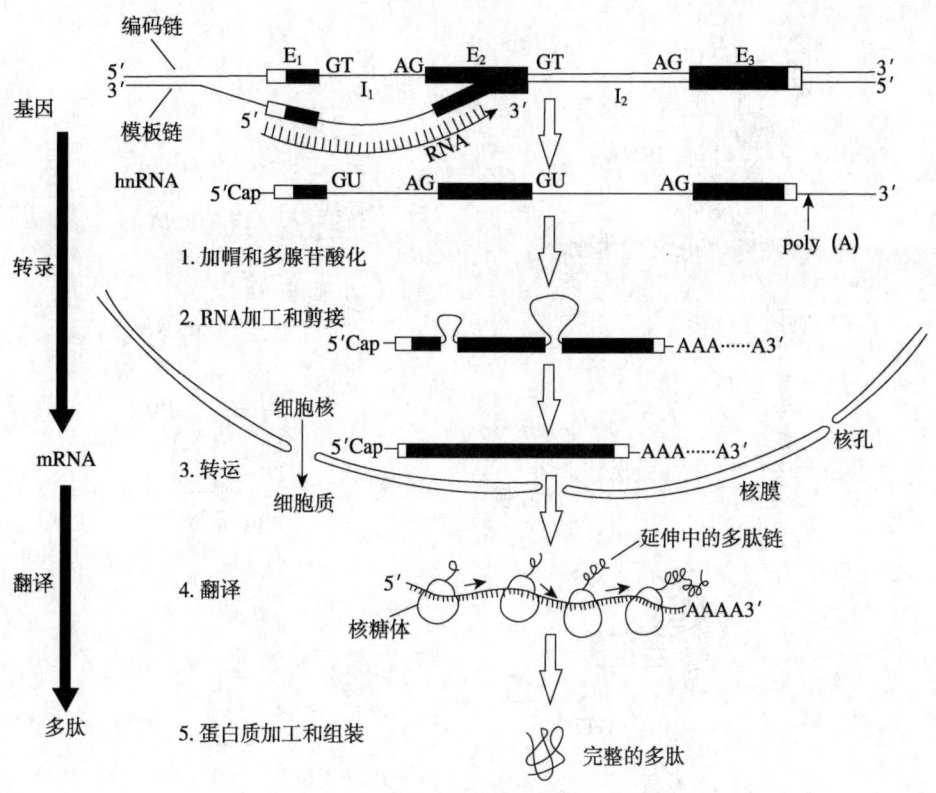

图 3-8 真核生物结构基因表达示意图

表 3-1 遗传密码表

第一碱基 （5′端）	第二碱基								第三碱基 （3′端）
	U		C		A		G		
U	UUU	苯丙氨酸	UCU	丝氨酸	UAU	酪氨酸	UGU	半胱氨酸	U
	UUC	（Phe, F）	UCC	（Ser, S）	UAC	（Try, Y）	UGC	（Cys, C）	C
	UUA	亮氨酸	UCA		UAA	终止密码子	UGA	终止密码子	A
	UUG	（Leu, L）	UCG		UAG		UGG	色氨酸 （Trp, W）	G
C	CUU	亮氨酸	CCU	脯氨酸	CAU	组氨酸	CGU	精氨酸	U
	CUC	（Leu, L）	CCC	（Pro, P）	CAC	（His, H）	CGC	（Arg, R）	C
	CUA		CCA		CAA	谷氨酰胺	CGA		A
	CUG		CCG		CAG	（Gln, Q）	CGG		G
A	AUU	异亮氨酸	ACU	苏氨酸	AAU	天冬酰胺	AGU	丝氨酸	U
	AUC	（Ile, I）	ACC	（Thr, T）	AAC	（Asn, N）	AGC	（Ser, S）	C
	AUA		ACA		AAA	赖氨酸	AGA	精氨酸	A
	AUG	甲硫氨酸+ 起始密码子 （Met, M）	ACG		AAG	（Lys, K）	AGG	（Arg, R）	G
G	GUU	缬氨酸	GCU	丙氨酸	GAU	天冬氨酸	GGU	甘氨酸	U
	GUC	（Val, V）	GCC	（Ala, A）	GAC	（Asp, D）	GGC	（Gly, G）	C
	GUA		GCA		GAA	谷氨酸	GGA		A
	GUG		GCG		GAG	（Glu, E）	GGG		G

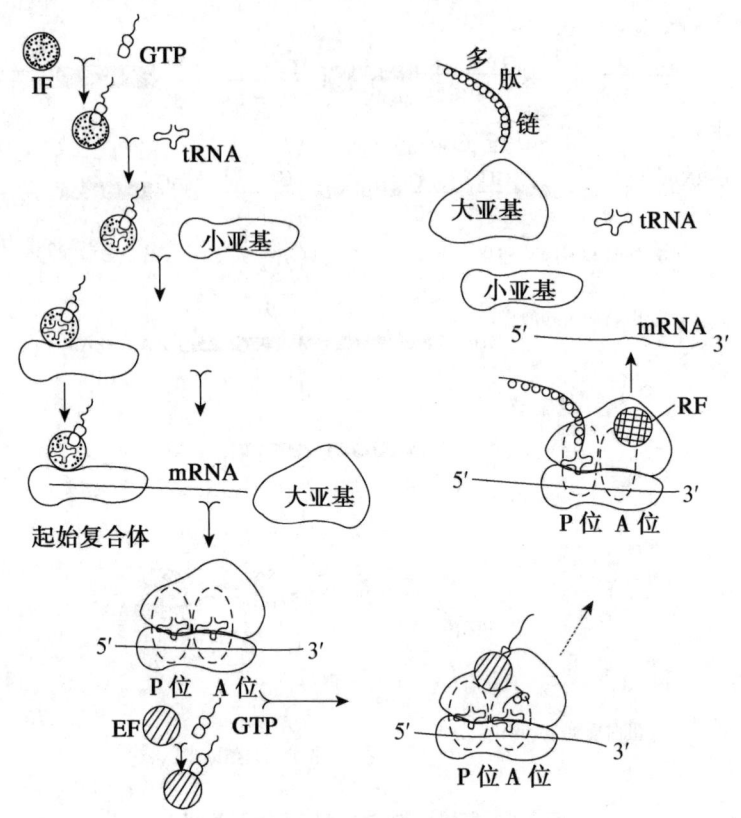

图 3-9 蛋白质合成过程
IF. 起始因子；EF. 延伸因子；RF. 释放因子

获得额外能量，然后再与对应的 tRNA 结合成氨酰 tRNA。

（2）肽链合成的起始：在起始因子（IF）和 GTP 的作用下，氨酰 tRNA 先与核糖体的 40S 小亚基结合，其后，氨酰 tRNA 的反密码子（UAC）与 mRNA 的起始密码子（AUG）互补结合，形成起始复合体。随后，核糖体大、小亚基结合成核糖体。第一个氨酰 tRNA 首先进入核糖体 P 位（肽基部位）；第二个氨酰 tRNA 进入核糖体的 A 位（氨酰基部位）。肽链延长的准备工作就绪。

（3）肽链延长：在延伸因子（EF）和转肽酶的作用下，第一个氨酰 tRNA 上携带的氨基酸与第二个氨酰 tRNA 上携带的氨基酸之间形成肽键。同时，第一个 tRNA 从核糖体的 P 位脱落下来，整个核糖体沿 mRNA 5′→3′方向移动一个密码子的距离；原先在 A 位上的第二个氨酰 tRNA 在移位酶和 GTP 的作用下，移至核糖体的 P 位；第三个氨酰 tRNA 进入核糖体 A 位。如此反复进行，肽链即可延长。

（4）肽链合成的终止：当核糖体移至 mRNA 上出现终止密码子 UAA、UAG、UGA 时，多肽链合成终止。在释放因子（RF）的作用下，多肽链与 tRNA 分离。最后，mRNA 与核糖体分离。

翻译过程并非一个单一核糖体在一个 mRNA 分子上进行翻译，通常有 5~6 个甚至数十个核糖体连接在同一条 mRNA 分子上同时进行翻译。这种聚合体称为多聚核糖体。这样，在同一条 mRNA 模板上的多个核糖体，按不同进度可翻译出多条相同的多肽链，大大提高了蛋白质合成的效率。

3. 翻译后修饰　初始翻译的多肽链需要进一步加工修饰，才能形成具有一定空间结构和活性的蛋白质。翻译后的修饰主要有脱甲酰基、乙酰化、磷酸化、糖基化和链切割等。

三、中心法则

基因功能的实现可以概括为遗传信息传递的"中心法则"，即：①遗传信息通过复制由 DNA 传递给 DNA。②遗传信息通过转录由 DNA 传递给 RNA。③遗传信息通过翻译由 mRNA 传递给蛋白质。后来的大量研究发现，许多单链 RNA 病毒能自我复制和翻译，还有一些单链 RNA 病毒（如劳斯肉瘤病毒）能以病毒的 RNA 为模板逆转录成 DNA。这些发现补充和发展了经典的中心法则（图 3-10）。

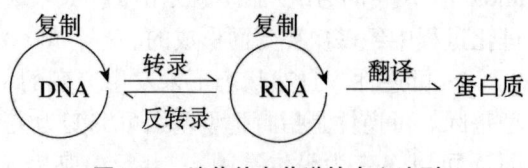

图 3-10　遗传信息传递的中心法则

四、基因表达的调控

基因表达的调控是生物体内基因表达的调节控制，使细胞中基因表达的过程在时间、空间上处于有序状态，并对环境条件的变化做出反应的复杂过程。原核生物和真核生物基因表达的调控存在很大差异，原核生物中，环境因素、营养因素对基因表达调控起着十分重要的作用；而真核生物的遗传信息量大，基因结构复杂，因此其表达调控比原核生物复杂得多，激素水平、发育阶段是其基因表达调控的主要手段。真核生物基因表达的调控是多层次、多水平的，包括 DNA 水平、转录水平、转录后、翻译水平和翻译后等。掌握了基因调控机制，就等于拥有了一把揭示生物学奥秘的钥匙，目前科学家们正致力于基因调控机制的研究。

第四节　基因突变

一、基因突变的概念

基因突变（gene mutation）是指基因的 DNA 序列发生碱基对的组成或序列的改变。基因突变是生物界中普遍存在的现象，也是生物进化与分化的分子基础和根本源泉，同时也是某些疾病发生的基础。基因突变若发生在生殖细胞中，可通过有性生殖传递给子代个体；若发生在体细胞中，虽不会传递给子代个体，但能通过突变细胞的分裂增殖而在所产生的各代子细胞中进行传递，继而产生突变细胞的克隆，成为具有体细胞遗传学特征的肿瘤病变或癌变的细胞、组织。

二、基因突变的诱因

根据基因突变发生的原因，将突变分为自发突变和诱发突变。自发突变（spontaneous mutation）又称自然突变，是指在自然条件下，未经人工处理而发生的突变。诱发突变（induced mutation）是指经人工处理而产生的突变。能诱发基因突变的各种内、外环境因素称为诱变剂（mutagen）。

根据诱变剂的性质不同，基因突变的诱因主要分为以下三类：①物理因素，如高温、紫外线、电离辐射。②化学因素，如工业污染中的煤烟、汽车尾气中的苯并芘、工业原料中的甲醛、食品工业中的亚硝酸盐、食品污染产生的黄曲霉毒素、农药及药物中的氮芥、环磷酰胺。③生物因素，如麻疹病毒、风疹病毒、带状疱疹病毒。

三、基因突变的特性

1. 多向性　多向性指同一位点上的基因可发生多次独立的突变，产生 3 个或 3 个以上的等位基因成员，如基因 A 可经多次独立突变形成 A_1、A_2、A_3……A_n，从而构成复等位基因（multiple

allele)。人类的 ABO 血型就是由 I^A、I^B 和 i 3 个基因决定的,推测 I^A、I^B 基因就是由原始基因 i 在进化过程中经多次突变而形成的。

2. 可逆性　自然状态下未发生突变的基因称为野生型基因,突变之后产生的新基因称为突变型基因。可逆性是指野生型基因可突变为突变型基因,而突变型基因也可突变为野生型基因。如基因 A 可以突变为等位基因 a;相反,基因 a 也可突变成等位基因 A。前者称为正向突变(forward mutation),后者称为回复突变(back mutation)。通常情况下,正向突变率总是远远超过回复突变率。

3. 有害性　生物在长期的进化和自然选择过程中,形成了稳定的遗传基础,基因一旦发生突变,通常会对生物体的生存产生不利的影响,即有害性。如人类的大多数遗传病和肿瘤的发生都是由基因突变引起的。

4. 稀有性　基因突变在自然界中是稀有的,自发突变频率极低。自发突变频率是指在自然状态下,某一基因在一定群体中发生突变的频率。人类基因的自发突变率仅为每代 $10^{-6} \sim 10^{-4}$ 个/生殖细胞。

5. 随机性　不同的个体、不同的细胞或者基因,其各自发生基因突变的频率都是随机的。

6. 重复性　某些基因突变总是以一定的频率在同种生物的不同个体中反复发生,即为重复性。

四、基因突变的类型

基因突变的方式有多种,根据 DNA 碱基的组成和排序改变情况,一般可分为碱基置换、移码突变、整码突变和动态突变 4 种类型(图 3-11)。突变不仅发生于编码序列中,也可发生于启动子区、剪接部位、内含子及多腺苷酸化位点,从而引起相应的遗传病。

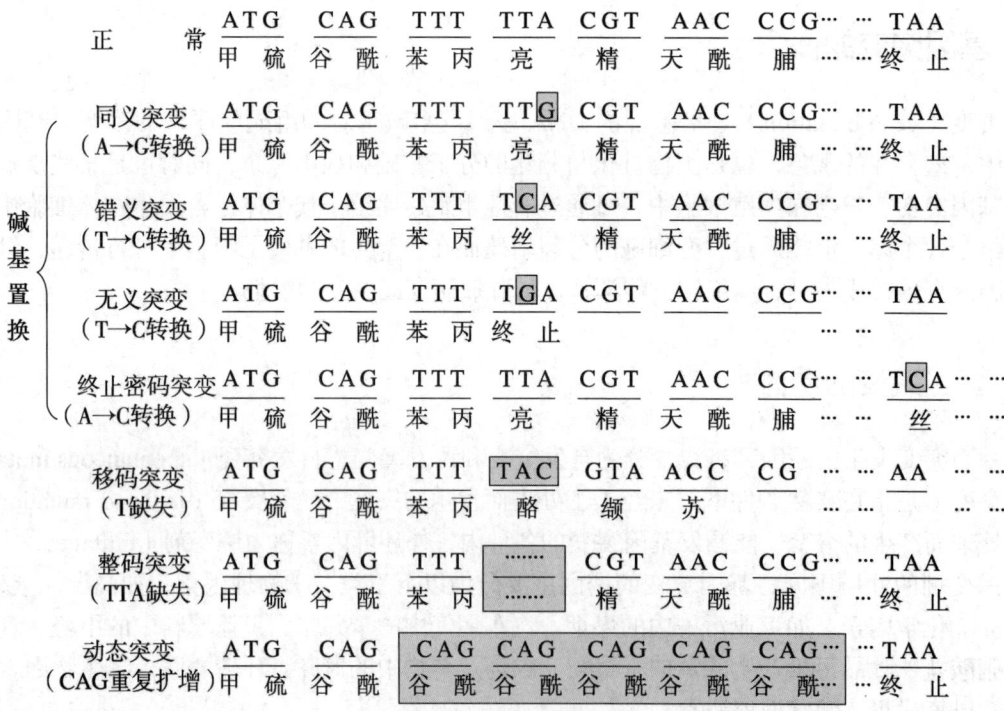

图 3-11　基因突变的类型

(一)碱基置换

碱基置换是指 DNA 链上的一个碱基对被另一个不同的碱基对所取代,为 DNA 分子中单个碱基的改变,故称为点突变。碱基置换有转换和颠换两种类型。转换(transition)是指一种嘌呤被另一种嘌呤所取代，或一种嘧啶被另一种嘧啶所取代。颠换（transversion）是指嘌呤取代嘧啶，或是嘧啶取代嘌呤（图3-12）。

碱基置换可导致以下4种不同的效应（图3-11）。

1. 同义突变（synonymous mutation） 同义突变是指碱基置换使某一密码子发生改变，但由于密码子的兼并性，改变后的密码子编码的氨基酸种类并没有发生改变，不影响蛋白质的功能，实质上并未产生突变效应。例如，DNA模板链上的TGA第三位A被G取代而成TGG，转录为mRNA时为ACC，它们同是苏氨酸的密码子，故翻译成的肽链无变化。

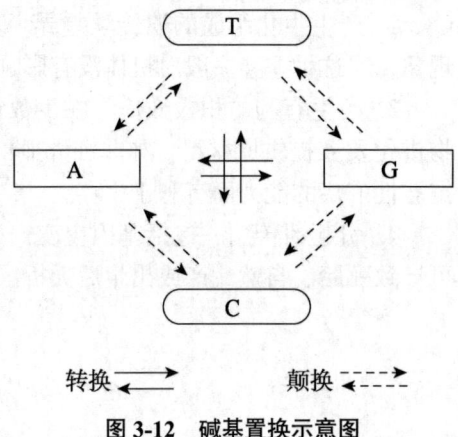

图3-12 碱基置换示意图

2. 错义突变（missense mutation） 错义突变是指碱基置换导致改变后的密码子编码另一种氨基酸，结果使合成的多肽链氨基酸种类和排序发生改变，最后产生异常的蛋白质分子。人类许多分子病和代谢病就是因此产生的，如镰状细胞贫血。

3. 无义突变（nonsense mutation） 无义突变是指碱基置换使原来编码某一氨基酸的密码子变成不编码任何氨基酸的终止密码子，导致多肽链合成提前终止。这类突变常使多肽链截短，造成多肽链的组成结构缺失和蛋白质功能异常或丧失。

4. 终止密码突变（termination codon mutation） 终止密码突变是指碱基置换使原有的一个终止密码子变成编码某个氨基酸的密码子，导致多肽链合成延长，直到下一个终止密码子出现时才停止，结果使多肽链延长，形成了异常的多肽链。

（二）移码突变

移码突变（frame shift mutation）是指在DNA链的编码序列中插入或缺失一个或几个（非3的倍数）碱基对，造成该位点以后的三联体密码的组合全部发生改变，进而使其编码的氨基酸种类和排序发生变化，严重影响蛋白质（酶）的生物功能。

（三）整码突变

整码突变（in-frame mutation）是指在DNA链的编码序列中插入或缺失3个或3的整倍数个碱基对，可导致多肽链增加或减少一个或几个氨基酸，但突变位点前后的氨基酸不变，最后也产生异常的蛋白质分子。

（四）动态突变

动态突变是指在基因组中出现的短串联重复序列，特别是三核苷酸重复序列，并且随着世代交替的传递呈现逐代增加的突变效应，从而导致某些遗传病的发生。

脆性X染色体综合征（fragile X syndrome）是最早发现的由动态突变所致的遗传病。脆性X染色体综合征患者最常见的症状是智力低下。该疾病患者的X染色体q27.3有不稳定的脆性部位，此部位存在由（CGG）n三核苷酸串联重复序列高达60~200个，一般正常人（CGG）n的拷贝数为6~50个。目前发现至少有20余种遗传病的发生与动态突变有关。

五、基因突变的表型效应

从基因到表型是一个复杂的生化过程，由基因突变引起的表型效应也是非常复杂的，分为以下几种情况。

1. 产生不可察觉的表型效应 从表型效应上看不出有突变的发生，对个体既无害也无利，属于中性突变。如同义突变并未引起表型改变；有的错义突变即使改变了密码子的组成，也不会影响其所表达的蛋白质的生物活性。

2. 产生生化组成的遗传学差异　基因突变可产生正常机体生化组成的遗传性差异，构成多态现象，但这种差异一般对机体没有影响。

3. 产生有利的积极效应　在少数情况下，基因突变可产生有利于个体生存的积极作用，为生物进化发展提供原材料。如非洲人血红蛋白 HbS 突变基因杂合子比正常的 HbA 纯合子个体更具有抗恶性疟疾的能力而有利于生存。

4. 引起遗传病　包括基因突变产生的分子病和遗传性酶病，属于有害突变。严重的致死突变可导致死胎、自然流产或出生后夭折。

自 测 题

一、选择题

1. 细胞内遗传物质结构和功能的基本单位是
   A. RNA　　　　　　　　B. 基因　　　　　　　　C. 染色质
   D. 染色体　　　　　　　E. DNA

2. 某一 DNA 分子共有 100 个碱基对，因碱基排列组合方式的不同，可以形成多少种 DNA 分子
   A. 4000　　　　　　　　B. 400　　　　　　　　C. 4^{100}
   D. 100　　　　　　　　　E. 100^4

3. 真核细胞的割裂基因中，编码序列称为
   A. 启动子　　　　　　　B. 外显子　　　　　　　C. 内含子
   D. 旁侧序列　　　　　　E. 增强子

4. 以下碱基置换中属于颠换的是
   A. T 与 C 互换　　　　　B. A 与 G 互换　　　　　C. U 与 C 互换
   D. A 与 T 互换　　　　　E. T 与 U 互换

5. 下列表示转录的基本过程的是
   A. DNA →基因→ mRNA
   B. 基因→ hnRNA → tRNA → mRNA
   C. 基因→ mRNA → tRNA → hnRNA
   D. 基因→ hnRNA →加帽、加尾、剪接→ mRNA
   E. 基因→ hnRNA → rRNA → mRNA

6. 属于真核细胞旁侧序列的是
   A. 启动子、增强子、终止子　　　　　　B. 外显子、内含子
   C. 启动子、增强子、外显子　　　　　　D. 增强子、内含子、终止子
   E. 外显子、密码子

7. 真核细胞结构基因的编码序列是不连续的，称为
   A. 割裂基因　　　　　　B. 编码基因　　　　　　C. 等位基因
   D. 显性基因　　　　　　E. 隐性基因

8. 下列不会引起表型改变的是
   A. 动态突变　　　　　　B. 同义突变　　　　　　C. 移码突变
   D. 错义突变　　　　　　E. 无义突变

9. 下列由动态突变导致的遗传病是
   A. 苯丙酮尿症　　　　　B. 唐氏综合征　　　　　C. 亨廷顿舞蹈症

D. 白化病　　　　　　E. 血友病

10. 人类的 ABO 血型是由 I^A、I^B 和 i 3 个复等位基因决定的，推测 I^A、I^B 是由 i 经多次突变而形成的，这说明基因突变具有

A. 稀有性　　　　　B. 可逆性　　　　　C. 有害性
D. 多向性　　　　　E. 随机性

二、简答题

1. 简述基因的功能。
2. 何为基因突变？基因突变有哪些主要类型？基因突变引起哪些表型效应？

三、案例分析题

有一对夫妇表型均正常，妻子怀胎十月，欣喜迎来儿子小奇的出生，却在新生儿筛查时得知儿子患了一种典型的隐性遗传病——苯丙酮尿症（PKU），不能够随心所欲地吃东西，俗称"不食人间烟火的天使"。如若不及早治疗，临床症状可以表现为神经发育迟缓，皮肤、毛发和虹膜色素减退，头发呈黄色，多发湿疹，尿液有特殊鼠臭味。

请回答：导致苯丙酮尿症（PKU）发生的根本原因是什么？

（林　纯）

第四章 单基因遗传病

第四章数字资源

学习目标

1. 知识：说出单基因遗传病的概念、分类及遗传方式，列举常染色体显性遗传病、常染色体隐性遗传病、性连锁遗传病的遗传规律，分析影响单基因遗传病发病风险的因素。
2. 能力：学会开展遗传病家系调查和估算单基因遗传病再发风险，具备优生优育咨询能力。
3. 素养：通过遗传基本规律及单基因遗传病相关知识的学习，培养严谨的科学态度、求真务实的精神，树立关爱患者、尊重生命的伦理观念。

案例 4-1

患者，男性，35岁，因"间断性胸痛、胸闷半年"就诊。患者有心脏病家族史，其父亲因心脏病发作早逝。体格检查：总胆固醇水平异常升高，特别是低密度脂蛋白胆固醇（LDL-C）水平是正常值上限的3倍以上。患者无不良生活习惯，体重指数正常。患者被诊断为家族性高胆固醇血症（familial hypercholesterolemia, FH）。

问题与思考：
1. 如何向患者解释家族性高胆固醇血症的遗传方式，以及他的子女患病的风险？
2. 家族性高胆固醇血症患者可能会面临哪些心理压力或社会歧视？
3. 如何为患者提供心理支持，帮助他们适应长期的治疗和生活方式调整？

单基因遗传病是由单个基因突变引起的遗传病，具有明确的遗传模式，在遗传病领域占据重要地位，对基因与疾病关系的研究至关重要。尽管单基因遗传病种类多，但每种疾病发病率较低。基因测序技术的进步推动了遗传病诊断与治疗的进展，但相关研究仍面临挑战。未来的工作将集中在提升诊断技术和治疗方法，以及普及遗传病知识。

第一节 遗传的基本规律

作为生物学关键领域，遗传学探究生物遗传特性如何在世代间传递。遗传的基本规律构成了遗传学的核心，为我们揭示了生物多样性和遗传变异的原理。自19世纪末起，科学家们通过一系列经典实验，确立了三大遗传定律：分离定律、自由组合定律、连锁与互换定律。

一、分离定律

分离定律是由奥地利修道士格雷戈尔·约瑟夫·孟德尔（Gregor Johann Mendel）在19世纪中叶通过豌豆杂交实验首次提出的。该定律描述了在有性生殖过程中，成对的遗传因子如何在配子形成时分离，并独立地传递给后代。

（一）分离现象的发现

生物所具有的形态特征和生理特点，称为性状（character，trait）。如豌豆种子的形状、种皮的颜色。相对性状是指在同一物种中，由不同等位基因控制的表现型特征。如豌豆种子形状：圆滑与皱缩；人眼颜色：棕色与蓝色。在遗传学中，相对性状的研究有助于理解基因如何控制生物体的特征，以及这些特征如何在后代中传递。

孟德尔选择了豌豆植物进行他的遗传实验，因为豌豆植物具有易于区分的性状，且能够通过人工授粉控制交配。孟德尔首先选择一对相对性状的豌豆进行了杂交实验。他将豌豆去掉雄蕊或雌蕊，然后进行人工授粉，以防止花粉混杂。他用纯种圆滑豌豆和纯种皱缩豌豆作为亲本进行杂交，子一代（F_1）都是圆滑的。子一代自花授粉所得的种子为子二代（F_2），既有圆滑，又有皱缩，两者呈一定比率（表4-1）。

表4-1 孟德尔豌豆杂交实验结果

性状的类别	亲本的相对性状	子一代（F_1）性状表现	子二代（F_2）性状表现（数目）	比率
子叶颜色	黄，绿	黄	黄（6022），绿（2001）	3.01：1
成熟种子形状	圆滑，皱缩	圆滑	圆滑（5474），皱缩（1850）	2.96：1
种皮颜色	灰褐，白	灰褐	灰褐（705），白（224）	3.15：1
豆荚形状	饱满，缢缩	饱满	饱满（822），缢缩（299）	2.75：1
未成熟豆荚颜色	绿，黄	绿	绿（428），黄（152）	2.82：1
花的位置	腋生，顶生	腋生	腋生（651），顶生（207）	3.14：1
茎的高度	高，矮	高	高（787），矮（277）	2.84：1

孟德尔把在子一代表现出来的亲本性状称为显性性状（dominant character），而未表现出来的亲本性状称为隐性性状（recessive character）。杂交亲本的相对性状在子二代的不同个体间又分别表现出来，这种现象称为分离（segregation）。子二代表现显性性状和隐性性状的豌豆植株的数量比率接近3：1。

（二）分离现象的解释

根据实验结果，孟德尔提出如下假设来解释分离现象：①遗传性状是由遗传因子控制的。②生物的每一种性状受一对遗传因子控制，后者分别来自父本和母本。③遗传因子在形成生殖细胞时相互分离，使配子细胞中只得到成对因子中的一个。配子随机结合成合子，遗传因子又恢复到成对状态。遗传因子各自独立、互不混杂，而对性状发育却相互影响，表现出显性、隐性关系。④控制显性性状和隐性性状的遗传因子，分别称为显性遗传因子和隐性遗传因子。

1909年，丹麦遗传学家约翰逊（W. L. Johannsen）将遗传因子改称基因（gene）。通常用大写字母表示显性基因，小写字母表示隐性基因。豌豆种子圆滑和皱缩这一对可观察的性状，称为表现型（phenotype），简称表型，与之有关的遗传组成称为基因型（genotype）。同源染色体上同一位点不同形式的基因称为等位基因，等位基因控制相对性状的发育。控制圆滑的基因用R表示，控制皱缩的基因用r表示，R和r是一对等位基因，由此可构成RR、Rr和rr三种基因型的个体。基因型RR或rr的个体，一对基因彼此相同，称为纯合子（homozygote）或纯合体。子一代圆滑个体的基因型为Rr，这一对基因彼此不同，称为杂合子（heterozygote）或杂合体。在子一代中，因为r对R

是隐性，所以皱缩不被表现，子一代全部为圆滑种子。而子一代在形成配子时R和r彼此分开，产生数量相等的R或r两种配子，自交时有4种不同组合。其中1/4为RR，表现为圆滑；1/2为Rr，也表现为圆滑；1/4为rr，表现为皱缩。其结果是圆滑和皱缩出现了3∶1的比率（图4-1）。

（三）分离假设的验证

为了验证上述假设，孟德尔设计了测交实验，即用子一代与纯合隐性的亲本杂交。按假设预测，子二代圆滑和皱缩应出现1∶1的比率（图4-2），最终实验结果和预期完全符合。

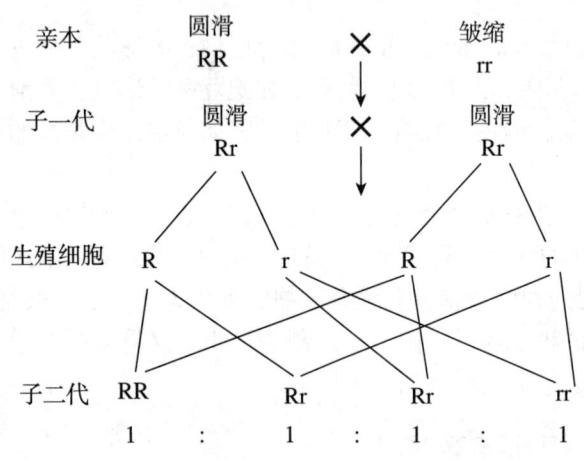

图 4-1　圆滑豌豆和皱缩豌豆杂交图解

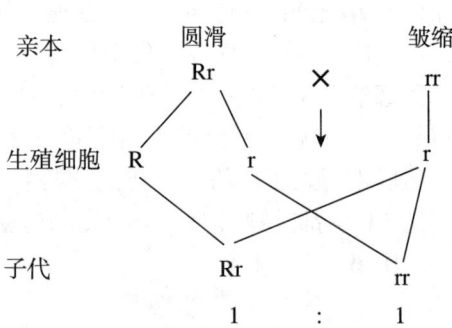

图 4-2　圆滑豌豆和皱缩豌豆测交图解

（四）分离定律的内容和细胞学基础

孟德尔根据上述实验内容提出了分离定律（law of segregation）：一对基因在杂合状态互不干扰，保持相互独立，在生殖细胞形成时，彼此分离分别进入不同的配子中。

分离定律的细胞遗传学基础是：减数分裂Ⅰ时，同源染色体的分离导致等位基因的分离，并最终产生了具有不同遗传组合的配子。

> **知识链接**
>
> ### 测　交
>
> 测交（test cross）是一种遗传学实验方法，由遗传学之父孟德尔首次使用，用于验证他的遗传定律。测交可用于确定一个表现出显性性状的个体是纯合子还是杂合子，通常涉及将待测个体与一个已知基因型的隐性纯合子个体交配。
>
> 1. 实验步骤
>
> （1）选择亲本：选择一个表现显性性状的个体（可能是纯合子或杂合子）和一个已知为隐性纯合子的个体。
>
> （2）交配：让这两个个体交配，产生后代。
>
> （3）观察后代：观察后代的性状表现，以推断显性个体的基因型。
>
> 2. 结果分析
>
> （1）如果所有后代都表现出显性性状，待测个体很可能是纯合子。
>
> （2）如果后代中出现了隐性性状，待测个体是杂合子。
>
> 3. 应用
>
> （1）遗传研究：在实验室中用于确定突变体的基因型。
>
> （2）育种：帮助育种者确定哪些动物或植物可以用于繁殖，以保持或改变特定的遗传特征。

二、自由组合定律

（一）自由组合现象的发现

孟德尔在完成了对豌豆的一对相对性状的研究之后，进一步研究了两个或更多性状的遗传方式。他选择了具有两个或更多明显不同性状的豌豆植物进行交配。如用黄色圆滑和绿色皱缩的纯种豌豆进行杂交，得到的子一代都是黄色圆滑种子。子一代自花授粉后，得到子二代共计556粒种子，表型有4种：黄色圆滑（315粒）、黄色皱缩（101粒）、绿色圆滑（108粒）和绿色皱缩（32粒），比率接近9：3：3：1。黄色圆滑和绿色皱缩与亲本性状相同，称为亲组合，又称亲本类型；黄色皱缩和绿色圆滑是亲本性状的重新组合，称为重组合，又称重组类型。

（二）自由组合现象的解释

在以上两对相对性状的杂交实验中，亲本黄色圆滑的基因型是YYRR，绿色皱缩的基因型是yyrr。根据分离定律，分别产生YR和yr配子。杂交后，合子的基因型是YyRr，由于y、r是隐性基因，所以子一代表型是黄色圆滑。而子一代自交形成配子时，Y和y分离，R和r分离，非等位基因之间随机组合，形成YR、Yr、yR和yr 4种数量相等的配子，所以子二代有16种组合类型。其中有9种基因型和4种表型，4种表型比例为9：3：3：1（图4-3）。

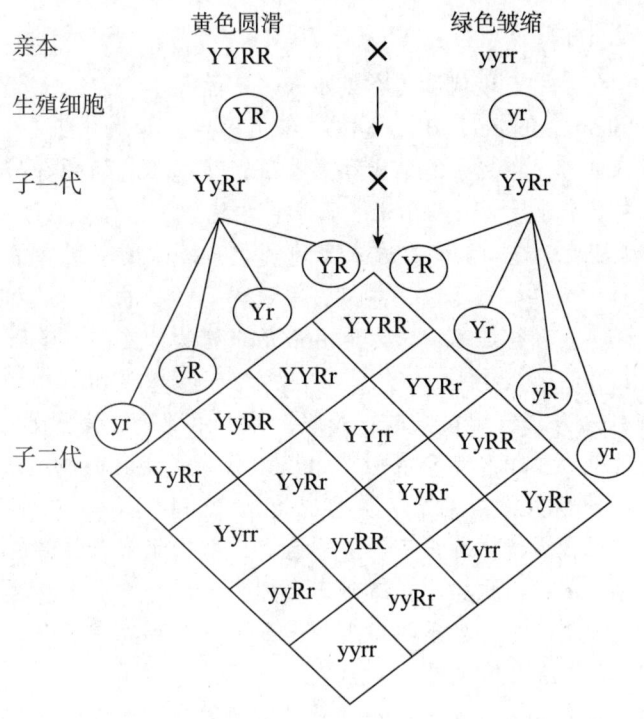

图4-3　黄色圆滑豌豆和绿色皱缩豌豆杂交图解

（三）自由组合假设的验证

为了验证自由组合定律，用子一代（YyRr）与隐性亲本（yyrr）进行测交。按照假设预测，子一代形成4种数量相等的配子：YR、Yr、yR和yr，而隐性亲本只产生一种配子yr。经配子随机结合，形成黄色圆滑（YyRr）、黄色皱缩（Yyrr）、绿色圆滑（yyRr）和绿色皱缩（yyrr）4种表型的后代，并且比率为1：1：1：1。最终实验结果与预期完全一致（图4-4）。

（四）自由组合定律的内容和细胞学基础

孟德尔根据实验结果，总结出了自由组合定律：生物在形成成熟生殖细胞时，成对的基因彼此

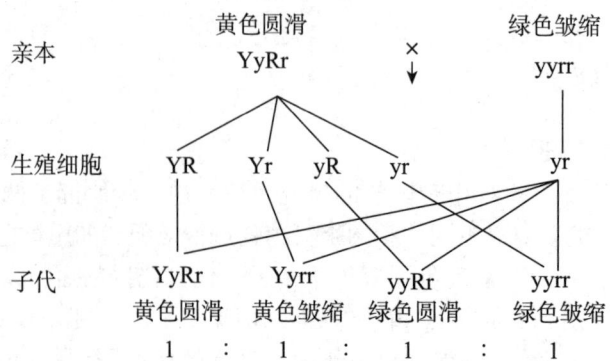

图 4-4　黄色圆滑豌豆与绿色皱缩豌豆测交图解

分离，不成对的基因自由组合，以均等的机会进入同一生殖细胞中。

自由组合定律的细胞学基础：减数分裂Ⅰ时，同源染色体分离、非同源染色体自由组合并进入同一子细胞中。这一过程导致了等位基因的独立分离和随机组合，从而产生了遗传多样性，并允许不同的遗传特征在后代中以新的组合出现。

> **知识链接**
>
> **现代遗传学创始人——孟德尔**
>
> 孟德尔（Gregor Johann Mendel，1822—1884 年）出生于奥地利西里西亚一个贫穷的农民家庭。他的父亲擅长园艺技术，在父亲的熏陶和影响下，孟德尔自幼爱好园艺，从小帮助父亲嫁接果树。1840 年，他中学毕业后考入奥尔米茨大学哲学院学习，但因家境贫寒，被迫中途辍学。
>
> 1843 年 10 月，因生活所迫，孟德尔进入奥地利利布隆城的一所修道院当修道士。1851—1853 年，孟德尔在维也纳大学学习了 4 个学期，系统学习了植物学、动物学、物理学和化学等课程，受到了严格的科学教育和训练，这为他后来从事植物杂交的科学研究奠定了坚实的理论基础。
>
> 1854 年孟德尔回到家乡，继续在修道院任职，并利用业余时间开始了长达 12 年的植物杂交实验。在孟德尔从事的大量植物杂交实验中，以豌豆杂交实验的成绩最为出色。经过整整 8 年（1856—1864 年）的不懈努力，孟德尔在 1865 年发表了《植物杂交实验》的论文，提出了遗传单位是遗传因子（现代遗传学称为基因）的论点，并揭示出遗传学的两个基本规律——分离定律和自由组合定律。同年，孟德尔在布尔诺自然科学研究学会上宣读了他的《植物杂交实验》论文，结果却令人失望，与会者不明白生物和数学怎么可以有所联系。第二年，论文随学会的学报被送往欧洲 100 余所大学和图书馆。
>
> 1900 年 3 个国家的 3 位学者几乎同时独立地"重新发现"孟德尔的发现，也发现了孟德尔的论文，这时他们才清楚自己的工作早在 35 年前就由孟德尔做过了。这一年，成为遗传学史乃至生物科学史上划时代的一年。
>
> 如今，距离孟德尔的发现已经过去 100 余年了。他的经历告诉我们：科学的生命在于创新，科学的胜利在于冲破传统观念。盖世权威难免一失，无名小辈常有所得。

三、连锁与互换定律

在孟德尔的遗传定律被发现后，科学家们普遍认为遗传因子（基因）在染色体上是独立分配的。然而美国遗传学家摩尔根（T. H. Morgan）用果蝇进行杂交实验时观察到了一些基因在遗传时似乎不遵循独立分配的原则，并于1910年发现连锁与互换这一遗传现象，确立了连锁与互换的遗传规律。与此同时，摩尔根还根据自己的研究成果创立了基因论，提出基因位于染色体上且呈直线排列的经典理论。

（一）完全连锁

野生型果蝇是灰身长翅，摩尔根等在实验饲养中发现了黑身残翅的突变类型。实验中，灰身长翅纯合子的基因型为BBVV，黑身残翅纯合子的基因型为bbvv。当这两个纯合个体进行杂交时，子一代全部为灰身长翅（BbVv），这符合显性性状的表现。在回交实验中，子一代雄果蝇（BbVv）与黑身残翅的雌果蝇（bbvv）进行交配。按照自由组合定律的预测，子代应该出现4种类型：灰身长翅（BbVv）、灰身残翅（Bbvv）、黑身长翅（bbVv）和黑身残翅（bbvv），且比率为1∶1∶1∶1。然而，实际上实验结果只出现了两种类型：灰身长翅和黑身残翅，比率为1∶1。

为了解释实验结果与理论值的矛盾，摩尔根假设控制果蝇两对相对性状的基因位于同一对同源染色体上。控制灰身（B）和长翅（V）的基因位于一条染色体上，而黑身（b）和残翅（v）的基因位于其另一条同源染色体上，那么在配子形成时，BV和bv只能伴随各自所在的同一条染色体连锁遗传而不能自由组合。因此，雄性的子一代只能产生含BV和bv两类精子，分别与隐性亲本产生的含bv的卵子结合后，形成BbVv和bbvv两种后代（子二代），比率为1∶1（图4-5）。这种遗传方式有别于自由组合定律。

摩尔根把位于同一条染色体上的基因相伴随传递的现象称为连锁（linkage）。如果连锁的基因不发生交换，这种连锁称为完全连锁（complete linkage）。

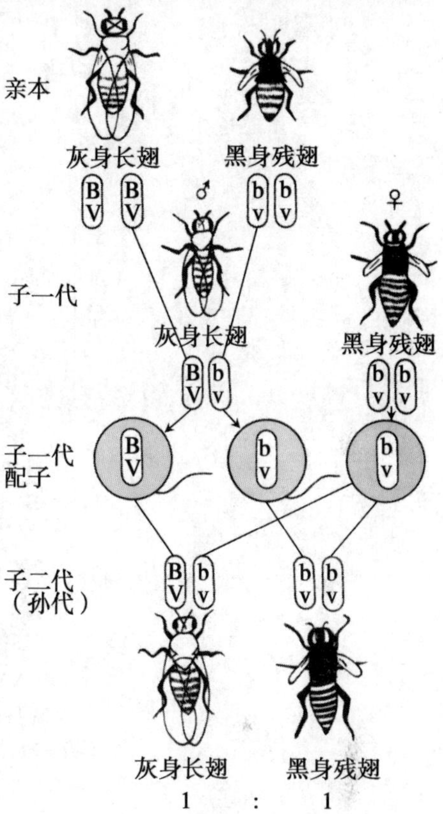

图4-5 果蝇基因的完全连锁图解

（二）不完全连锁与互换

如果将子一代雌果蝇和黑身残翅的雄果蝇进行杂交，子二代又产生了4种类型：灰身长翅41.5%，黑身残翅41.5%，黑身长翅8.5%，灰身残翅8.5%（图4-6）。实验结果既不同于完全连锁，又不像自由组合定律那样比率为1∶1∶1∶1，而是大部分为亲本类型，少部分为重组类型。

摩尔根认为，在子一代雌果蝇的卵子发生过程中，通常BV和bv基因保持连锁，但偶尔因减数分裂中的交换，形成Bv和bV的新连锁关系。这导致产生4种配子：BV、bv、Bv和bV，受精后形成4种类型的子代。

同源染色体上的等位基因之间发生交换，使原来连锁的基因发生变化，构成新的连锁关系，这种现象称为互换（crossing over）。位于同一条染色体上互相连锁的基因大部分联合传递，仅有小部分由于等位基因之间发生互换而重组的现象称为不完全连锁（incomplete linkage）。研究表明，迄今为止，除雄果蝇和雌家蚕是完全连锁外，其他生物都是不完全连锁。

根据以上实验，摩尔根总结出基因的连锁与互换定律（law of linkage and crossing over）。在生物形成生殖细胞时：①位于同一条染色体上的基因连锁在一起随同该染色体一起传递的规律称为基因的连锁定律（law of linkage）；②同源染色体上的等位基因之间可以发生交换，使原来连锁的关系发生改变，形成新的基因连锁关系，称为基因的互换定律（law of crossing over）。

连锁与互换定律的细胞学基础是：①基因在染色体上呈线性排列；②减数分裂过程中，同源染

第一部分 医学遗传学基础

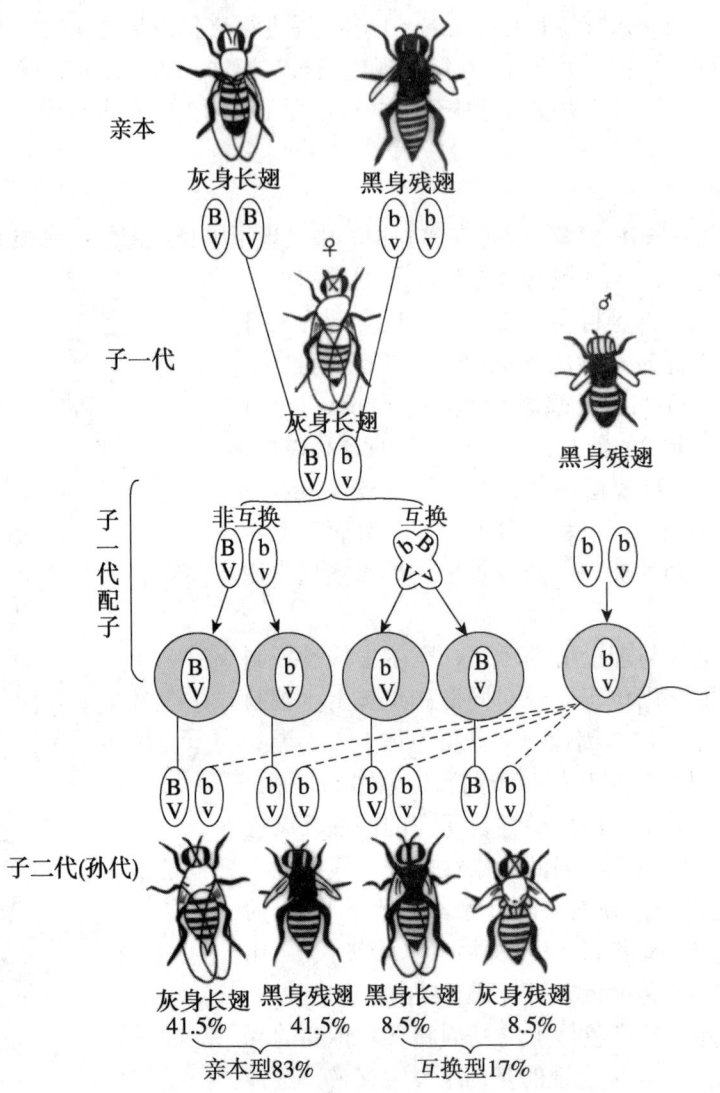

图4-6 果蝇基因的不完全连锁图解

色体的非姐妹染色单体间发生交换，导致基因重组。

（三）互换率

同一连锁群内的各对基因之间可以发生互换，通常用互换率（或重组率）表示。互换率（crossover rate）又称交换率，是指两对等位基因之间发生交换的频率。互换率是杂交子代中重组类型（互换型）数占全部子代总数的百分率。

$$互换率(\%) = 重组类型数 / (重组类型数 + 亲本类型数) \times 100\%$$

同一条染色体上两对等位基因之间的距离越远，发生重组的机会越大，互换率越高；基因之间距离越近，互换率越小。因此，互换率可以用来反映同一染色体上个两个基因之间的相对距离。基因之间的距离通常用图距单位厘摩（cM）来衡量，其中1%的互换率等于1 cM。

根据互换率，可以推测出生物染色体上连锁基因的相对位置，并绘制基因位置图，即连锁图。例如，果蝇的黑身（b）、残翅（v）和朱砂眼（cn）3个基因均位于2号染色体上。实验分析显示b和v之间的交换率是17%，b和cn之间的交换率是8%，v和cn之间的交换率是9%。这表明3个基因的距离分别是17 cM、8 cM、9 cM，因此推测它们的相对位置为b-cn-v，呈直线排列。摩尔根和他的学生们通过大量实验，确定了果蝇的几百对基因构成了4个连锁群，并绘制了果蝇的基因连锁图。

连锁和互换是生物界的普遍遗传现象。位于同一染色体上的基因通常是连锁的，形成连锁群（linkage group）。连锁群的数目与生物生殖细胞中的染色体数目或体细胞中的染色体对数相等。

> **知识链接**
>
> **摩尔根与小果蝇**
>
> 摩尔根（T. H. Morgan，1866—1945 年）出生于美国肯塔基州列克星敦一个名门望族之家，从小受到良好的教育。1886 年，摩尔根从肯塔基州立学院毕业，并成为约翰·霍普金斯大学的研究生，四年后获得了博士学位。后来摩尔根在多所大学和研究所从事生物学研究，并取得了很多成就，撰写遗传学名著《基因论》，荣获 1933 年诺贝尔生理学或医学奖。
>
> 1910 年 5 月，摩尔根在实验室的一群经过射线照射的红眼果蝇中发现了一只白眼雄果蝇。不久，他让这只白眼雄果蝇与另一只红眼雌果蝇进行交配，下一代果蝇无论雌、雄，全是红眼。让子一代红眼果蝇相互交配得到的子二代的实验中出现了一个有趣的现象：子二代的果蝇，雌的全是红眼，雄的一半是红眼，一半是白眼。也就是说，所有白眼果蝇都是雄性。他认识到，决定白眼的基因与决定性别的因素是相互联系遗传的，从而发现了伴性遗传这种特殊的遗传方式，得出基因是在染色体上的推论。而后摩尔根又和他的学生通过果蝇实验发现连锁与互换定律，证明染色体是基因载体，并推测出果蝇各种基因在染色体上的相对位置，画出了果蝇的 4 对染色体上的基因所排列的位置图，这也是世界上第一张基因排列图。1945 年底，摩尔根因病去世，为了纪念他，人们将果蝇染色体图中基因之间的单位距离称为"摩尔根"。

第二节　单基因遗传的基本概念和研究方法

一、基本概念

单基因遗传是指某种性状受一对等位基因控制，遵循孟德尔定律，因此也称为孟德尔遗传。由单基因遗传引起的疾病称为单基因遗传病（monogenic disease，single-gene disorder），简称单基因病或孟德尔病。单基因遗传病的诊断通常涉及基因检测，以确定特定基因的突变。治疗方法根据疾病的类型和严重性，可能包括药物治疗、基因治疗、干细胞移植或手术治疗。对于某些单基因遗传病，基因治疗和干细胞移植等先进技术正在研究中，旨在开发潜在的治疗方法。

二、系谱与系谱分析

系谱分析是研究人类遗传规律的常见方法，常用于遗传病与非遗传病的鉴别、确定遗传方式、记录患者信息以及撰写学术文章和教科书。此外，遗传咨询中计算个体患病风险和基因定位中的连锁分析也经常使用系谱分析。单基因遗传病的确认也依赖于系谱分析。在调查分析中，调查的人数越多越好，除了要求信息准确外，还需注意患者的年龄、病情、死亡原因以及是否近亲婚配等因素。

系谱（pedigree）指从先证者入手，调查某种疾病在一个家族中的发病情况后，将该家族各成员患病情况及其相互关系用规定的符号、按一定的格式绘制成的示意图，也称家系图。先证者

（proband）指某个家系中第一个被发现罹患某种遗传病（或具有某种遗传性状）并由其入手开展遗传学家系调查的成员。

绘制系谱的步骤一般包括：确定先证者、收集家族史、记录家族关系、绘制初步系谱图、验证和修订、最终确定、记录和保存。要按照一定的格式，并常用一些特定的符号来代表该家系各个成员的情况和关系。系谱中常用的符号见图4-7所示。

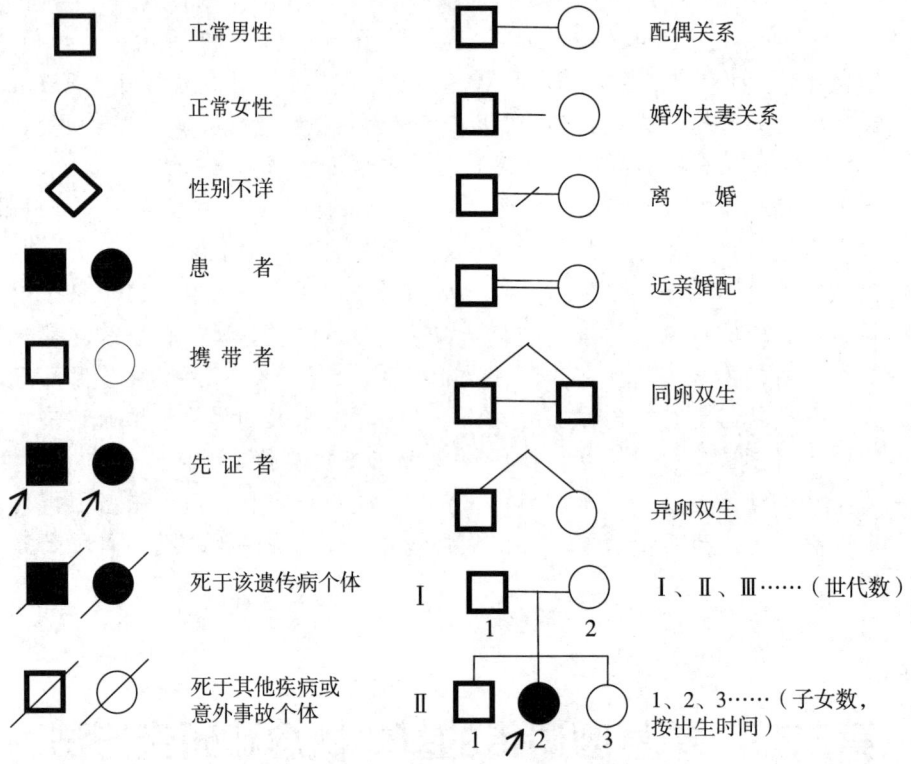

图 4-7　系谱中常用的符号

第三节　单基因遗传病的遗传方式

根据致病基因是在常染色体上还是性染色体上、是显性基因还是隐性基因，可将人类单基因遗传病分为常染色体显性遗传病、常染色体隐性遗传病、X连锁显性遗传病、X连锁隐性遗传病和Y连锁遗传病5种。

一、常染色体显性遗传病

控制一种遗传性状或疾病的基因位于常染色体上，且为显性基因，其遗传方式称为常染色体显性遗传（autosomal dominant inheritance，AD）。由常染色体上显性致病基因引起的疾病称为常染色体显性遗传病。常染色体显性遗传病可以通过家族史、基因检测和临床症状来诊断。治疗通常旨在管理症状和并发症，有时可以通过手术或药物治疗来减轻症状。

（一）常染色体显性遗传病的特点

常染色体显性遗传病的典型系谱（图4-8）具有如下特点：
（1）男女发病机会均等。这是因为致病基因位于常染色体上，遗传与性别无关。

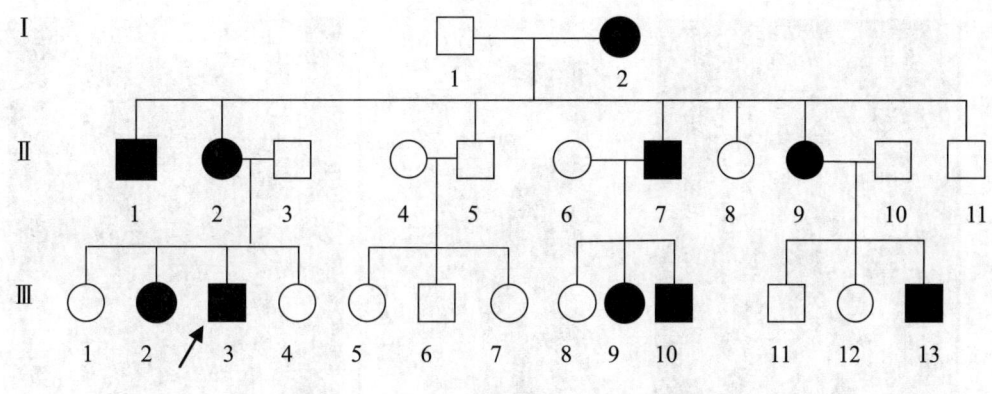

图 4-8 一个常染色体显性遗传病的典型系谱

（2）系谱中可看到本病的连续遗传现象，即连续几代都可以出现患者。

（3）患者的双亲中必有一个为患者，但绝大多数为杂合子。患者的同胞中约有 1/2 的概率为患者。

（4）双亲无病时，子女一般不患病。只有在基因突变的情况下，才能看到双亲无病时子女患病的病例。

（二）常染色体显性遗传的类型

由于各种复杂的原因，杂合子有可能出现不同的表现形式，因此可将常染色体显性遗传分为以下几种形式。

1. **完全显性（complete dominance）** 杂合子患者表现出与显性纯合子患者完全相同的表型即为完全显性。如牙齿质发生不全（OMIM 125490），此病患者牙齿有明显缺陷，牙齿上往往出现灰色或蓝色的乳光，且牙齿容易被磨损。如果用 B 表示致病基因，b 表示正常的等位基因，患者的基因型有两种，纯合子（BB）和杂合子（Bb），它们的临床表现无区别。临床上所见到的患者大多数为杂合子。因为致病基因由正常基因突变而来，是稀有事件，多数患者的致病基因是由父母遗传获得，通常只有父母都是牙齿质发生不全时，才有可能生出 BB 型的子女，而这样的婚配方式少见，故一般很少见到纯合子患者。临床上大多是杂合子患者与正常人婚配，后代将有 1/2 的概率是患者、1/2 的概率是正常人（图 4-9）。

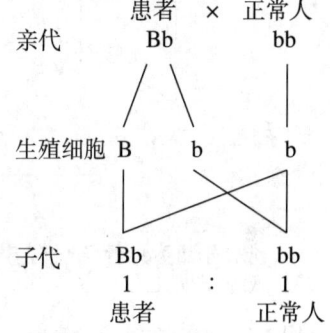

图 4-9 牙齿质发生不全患者婚配图解

常见的常染色体完全显性遗传病还有短指 I 型、虹膜异色症等。

2. **不完全显性（incomplete dominance）** 不完全显性也称为半显性，两个等位基因之间的相互作用导致杂交子代的表型介于两个亲本表型之间。这种表型是由两个等位基因共同作用的结果。例如，软骨发育不全（OMIM 100800）是不完全显性遗传病。本病纯合子（AA）患者病情严重，多在胎儿期或新生儿期死亡；而杂合子（Aa）患者在出生时即有体态异常：四肢短粗、下肢向内弯曲、腰椎明显前突、头大等（图 4-10）。主要是由长骨骨骺端软骨细胞形成及骨化障碍，影响了骨的生长所致。

软骨发育不全患者（Aa）与正常人婚配，每生一个孩子，有 1/2 的概率是软骨发育不全性侏儒患者（Aa），1/2 的概率是正常人（aa）。如果两个轻型软骨发育不全患者婚配（图 4-11），后代中约 1/4 的概率为正常人（aa），1/2 的概率为杂合子患者（Aa），1/4 的概率为纯合子的重型患者（AA）。重型患者多死于胚胎期或婴儿期。

3. **不规则显性（irregular dominance）** 某些常染色体显性遗传病中，杂合子（Aa）个体可能不会发病，或者不同杂合子个体之间表现出症状的差异。这种遗传模式被称为不规则显性遗传。

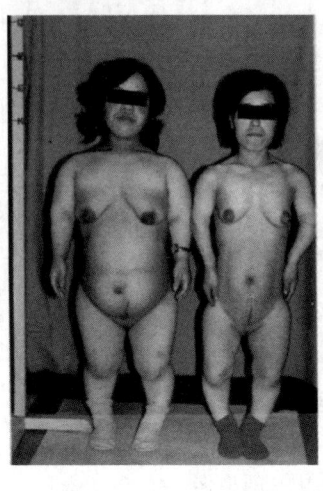
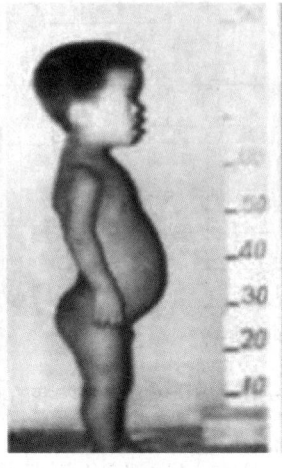
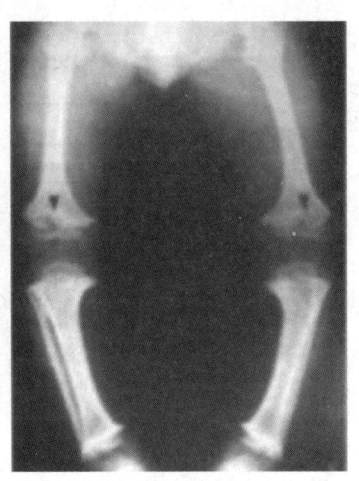

图 4-10 软骨发育不全

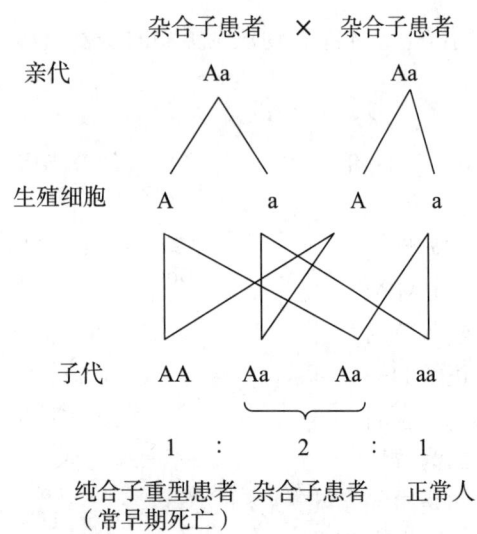

图 4-11 软骨发育不全杂合子间婚配图解

显性基因在杂合状态的不规则显性情况，常用外显率（penetrance）来衡量。外显率是指一定基因型的个体在特定的环境中形成相应表型的百分率。例如多指（趾）（OMIM 174200）（图 4-12），在调查某一群体后，推测有 80 人为杂合子多指患者，但实际上只有 64 人表现为多指，则该群体中显性致病基因外显率为 64/80×100% = 80%。当外显率低于 100% 时，称为外显不全或不完全外显。在外显不全的情况下，患者同胞及子女的发病风险不再是 1/2，而是 1/2 与外显率的乘积。

不规则显性产生的原因还不十分清楚。不同个体具有不同的遗传背景和不同的内、外环境对基因表达产生的影响，可能是引起不规则显性的重要原因。影响显性基因表达的遗传背景主要是细胞内存在的修饰基因（modifier gene）。有的修饰基因能增强主基因的作用，使主基因所决定的性状表达完全；有的修饰基因能减弱主基因的作用，使主基因所决定的性状不表达或表达不完全。此外，各种影响性状发育的环境因素也可作为一种修饰因子影响主基因的表达，从而起到修饰作用。

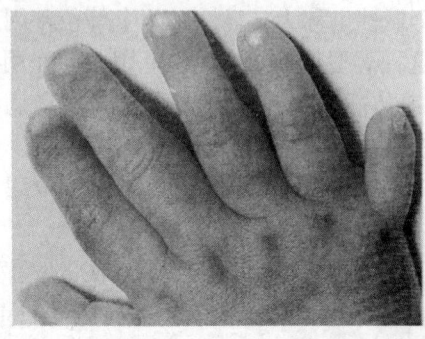
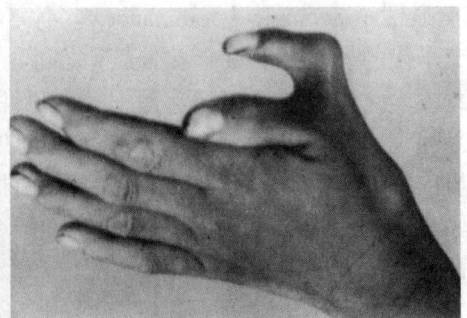

图 4-12 多指

4. 共显性（codominance） 共显性是指一对等位基因之间没有显性和隐性的区别，每个等位基因都产生自己的表型特征，并且这些特征在杂交子代中同时显现，形成一个新的表型。人类 ABO

血型系统中的 AB 血型是共显性遗传的结果，人类 ABO 血型由一组复等位基因（multiple allele）决定，它们是 I^A、I^B 和 i。位于一对同源染色体上某一特定位点有 3 种或 3 种以上的基因称为复等位基因。例如，在人类血型系统中，I^A、I^B 和 i 是位于 9 号染色体长臂的同一位点的等位基因。I^A 和 I^B 决定红细胞表面有抗原 A 和抗原 B，而 i 决定红细胞表面没有抗原 A 和抗原 B 而有 H 物质。I^A 和 I^B 对 i 是显性基因，基因 I^A 和 I^B 为共显性。对任何一个人来说，他（她）最多只能占有其中的任何两个基因（表 4-2）。

表 4-2 ABO 血型的特点

血型	红细胞抗原	血清中天然抗体	基因型
A	A	α	I^AI^A、I^Ai
B	B	β	I^BI^B、I^Bi
AB	A、B	—	I^AI^B
O	—	α、β	ii

如果纯合子 A 型血（I^AI^A）的人与纯合子 B 型血（I^BI^B）的人结婚，只能生育杂合子（I^AI^B）AB 型血的子女，这是两个等位基因共显性结果。如果两个 AB 型血的人结婚，则他们的子女可能有 A 型、AB 型、B 型 3 种血型，比率为 1：2：1（图 4-13）。

根据分离定律，已知双亲血型，就可以估计出子女中可能出现的血型和不可能出现的血型（表 4-3），这在法医学的亲子鉴定中有一定的意义。

5. 延迟显性（delayed dominance） 延迟显性是指某些带有显性致病基因的杂合子个体，并非出生后即表现出相应症状，而是发育到一定年龄时，致病基因的作用才表现出来。遗传学中常用其他术语来描述，如延迟发作（late onset）、晚发性遗传病（late-onset genetic disease）。

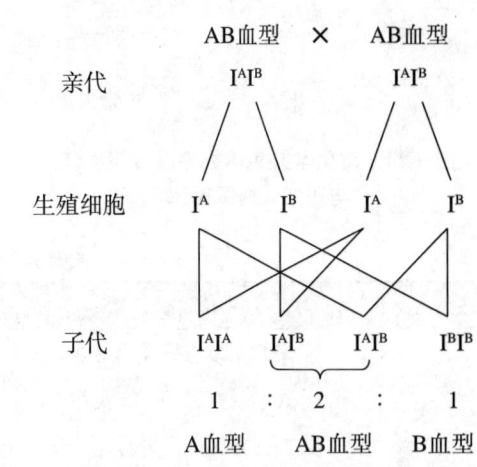

图 4-13 AB 血型者婚配图解

表 4-3 双亲和子女之间 ABO 血型遗传的关系

双亲的血型	子女可能出现的血型	子女不可能出现的血型
A × A	A，O	B，AB
A × O	A，O	B，AB
A × B	A，B，AB，O	-
A × AB	A，B，AB	O
B × B	B，O	A，AB
B × O	B，O	A，AB
B × AB	A，B，AB	O
AB × O	A，B	AB，O
AB × AB	A，B，AB	O
O × O	O	A，B，AB

亨廷顿病（Huntington disease，HD）（OMIM 143100），又称亨廷顿舞蹈症（Huntington chorea），是一种缓慢起病的神经系统疾病，属于延迟显性的遗传疾病。患者 20 岁前很少发病，20 岁后发病

率逐渐增高。发病时，最初表现为情绪波动，随后出现舞蹈性动作、癫痫发作、体力和智力不断减退、进行性痴呆。患者常于症状出现后的4~20年死亡。

家族性结肠息肉病也是延迟显性遗传病。该病患者的肠壁上有许多大小不等的息肉，临床的主要症状为便血伴黏液。患者最早可在20岁左右开始发生恶变，结肠上长有大小不等的肉瘤，引起胃肠出血和腹泻，息肉恶变的可能性较大，需进行结肠切除手术。

可见，对于某些显性致病基因所决定的性状，年龄可作为一种修饰因子，使显性致病基因所控制的性状出现延迟表达。

（三）常见的婚配类型及子女再发风险的估计

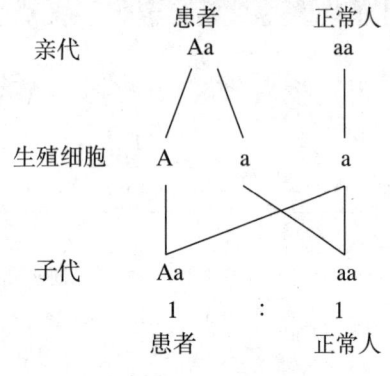

图4-14 常见常染色体显性遗传病患者与正常人婚配图解

常染色体显性遗传病的系谱中最常见的是杂合子和正常人婚配（Aa×aa）（图4-14）。他们的子女中将有1/2个体患病（Aa），1/2个体正常（aa）。

再发风险又称复发风险，是指曾生育一个或几个遗传病患儿的家族中，该家族成员再生育该病患儿的概率。再发风险一般用百分率（%）或比例（1/2，1/4，…）表示。

临床上常见的常染色体显性遗传病患者一般为杂合子，再发风险的估计见表4-4。如视网膜母细胞瘤属于常染色体显性遗传病，常表现为外显不全，外显率为70%。一对夫妇婚后生了一个患病的儿子，说明他们中一定有一方带有致病基因，所以他们再生孩子的患病风险为1/2×70%=35%。

表4-4 常染色体显性遗传病再发风险

婚配类型	子女再发风险
夫妇一方患病（常见）	1/2
夫妇双方患病（少见）	3/4
夫妇一方患病（外显不全）	1/2×外显率

二、常染色体隐性遗传病

控制一种遗传性状的基因是隐性基因，位于常染色体上，其遗传方式称为常染色体隐性遗传（autosomal recessive inheritance，AR）。由常染色体上隐性致病基因引起的疾病称为常染色体隐性遗传病。由于这些疾病通常需要两个突变等位基因才能发病，携带者通常没有症状，因此在家族中可能不会被意识到。

（一）常染色体隐性遗传病的特点

在常染色体隐性遗传病中，个体如果携带一个显性基因和一个隐性致病基因（杂合子状态，如Aa），通常不会表现出疾病的症状，因为显性基因会掩盖隐性致病基因的作用。这些个体被称为携带者（carrier），他们携带有潜在的致病基因，但自身并不发病。

而当两个携带者（即两个Aa基因型的个体）结婚并生育子女时，他们的子女有25%的概率成为纯合子（aa），即两个隐性致病基因，从而表现出疾病的症状。临床上所见的常染色体隐性遗传病患者往往是两个携带者婚配的后代。

白化病（OMIM 203100）是一种常见的常染色体隐性遗传病，由于患者体内编码酪氨酸酶的基因发生突变，酪氨酸酶缺乏而导致黑色素的合成发生障碍，从而引起白化症状（图4-15）。患者的虹膜、皮肤、毛发缺乏色素，畏光。

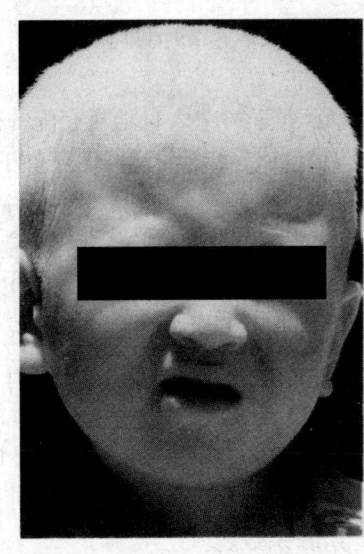
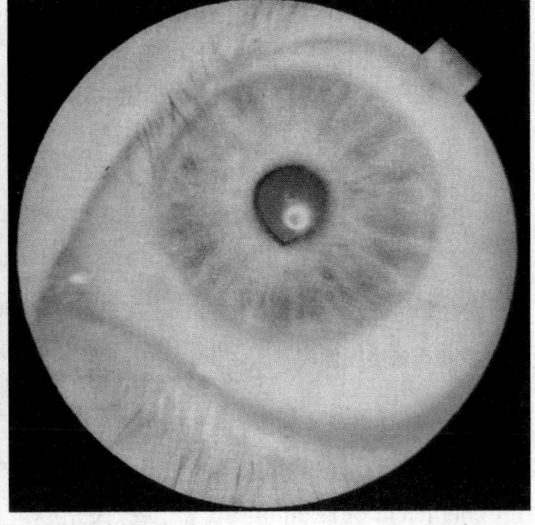

图 4-15 白化病

常染色体隐性遗传病的典型系谱（图 4-16）具有如下特点：

（1）男女发病机会均等。由于致病基因位于常染色体上，因而致病基因的遗传与性别无关。

（2）系谱中看不到连续遗传现象，常为散发病例，有时系谱中只有先证者一个患者。

（3）近亲婚配后代的发病率比非近亲婚配后代的发病率高很多。这是因为近亲之间可能从共同的祖先遗传来某一相同的基因，所以他们基因相同的可能性较一般人要高。

（4）患者的双亲往往表型正常，但他们都是致病基因携带者。患者的同胞约有 1/4 的概率患病，3/4 的概率为正常；表型正常的同胞中有 2/3 的可能性是携带者。在小家系中有时看不到理论的发病比例。如果将相同婚配类型的小家系合并起来分析，就会看到近似的发病比例。

临床上常见的常染色体隐性遗传病有白化病、苯丙酮尿症、尿黑酸尿症、肝豆状核变性及镰状细胞贫血等。

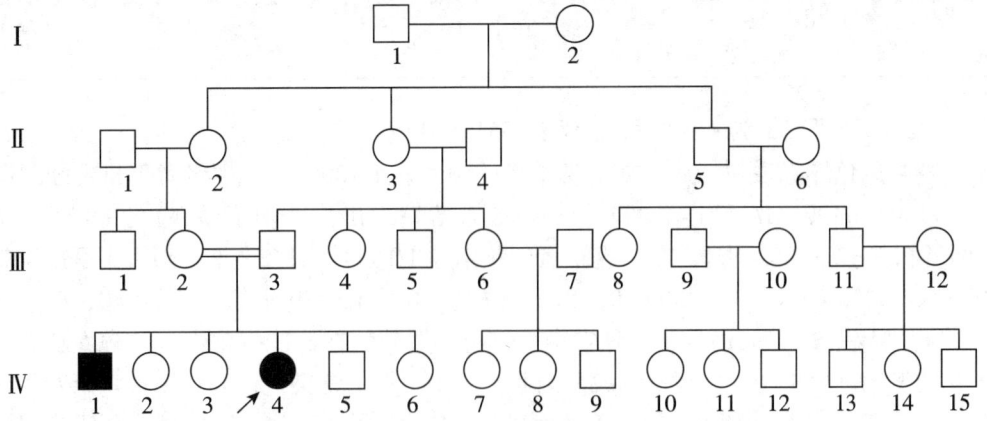

图 4-16 一个常染色体隐性遗传病的典型系谱

（二）常见的婚配类型及子女再发风险的估计

常染色体隐性遗传病的系谱中最常见的是两个携带者婚配（Aa × Aa），如图 4-17。

常染色体隐性遗传病患者一定是隐性基因的纯合子（aa），如其父母均为携带者（Aa × Aa），患者同胞再发风险是 1/4 个体患病（aa），在正常的同胞中有 2/3 是携带者（Aa）；如其父母一方为携带者、一方为患者（Aa × aa），患者同胞再发风险是 1/2，且正常的同胞全是携带者。

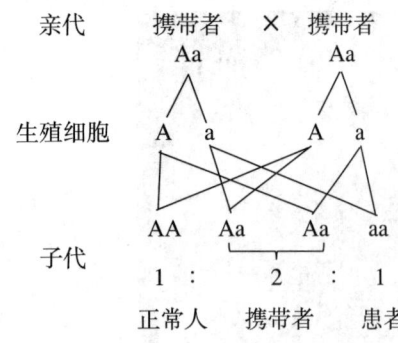

图 4-17 AR 病携带者婚配图解

除此之外，在子女再发风险的估计中还常用到哈迪-温伯格定律。

哈迪-温伯格定律：对于一个大且随机交配的种群，基因频率和基因型频率在没有迁移、突变和选择的条件下会保持不变。各基因频率和各基因型频率存在如下等式关系并且保持不变：当等位基因只有一对（Aa）时，设基因 A 的频率为 p，基因 a 的频率为 q，则 $A+a = p+q = 1$，$AA+Aa+aa = p^2+2pq+q^2 = 1$。

（三）近亲婚配的危害

近亲婚配（consanguineous marriage）是指在 3~4 代以内有共同祖先的个体之间的婚配。由于遗传的原因，两个近亲个体可能携带有从共同祖先传来的相同基因，他们后代发生等位基因纯合的可能性明显提高，其中隐性致病基因的纯合将导致隐性遗传病的发生。两个近亲个体在某一基因座上具有相同基因的概率称为亲缘系数（coefficient of relationship）。亲缘关系越近，亲缘系数越大。

亲缘系数的计算：假设父亲有一个基因 a，他有 1/2 的概率将这个基因传递给儿子，同时也有 1/2 的概率将这个基因传递给女儿。因此，儿子和女儿都有 1/2 的概率从父亲那里继承到基因 a。由于儿子和女儿从父亲那里继承基因 a 是两个独立事件，他们同时继承到基因 a 的概率是 1/2 乘以 1/2，即 1/4。同理，儿子和女儿从母亲那里继承基因 a 的概率也是 1/4。因此，父母与子女之间的亲缘系数为 1/4 + 1/4，即 1/2。同胞兄妹之间任何一个基因相同的可能性是他们各自从父母那里继承到相同基因的概率之和。由于每个基因是从父母那里独立传递的，所以他们共享任何一个基因的概率是 1/2 乘以 1/2，即 1/4。因此，同胞兄妹之间任何一个基因相同的概率是 1/4 + 1/4，即 1/2。

把亲缘系数为 1/2 的亲属称为一级亲属，如父母、同胞、子女。其他亲属的亲缘系数列于表 4-5。

表 4-5 亲属级别、亲缘系数与亲缘关系对应表

亲属级别	亲缘系数	亲缘关系
一级亲属	1/2	父母、同胞、子女
二级亲属	1/4	祖父母、外祖父母、伯、叔、舅、姑、姨、侄儿/女、外甥（女）、孙子女、外孙子女
三级亲属	1/8	表兄妹、堂兄妹

可见，亲缘系数可归纳为 $(1/2)^n$，n 代表亲属级别。

对于某种常染色体隐性遗传病，如果携带者的频率是 1/100，一个携带者随机婚配时出生患儿的风险为 $1/100 \times 1/100 \times 1/4 = 1/40\ 000$；若表兄妹结婚，出生患儿的风险为 $1/100 \times 1/8 \times 1/4 = 1/3200$。两者相差 12.5 倍。同理，如果携带者的频率是 1/1000，那么携带者随机婚配出生患儿的风险为 $1/1000 \times 1/1000 \times 1/4 = 1/4\ 000\ 000$，若表兄妹结婚，出生患儿的风险为 $1/1000 \times 1/8 \times 1/4 = 1/32\ 000$。两者相差 125 倍。通常，一种常染色体隐性遗传病在群体中携带者的频率越低，近亲婚配生育子女的发病风险越高，危害性越大。因此，一些罕见的常染色体隐性遗传病患者往往是近亲婚配的后代。为了提高人口素质，减少遗传病的发生，《中华人民共和国婚姻法》明确规定，禁止直系血亲及三代以内的旁系血亲之间的婚配。

三、X 连锁显性遗传病

控制一种遗传性状的基因是显性基因，位于 X 染色体上，其遗传方式称为 X 连锁显性遗传（X-linked dominant inheritance，XD）。由 X 染色体上的显性致病基因引起的疾病称为 X 连锁显性遗传病。X 连锁显性遗传病种类较少，如抗维生素 D 佝偻病、奥尔波特综合征、色素失调症。

（一）X连锁显性遗传病的特点

X连锁显性遗传病是由位于X染色体上的显性致病基因引起的，这意味着无论男性还是女性，只要X染色体上有一个致病基因，他们就会发病。在女性中，因为她们拥有两条X染色体，所以获得致病基因的概率大约是男性的2倍。因此，在群体中，女性患者通常多于男性患者。

抗维生素D佝偻病（OMIM 277440）是X连锁显性遗传病。其发病机制与一般佝偻病不同。这种疾病是由于肾小管对磷的重吸收功能和小肠对钙、磷的吸收功能不健全，导致尿磷增加和血磷降低。这影响了患者的骨质钙化，从而引起佝偻病。患者可能出现膝内翻（O形腿）、膝外翻（X形腿）、鸡胸等骨骼发育畸形和生长缓慢等症状。由于普通剂量的维生素D和晒太阳治疗效果不佳，必须使用大剂量的维生素D和磷酸盐来治疗，因此通常称之为抗维生素D佝偻病（图4-18）。

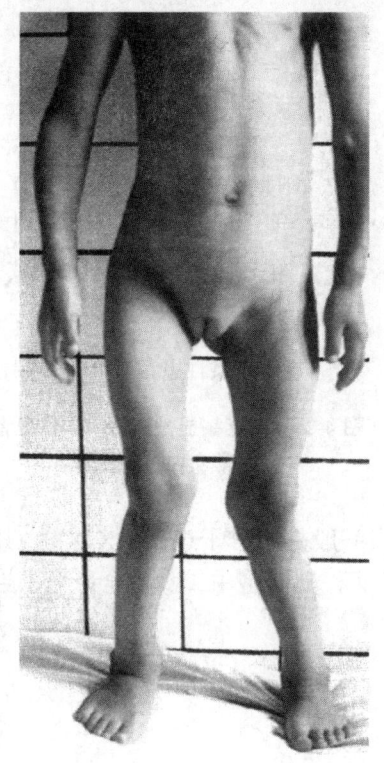
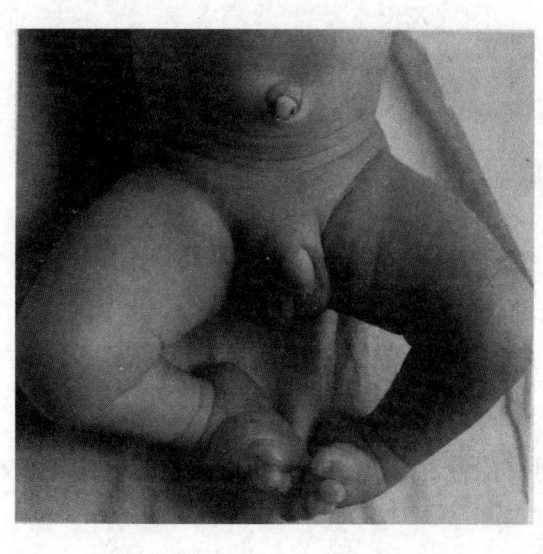

图4-18　抗维生素D佝偻病

X连锁显性遗传病的典型系谱如图4-19所示，其系谱特点如下：

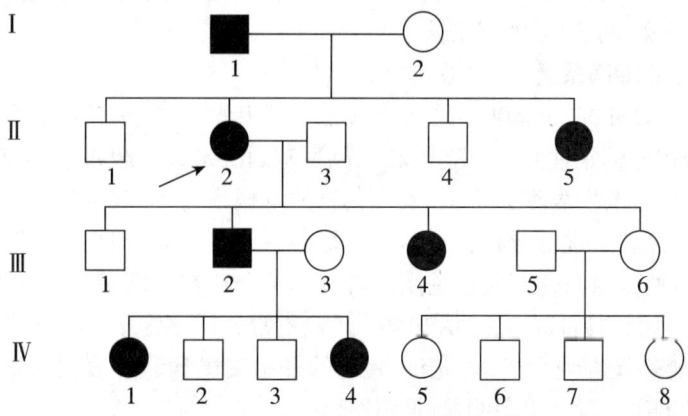

图4-19　一个X连锁显性遗传病的典型系谱

（1）人群中女性患者多于男性患者，女性患者病情较轻。

（2）系谱中可见连续传递现象，患者的双亲中必有一方是该病患者。

（3）由于交叉遗传，男性患者的女儿全部为患者，儿子全部正常。

（4）通常纯合子女性患者和男性患者表现为重型，而杂合子女性患者表现为轻型，这是因为杂合子女性患者中正常等位基因可进行功能补偿。由于出现纯合子女性患者的概率较小，总体来说，女性患者一般都是杂合子，所以女性患者的病情较男性患者轻。

（二）常见的婚配类型及子女再发风险的估计

在系谱中最常见的婚配类型是女性杂合子患者和正常男性婚配（$X^AX^a \times X^aY$），他们的子女中，各有 1/2 的患者（图 4-20）。男性患者与正常女性婚配也常见，他们生育的子代中女儿都患病，儿子都正常（图 4-21）。

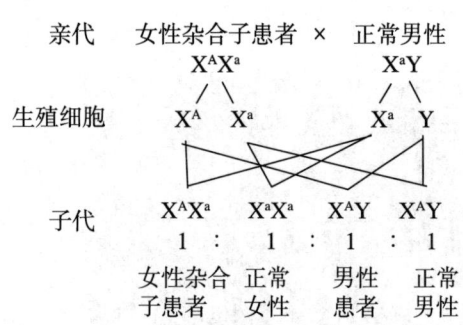

图 4-20　X 连锁显性遗传病女性杂合子患者与正常男性婚配图解

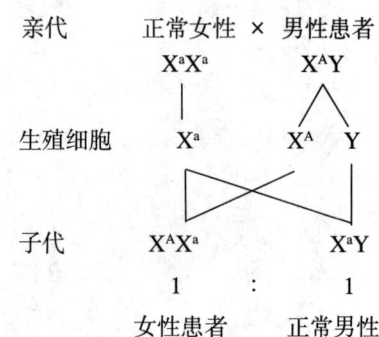

图 4-21　X 连锁显性遗传病男性患者与正常女性婚配图解

再发风险的估计：当患儿为男性（X^AY）时，患者母亲一般是杂合子患者（X^AX^a），其同胞再发风险男女各为 1/2。当患儿为女性（X^AX^a）时，如父亲患病，其同胞中，女性全患病，男性全正常；如母亲患病，其同胞再发风险男女各为 1/2。

四、X 连锁隐性遗传病

控制一种遗传性状的基因是隐性基因，位于 X 染色体上，其遗传方式称为 X 连锁隐性遗传（X-linked recessive inheritance，XR）。由 X 染色体上隐性致病基因引起的疾病称为 X 连锁隐性遗传病。较为常见的 X 连锁隐性遗传病有红绿色盲、血友病 A、假肥大性肌营养不良等。目前的治疗策略主要集中在对症治疗和减轻症状上，而不是治愈疾病本身。这是因为这些疾病通常是由基因突变引起的，目前还没有有效的基因治疗方法。

（一）X 连锁隐性遗传病系谱

人类的红绿色盲（OMIM 303800）是 X 连锁隐性遗传病，患者不能正确区分红色和绿色，由 X 染色体上两个紧密相连的隐性红色盲基因和绿色盲基因决定，一般将它们综合在一起，总称红绿色盲基因。我国男性色盲的发病率为 7%，女性色盲的发病率为 $(0.07)2 = 0.49\%$。

对图 4-22 红绿色盲系谱进行分析，系谱中红绿色盲患者全是男性。男性红绿色盲患者 I_1 和正常辨色能力女性 I_2 结婚，他们的女儿全是携带者，儿子全正常。携带致病基因的女性 II_2、II_4 分别与正常男性结婚后，他们的后代男性 2 人患病，2 人正常，比率为 1:1；女性都正常（其中 1/2 可能是携带者，1/2 可能是显性纯合子）。先证者 III_8 的外祖父患病、姨表兄弟 III_2 患病。一代有患者、二代无患者，三代又出现患者，出现明显的隔代遗传。

上述系谱说明了交叉遗传现象，即 X 连锁遗传中男性的致病基因只能从母亲获得，将来只能

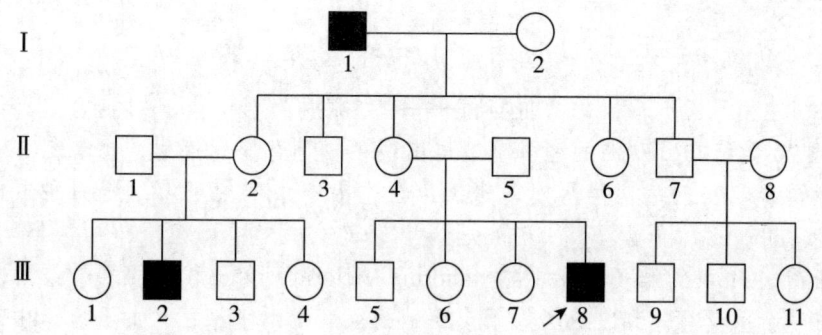

图 4-22 一例红绿色盲系谱

传给女儿,不存在从男性向男性的传递,称为交叉遗传(criss-cross inheritance)。

综上所述,X 连锁隐性遗传病的典型系谱特点如下:

(1)男性患者多于女性患者,系谱中往往只有男性患者,呈散发现象。

(2)双亲无病时,儿子可能发病,女儿则不会发病。儿子如果发病,其致病基因来自携带者母亲,而将来只可能传给其女儿,具有男传女、女传男的交叉遗传特点。

(3)如果女性是患者,其父亲一定是患者,母亲一定是携带者。

(4)由于交叉遗传,男性患者的兄弟、外祖父、舅父、姨表兄弟、外甥、外孙等可能是患者。

(二)常见的婚配类型及子女再发风险的估计

在 X 连锁隐性遗传病中,女性细胞中有两条 X 染色体,当她的 X 连锁隐性致病基因为杂合状态时(X^AX^a),她是携带者,不会表现出疾病的表型。只有当她的两条 X 染色体上都携带有致病基因时(X^aX^a),她才会表现出疾病的表型。

男性细胞中只有一条 X 染色体,而 Y 染色体缺少相应的等位基因,因此男性是半合子(hemizygote)。如果男性的一条 X 染色体上携带有隐性致病基因,他就会表现出疾病的表型。

因此,在 X 连锁隐性遗传病的家族系谱中,我们通常会看到男性患者,而女性患者则较为罕见,因为女性需要两条 X 染色体上都携带有致病基因才会患病。

在 X 连锁隐性遗传病家系中,最常见的是女性携带者和正常男性婚配($X^AX^a \times X^AY$),其后代正常女性、女性携带者、正常男性、男性患者的比率为 1:1:1:1(图 4-23)。

男性患者(X^aY)与正常女性(X^AX^A)的婚配也常见,他们的子女男性都正常,女性全部为携带者,比率为 1:1(图 4-24)。

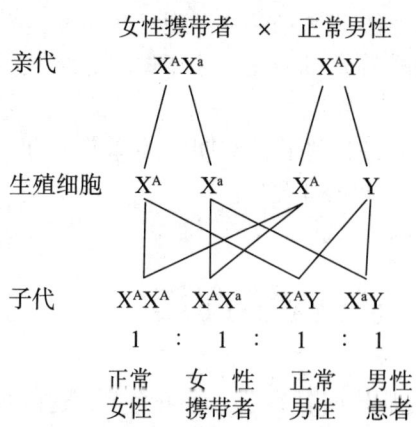

图 4-23 X 连锁隐性遗传病女性携带者和正常男性婚配图解

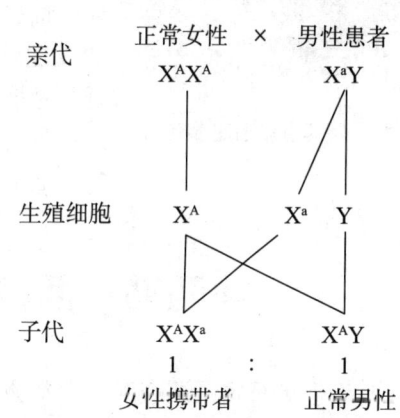

图 4-24 X 连锁隐性遗传病男性患者与正常女性婚配图解

知识链接

血友病——"皇家病"

19世纪至20世纪初，欧洲的许多皇室里出现了一种奇怪的疾病，患者稍有碰伤便出血不止，往往短命早夭。当时的医学界对此毫无办法，后来经研究证实这是一种遗传病——血友病（OMIM 306900）。

1840年2月，21岁的维多利亚（Alexandrina Victoria）女王和她的表哥结婚，婚后生下了四男五女，当时谁也没有想到，这场婚姻会给她的家庭生活带来巨大的不幸。由于维多利亚本人是血友病基因携带者，女王把这种致病基因遗传给了她的3个子女。幼子（Leopold亲王）是血友病患者，次女和幼女是血友病基因携带者。公主们表面上健康美丽，她们先后嫁到了西班牙、俄国和欧洲的其他皇室，使这一疾病在欧洲皇室中蔓延，所生的小王子及其后代不少患上了血友病，把欧洲许多皇室都搅得惶恐不安，当时称为"皇家病"。

为了弄清该疾病的确切性质，科学家从俄国Romanov家族的遗骸中提取DNA样本，其中包括患血友病的维多利亚曾孙Alexei王储的DNA样本。研究证实，"皇家病"是X染色体上编码凝血因子IX的基因突变所致，它归属血友病B，呈现X连锁隐性遗传方式。

五、Y连锁遗传病

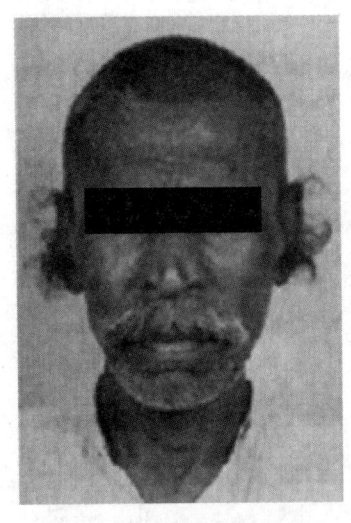

图4-25 外耳道多毛症患者

决定某种性状或疾病的基因位于Y染色体上，其遗传方式称为Y连锁遗传（Y-linked inheritance）。Y连锁遗传是一种非常罕见的遗传模式，由于女性没有Y染色体，只有男性有，Y连锁遗传病几乎只在男性中出现。所以，在Y连锁遗传中，相关基因由男性向男性传递，父传子、子传孙，又称为全男性遗传。一些Y连锁遗传病可能有治疗手段，但这些治疗通常只能缓解症状，而不能从根本上改变遗传缺陷，基因治疗被认为是未来治疗某些遗传病的潜在方法。通过替换或修复缺陷的基因，理论上可以治疗Y连锁遗传病。

Y染色体是一条很小的染色体，其携带的基因数量是所有染色体中最少的。只有40余个基因位于Y染色体。现已知的Y连锁的性状或遗传病的种类很少，已被确定的有H-Y抗原、睾丸决定因子、外耳道多毛症等。

外耳道多毛症患者（图4-25）到了青春期，外耳道中可长出长2~3cm的成丛黑色硬毛，常可伸出耳孔外。

第四节　两种单基因遗传病的伴随遗传

在临床上进行家系调查时，常常会发现两种单基因遗传病同时存在于一个家系中，这两种单基因遗传病是如何伴随遗传的，如何预期它们的传递规律，关键问题是考虑控制它们的致病基因是否位于同一对染色体上，可分为两种情况。

一、两种单基因遗传病的自由组合传递

如果两种单基因遗传病的致病基因分别位于不同对染色体上，那么它们的遗传方式既遵循分离定律，又受自由组合定律制约。

例如白化病属于常染色体隐性遗传病，致病基因（a）位于11号染色体（11q14-21）。短指属于常染色体显性遗传病，致病基因（B）位于2号染色体（2q35-36）。有一对夫妇，丈夫短指，妻子正常，婚后生了一个白化病患儿，这对夫妇若再生第二孩，其子女的发病情况如何呢？

首先确定该夫妇的基因型。根据系谱特点可以推出：①该夫妇都是白化病基因携带者，基因型均为Aa。②妻子没有短指基因B，她的基因型为bb，短指的丈夫只带有一个短指基因B（因其第一个孩子没有短指），他的基因型是Bb。这样，丈夫的基因型为AaBb，妻子的基因型为Aabb。根据自由组合定律，推断出他们再次生育孩子的发病情况见图4-26所示。

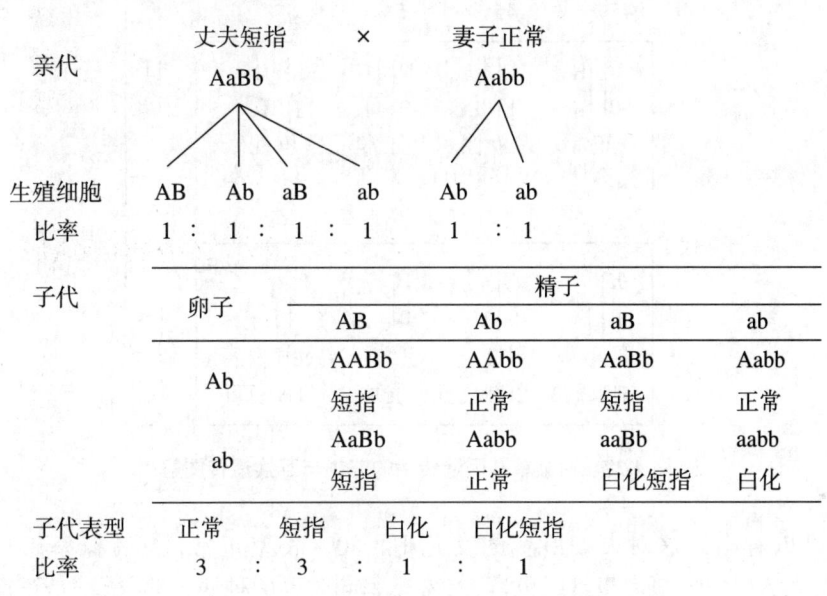

图4-26　两个单基因遗传病的自由组合遗传图解

上述婚配形式用概率定律也可对后代发病风险做出估计。因为短指作为一种常染色体显性遗传病，子代患病的概率为1/2，正常的概率也是1/2；白化病作为一种常染色体隐性遗传病，子代患病的概率是1/4，正常的概率是3/4。如果将这两种疾病联合起来考虑，利用概率的乘法定律，这对夫妇若再生第二孩的情况如下：仅短指的概率为1/2×3/4=3/8；仅白化病的概率为1/4×1/2=1/8；既为短指又患白化病的概率为1/2×1/4=1/8；正常的概率为1/2×3/4=3/8。

二、两种单基因遗传病的连锁与互换传递

如果两种单基因遗传病的致病基因位于同一对染色体上，这两种基因必然连锁，同时等位基因之间在配子形成时又会有一定的互换，出现重组型。那么它们的遗传方式按照连锁与互换定律传递，子代中重组类型的比率由交换率来决定。

例如，控制红绿色盲和血友病A的基因都位于X染色体上，且均为隐性基因，其交换率是10%。假设父亲是红绿色盲，母亲表型正常，已生出的一个女儿是红绿色盲，一个儿子是血友病A，试问他们再生孩子的情况如何？现以H代表红绿色盲基因，h代表血友病A基因。由于女儿为

红绿色盲患者，所以母亲必然是该病的携带者，从其儿子患血友病 A 来看，母亲也必然是该病基因的携带者，且红绿色盲基因和血友病 A 的基因分别位于两条 X 染色体上。从父亲只表现为红绿色盲来分析，父亲具有红绿色盲基因，但无血友病 A 基因。由于母亲生殖细胞形成时 X 染色体发生了 10% 的交换，从而形成了 4 种不同比例的生殖细胞，父亲形成两种精子，精卵结合的情况如图 4-27 所示。

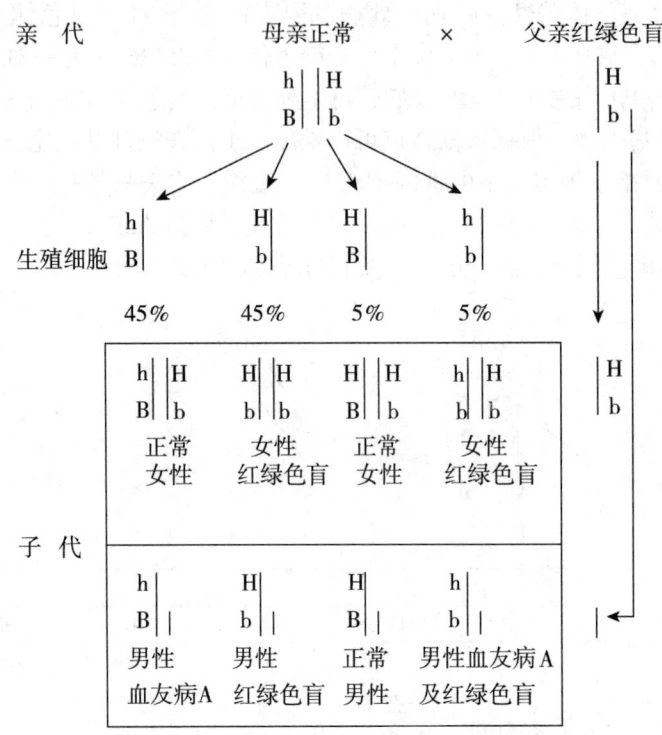

图 4-27　两个单基因遗传病的连锁与互换遗传图解

从图 4-27 可以看出，这对夫妇所生的女儿中，50% 表型正常，50% 概率患色盲；男孩中，45% 概率患血友病 A，45% 概率患红绿色盲，5% 概率同时患两种病，5% 概率是正常的。

第五节　影响单基因遗传病发病的因素

根据基因突变的性质，通常将与其所控制的相应表型分为显性遗传和隐性遗传两大类。理论上，两者在群体中呈现出各自的分布规律，但现实中某些突变基因性状的遗传存在许多例外情况，主要受以下因素影响。

一、表现度和外显率

表现度（expressivity）是指基因在个体中的表现程度，即其在环境因素和遗传背景的影响下具有同一基因型的不同个体或同一个体的不同部位在性状或疾病的表现程度上产生的差异。

例如常染色体显性遗传的成骨发育不全症，该病以耳聋、蓝色巩膜、骨质脆弱以致易于骨折为主要表现。由于表现度的不同，有的只表现蓝色巩膜；有的除表现蓝色巩膜外，还表现耳聋；严重者除三大症状全部表现外，还有牙齿半透明、指甲发育不全等症状。

外显率（penetrance）是指某一显性基因（在杂合状态下）或纯合隐性基因在一个群体中得以

表现的百分比。以多指（趾）症为例，在调查某一群体后，推测具有该致病基因的个体数为25人，而实际具有多指（趾）表型的人数为20人。因此，所调查群体中该致病基因的外显率为20/25×100%=80%。外显率等于100%时为完全外显；外显率小于100%时则为外显不全或不完全外显。当然，某一基因的外显率不是绝对不变的，相反，它随着观察者所定观察标准的不同而变化。上述的多指（趾）症致病基因的外显率是以肉眼观察指（趾）的异常与否为标准的。若辅以X线摄片，就可以发现因肉眼看出被认为不外显的"正常人"也有骨骼的异常。若以此为标准，则多指（趾）症致病基因的外显率将有所提高。

表现度和外显率均受环境因素和遗传背景的影响，但两者所指的内容是不同的。外显率与表现度是两个不同的概念，前者是说明基因是否表达，即"质"的问题，是群体概念；后者说明的是在基因表达的情况下，表达的程度不同，即"量"的问题，是个体概念。

二、基因的多效性

基因的多效性（pleiotropy）指一个基因可有多种生物学效应。一个基因异常造成的基因产物缺乏常常会在不同的组织内及个体发育的不同阶段产生影响，从而引起多种性状的相应改变。

例如半乳糖血症是一种糖代谢异常症，患者既有智能发育不全等神经系统异常，又有黄疸、腹水、肝硬化等消化系统症状，甚至还可出现白内障。

造成基因多效性的原因，并不是基因真正地具有多重效应，而是基因产物在机体内复杂代谢的结果。可从两个方面进行分析：一是基因产物（蛋白质或酶）直接或间接控制和影响不同组织和器官的代谢功能，即所谓的初级效应，上述的半乳糖血症即属此例。二是在基因初级效应的基础上通过连锁反应引起的一系列次级效应，例如镰状细胞贫血，由于存在异常血红蛋白（HbS）引起红细胞镰变，进而使血液黏滞度增加、局部血流停滞、各组织器官的血管梗死、组织坏死等，导致出现各种临床表现。这些临床表现都是初级效应（镰变）后的次级效应，这是基因多效性的另一个原因。

三、遗传异质性

由于一种性状受多个不同位点的基因控制而产生多种基因型表达同一表现型的现象称为遗传异质性。这说明，同一表现型并不一定是同一种基因型表达的结果。由于遗传基础不同，它们的遗传方式、发病年龄、病程进展、病情严重程度、预后以及复发风险等都可能不同。研究表明，遗传病病种增多的原因不仅是由于发现了新的疾病，还在于从已知的综合征中分出了亚型，即遗传异质性的存在。遗传异质性几乎成为遗传的普遍现象。

例如遗传性耳聋，该病有常染色体隐性遗传、常染色体显性遗传和X连锁隐性遗传3种遗传方式。在常染色体隐性遗传中有40余个基因位点，只要一个基因位点的隐性纯合子就可导致患病；在常染色体显性遗传中有6个基因位点，只要带有一个基因位点的显性致病基因就可导致患病；在X连锁隐性遗传中有4个基因位点。

四、从性遗传和限性遗传

（一）从性遗传

从性遗传和性连锁遗传的表现形式都与性别有着密切的关系，但从性遗传的致病基因位于常染色体上，可能是显性或隐性基因。这种常染色体上的基因所控制的性状，在表型上受性别影响而显出男女分布比例或表现程度差异的现象，称为从性遗传（sex-influenced inheritance）。

遗传性早秃是常染色体显性遗传病，一般从 35 岁左右开始出现秃顶，是一种从头顶中心向周围扩展的进行性对称性脱发。人群中男性秃顶明显多于女性，这是因为杂合子男性表现秃顶，杂合子女性则不会表现。杂合子女性秃顶基因可以传递给后代，她的儿子有可能秃顶。女性必须是秃顶基因纯合子才表现秃顶。这种表达上的差异受性别的影响，可能与雄激素的作用有关。如果带有秃顶基因的女性体内雄性激素水平升高也可出现秃顶。

（二）限性遗传

某种性状或疾病的基因位于常染色体上，其性质可以是显性或隐性，但由于性别限制，只在一种性别中表现，另一种性别则完全不能表达，但这些基因均可传给下一代，这种遗传方式称为限性遗传（sex-limited inheritance）。这主要与两性生理构造的差异有关，如女性的子宫阴道积水、男性的尿道下裂均由常染色体隐性基因决定。男性和女性的隐性纯合子中，虽都存在致病基因，但某一种性别因缺乏适宜的表达器官而不表达性状。

五、遗传早现

一些遗传病在连续世代传递过程中，其发病年龄一代比一代提前，且病情加重，这种现象称为遗传早现（anticipation）。最典型的例子是强直性肌营养不良症（DMD I 型）（OIMI 160900）。该病主要临床表现为肌无力，从面部开始逐渐遍及全身，并常伴有轻度智力低下。近年来对本病患者的 DMPK（强直性肌营养不良蛋白激酶）基因的分析表明，在 3′ 非翻译区存在 CTG 三核苷酸重复，正常变异拷贝数为 5～35 次，而患病的个体拷贝数超过 50 次，有时达到 1000 个拷贝以上。该病的发病年龄、病情程度与其 CTG 三核苷酸重复次数相关，拷贝数越多，发病年龄越早，病情越重。

六、遗传印记

越来越多的研究显示，在一个个体中，同源染色体（或等位基因）因分别来自其父方或母方而表现出功能上的差异，因此当它们其中一个发生改变时，所形成的表型也有不同。这种由于基因来自父方或母方而产生表型差异的现象称为遗传印记（genetic imprinting）。

在人类，由于印记效应，一些单基因遗传病的表现度和外显率也受到突变基因亲代来源的影响。例如，慢性进行性舞蹈病是一种进行性神经病变，临床主要表现为进行性不自主的舞蹈样运动，患者平均发病年龄为 35 岁。本病致病基因定位于 4p16.31，由于发病年龄延迟，有时携带有致病基因的个体在还没有出现该病症状之前，就已经生育并且将致病基因传递给下一代。本病的致病基因如果是从父亲传来，患者发病早，可在 20 岁发病且病情严重；如果是从母亲传来，则患者发病晚，多在 40 岁以后发病且病情轻。

遗传印记是不同于孟德尔遗传规律的遗传现象。这种现象可能与基因在生殖细胞分化过程受到不同修饰（如 DNA 甲基化）相关。

七、拟表型

由于环境因素的作用，使个体的表型恰好与某一特定基因所产生的表型相同或相似，这种由环境因素引起的表型称为拟表型（phenocopy），或称表现型模拟。例如，常染色体隐性遗传的先天性聋哑，与由于使用药物（链霉素）引起的聋哑，都有一个相同的表型，这种由于药物引起的聋哑即为拟表型。拟表型是由于环境因素的影响，并非生殖细胞中基因本身的改变所致。因此，拟表型的症状并不会遗传给后代。

自 测 题

一、选择题

1. 子女发病率为 1/4 的遗传病是
   A. 常染色体显性遗传病　　B. 常染色体隐性遗传病　　C. X 连锁显性遗传病
   D. X 连锁隐性遗传病　　　E. Y 连锁遗传病

2. 父亲为 AB 血型，母亲为 B 血型，女儿为 A 血型，如果再生育，孩子的可能血型为
   A. A 和 B　　　　　　　　B. B 和 AB　　　　　　　C. A、B 和 AB
   D. A 和 AB　　　　　　　 E. A、B、AB 和 O

3. 丈夫为红绿色盲，妻子正常且其家族中无患者，如再生育，子女患色盲的概率为
   A. 1/2　　　　　　　　　　B. 1/4　　　　　　　　　C. 2/3
   D. 0　　　　　　　　　　 E. 3/4

4. 丈夫为红绿色盲，妻子正常，但其父亲为红绿色盲，他们生育色盲患儿的概率为
   A. 1/2　　　　　　　　　　B. 1/4　　　　　　　　　C. 2/3
   D. 0　　　　　　　　　　 E. 3/4

5. 短指和白化病分别为 AD 和 AR，并且基因不在同一条染色体上。现有一个家庭，父亲为短指，母亲正常，而儿子为白化病。该家庭再生育，其子女为短指或白化病的概率为
   A. 1/2　　　　　　　　　　B. 1/4　　　　　　　　　C. 2/3
   D. 3/4　　　　　　　　　　E. 1/8

6. 短指和白化病分别为 AD 和 AR，并且基因不在同一条染色体上。现有一个家庭，父亲为短指，母亲正常，而儿子为白化病。该家庭再生育，其子女为短指的概率为
   A. 1/2　　　　　　　　　　B. 1/4　　　　　　　　　C. 3/4
   D. 1/8　　　　　　　　　　E. 3/8

7. 一名表型正常的男性，其父亲为白化病患者。该男性与一名正常女性结婚，婚后如生育，其子女中
   A. 有 1/4 可能为白化病患者　　　　　　B. 有 1/4 可能为白化病携带者
   C. 有 1/2 可能为白化病携带者　　　　　D. 有 1/2 可能为白化病患者
   E. 全部为白化病携带者

8. 性状分离的准确描述是
   A. 杂交亲本具有同一性状的相对差异
   B. 杂交后代个体间遗传表现的相对差异
   C. 杂交后代出现同一性状的不同表现型
   D. 杂交后代出现不同的相对性状
   E. 杂交亲本具有同一性状的不同表现型

9. 血友病 A（用 Hh 表示）和红绿色盲（用 Bb 表示）都是 XR。现有一个家庭，父亲为红绿色盲，母亲正常，一个儿子为血友病，另一男一女为红绿色盲。母亲的基因型是
   A. $X^{Hb}X^{hB}$　　　　　　　B. $X^{HB}X^{hb}$　　　　　　C. $X^{HB}X^{Hb}$
   D. $X^{hB}X^{hb}$　　　　　　　E. $X^{HB}X^{HB}$

10. 属于不完全显性的遗传病为
    A. 软骨发育不全　　　　　B. 多指症　　　　　　　C. 亨廷顿病

D. 短指　　　　　　　E. 早秃

二、简答题

1. 常染色体完全显性遗传的特征是什么？
2. 简述 X 连锁隐性遗传病的遗传特点。

三、案例分析题

白化病（AR）群体发病率为 1/10 000，一名男子的叔叔患此病。
请回答：
（1）他与其姑表妹结婚，所生子女的发病风险是多少？
（2）他与无血亲关系的正常女性婚配，所生子女发病风险是多少？
（3）二者相比说明什么问题？

（蔡哲彦　付　红）

第五章　多基因遗传病

第五章数字资源

案例 5-1

患儿，女性，2 岁。第一胎第一产，足月顺产。其父母为非近亲婚配，身体健康，母亲在妊娠早期未患过疾病，无服药史。体格检查：患儿生长发育良好，智力正常。右侧先天性Ⅱ度唇裂，未伴腭裂，全身检查无其他伴发畸形和异常。临床诊断：先天性单纯性唇裂。家族史：患儿父母、祖父母、外祖父母表型均正常，但患儿祖母的姐姐患有左侧先天性Ⅲ度唇裂，外祖父的父亲患有先天性双侧唇裂（已故）。

问题与思考：
1. 引起先天性唇裂发生的原因有哪些？
2. 怎样估算先天性唇裂的再发风险？

人类某些遗传性状或疾病的遗传基础不是一对基因，而是多对基因，这些性状称为多基因性状。决定多基因性状的每一个基因对表型的影响较小，称为微效基因（minor gene），多对微效基因累加起来可以形成明显的表型效应。多基因性状除受遗传基础的控制外，还易受多种环境因素的影响，其遗传方式称为多基因遗传（polygenic inheritance），又称多因子遗传（multifactorial inheritance）。

第一节　多基因遗传

一、质量性状和数量性状

生物的遗传性状可分为两大类：质量性状和数量性状。质量性状（qualitative character）间的差别明显，一般中间没有过渡类型，呈不连续变异，具有质的差异。质量性状的遗传基础是由一对等位基因所控制的，又称为单基因性状。如果是完全显性性状，则群体被明显地分为两群；若为不完全显性性状，则群体被明显地分为三群（图 5-1）。在人类性状中，如单眼皮和双眼皮、卷发和直发等正常性状，以及短指、白化病、血友病、红绿色盲等遗传病都是单基因决定的质量性状。

多基因性状的变异在群体中呈连续分布，

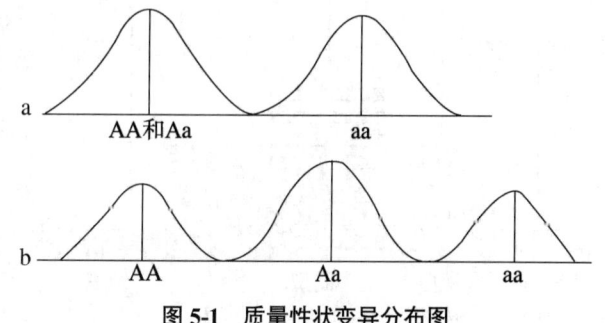

图 5-1　质量性状变异分布图
a. 完全显性；b. 不完全显性

变异有一系列的过渡类型，彼此之间没有明显质的界限，只有数量的差别，因此多基因性状也称为数量性状（quantitative character）。数量性状的遗传基础是由多对基因控制的。人类的性状多数是数量性状，如智力、体重、身高、肤色等正常性状以及某些先天畸形、高血压、精神分裂症、糖尿病、哮喘、冠状动脉粥样硬化性心脏病（冠心病）及消化性溃疡等遗传病。

数量性状的变异在群体中的分布是连续的，只有一个峰，峰值代表平均值。如果随机取样任何一个大的人类群体，测量身高，就形成许多大小不同的测量值。如把测量值按数值大小排列，可以发现每两个相邻的数值差异很小，界限不清，很难进行高低分类，说明身高呈连续变异。如把身高相同的数值分别归类分组，并以各组的人数为纵坐标，以各组身高数值为横坐标，制作成分布曲线，就可以看到变异呈正态分布（图 5-2）。从图 5-2 可以看到，极端变异的人（很高和很矮）占少数，大部分人的身高接近于平均值。

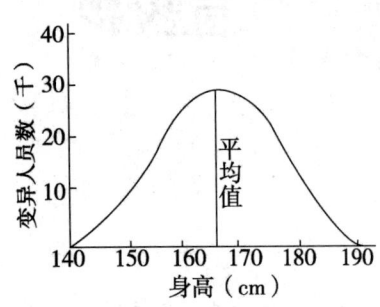

图 5-2　正常人群身高的变异分布图

质量性状属于孟德尔遗传。数量性状的遗传虽然较为复杂，但其遗传也受孟德尔遗传规律支配，决定数量性状的基因仍然是按分离定律、自由组合定律及连锁与互换定律传递。

二、多基因假说

1909 年瑞典遗传学家 Nilsson-Ehle 通过对小麦粒色的研究，发现了多基因遗传现象，提出了数量性状的多基因假说，其主要内容为：①数量性状的遗传基础是两对或两对以上的等位基因。②每对等位基因之间没有显性与隐性之分，呈共显性。③每对等位基因对该遗传性状形成的作用微小，称为微效基因。多对微效基因的作用积累之后，可以形成一个明显的效应，这种现象称为累加效应（additive effect）。④这些微效基因也按照孟德尔遗传。⑤性状除受微效基因影响外，也受环境因素的影响。

三、多基因遗传的特点

1910 年和 1913 年分别有学者对人类肤色的遗传进行了研究，黑种人的皮肤中色素沉着和白种人皮肤中的色素沉着有着明显的差异。对纯种黑种人和纯种白种人婚配后子女的皮肤表型及混血儿所生子女的资料分析，发现在肤色上存在不同的差异，可将不同的肤色分成五类。根据自由组合定律可知，出现 5 个等级（即 5 种表型）可能是两对非等位基因作用的结果，即肤色的遗传可能涉及两对基因（Aa、Bb）。设 A 和 B 决定黑肤色，a 和 b 决定白肤色。如果一名纯合子黑种人（AABB）和一名纯合子白种人（aabb）婚配，他们子女的肤色为中间型（AaBb）。若两个中间型（AaBb）的人婚配，据分离定律和自由组合定律，则子女的基因型就可能出现纯黑（AABB）、稍黑（AABb、AaBB）、中间型（AaBb）、稍白（Aabb、aaBb）和纯白（aabb）5 种不同肤色的类型。其比例是 1∶4∶6∶4∶1（图 5-3）。极端类型少，

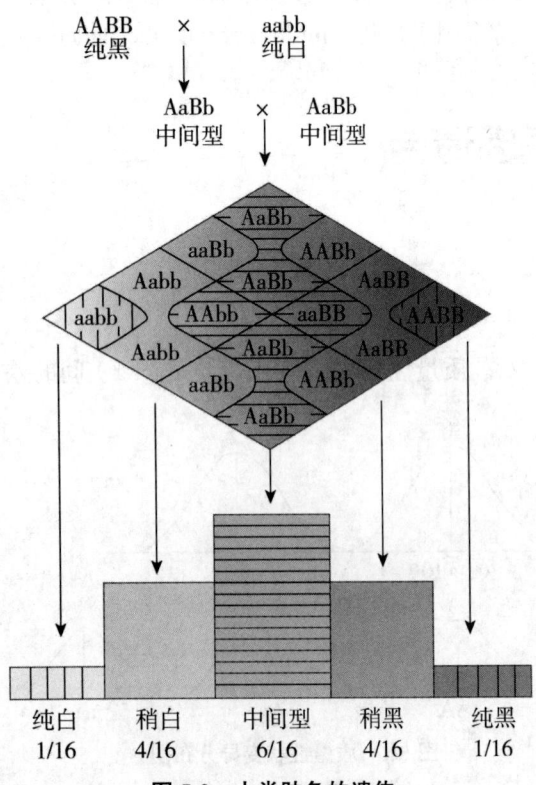

图 5-3　人类肤色的遗传

中间类型多，变异呈正态分布曲线，因此认为肤色是多基因决定的数量性状。

至今，控制肤色的基因数目仍无定论。有人通过对不同婚姻组合的上百个子代的分析，认为肤色是由 3~5 对等位基因控制的。

通过对数量性状的遗传分析，可以归纳出多基因遗传的特点：

（1）两个极端变异（纯种）的个体杂交后，子一代大多是中间型，但有一定范围的变异，这是环境因素影响的结果。

（2）两个中间型（子一代）的个体杂交，子二代大部分是中间型，但由于多对基因分离和自由组合以及环境因素的影响，子二代的变异范围比子一代更加广泛，有时会出现极端变异的个体。

（3）在一个随机交配的群体中，变异范围很广泛，但是大多数个体接近中间型，极端变异个体很少。多基因的遗传基础和环境因素都对个体的表型起作用。

1926 年，英国著名科学家 Francis Galton 提出了"平均值的回归"理论。他通过测量 204 对双亲和他们的 928 名成年子女身高获此结论：如果双亲身高平均值高于群体平均值，子女平均值就低于其双亲平均值，而接近群体身高平均值；如果双亲身高平均值低于群体平均值，则子女身高高于其双亲平均值，而接近群体身高平均值。这就是说，数量性状在遗传过程中子代向群体的平均值靠拢，这就是回归现象。这种现象也表现于其他相似的数量性状。回归现象对理解多基因遗传病遗传特点有着重要的指导意义。

第二节　多基因遗传病

人类许多疾病表现的性状是数量性状，具有多基因基础，这些受多对基因和环境因素双重影响而引起的疾病称为多基因遗传病（polygenic disease）。常见的多基因遗传病可分成两大类：一类是由遗传因素和环境因素共同影响形成的先天畸形，如脊柱裂、唇裂、腭裂、先天性幽门狭窄、无脑儿、先天性髋关节脱位。另一类是一些常见病和慢性病，如冠心病、动脉粥样硬化、原发性高血压、哮喘、精神分裂症及糖尿病等。这些常见病、慢性病发病率大多数超过 0.1%，并表现出家族聚集倾向，患者同胞的发病率远比 1/2（AD）或 1/4（AR）低，仅为 1%~10%。近亲婚配时，子女患病风险增高，但不如常染色体隐性遗传病那样显著。因此多基因遗传病是一类在群体中发病率较高、病情复杂的疾病，无论是病因、发病机制的研究及疾病再发风险的评估，既要考虑遗传（多基因）因素，又要考虑环境因素。

> **知识链接**
>
> ### 精神分裂症
>
> 精神分裂症是一种多基因遗传病，在精神分裂症的形成中，遗传因素起了很大的作用，而环境因素所起的作用相对较小。该病具有一定的家族聚集倾向，若双亲之一是患者，其子女的发病风险为 15%~50%；若双亲都是患者，其子女的发病风险为 35%~75%。该病的临床表现较为复杂，多起病于青壮年，主要特征是性格的分裂，即精神生活脱离实际、情绪和行为互不协调、联想散漫、情感淡漠、言行怪异等多方面的障碍。患者一般无意识及智力障碍，但部分患者在疾病过程中会出现认知功能障碍。病程一般迁延，呈反复发作、加重或恶化。部分患者最终出现精神活动衰退和精神残疾，但有的患者经过治疗后可保持精神正常或基本正常状态。

一、易患性与发病阈值

在多基因遗传病中，若干作用微小但有累加效应的致病基因是个体患病的遗传基础。这种由遗传基础决定一个个体患某种多基因遗传病的风险称为易感性（susceptibility）。易感性仅强调遗传基础对发病风险的作用。

在多基因遗传病中，由遗传基础和环境因素共同作用，决定了一个个体患某种遗传病的风险称为易患性（liability）。易患性是多基因遗传中使用的一个特定概念，易患性高，患病的可能性就大；

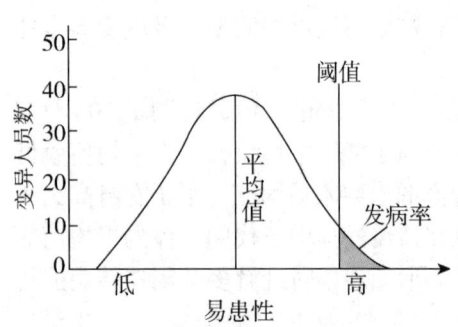

图 5-4　群体中易患性变异与阈值

易患性低，患病的可能性就小。易患性的变异与多基因遗传性状一样在群体中呈正态分布，即群体中大多数个体的易患性接近平均值，而易患性很低和很高的个体相对比较少。当一个个体的易患性达到一定限度时，这个个体就要患病。这种由易患性所导致的多基因遗传病发病最低限度称为发病阈值（threshold）。阈值将连续分布的易患性变异分为两部分，即正常个体和患者，使连续变异的数量性状在阈值部位起了质的变化，低于阈值的为正常个体，高于阈值的为患者。患者与群体总人数的比率即为群体发病率。在一定的环境条件下，阈值代表发病所必需的、最低的致病基因的数量（图5-4）。

某一个体的易患性高低是无法准确测量的，一般只能根据其婚后所生子女的发病情况做出大致的估计。但是，一个群体的易患性平均值可从该群体的发病率做出估计。利用正态分布平均值与标准差的已知关系，可由发病率估计群体的阈值与易患性平均值之间的距离，该距离以正态分布的标准差作为衡量单位。已知正态分布曲线下的总面积为1（即100%），据此可推算得到均数加减某个标准差的范围内，曲线与横轴之间所包括面积占曲线下总面积的比例。从图5-5可以得到正态分布数据均数（μ）和标准差（σ）与正态分布曲线下面积（S）的关系：①在μ±σ范围内的面积占正态分布曲线下总面积的68.28%，此范围以外的面积占31.72%，左侧、右侧各占约16%；②在μ±2σ范围内的面积占正态分布曲线下的总面积的95.46%，此范围以外的面积占4.54%，左侧、右侧各占约2.3%；③在μ±3σ范围内的面积占正态分布曲线范围下总面积的99.74%，此范围以外的面积占0.26%，左侧、右侧各占约0.13%。

可见，一种多基因遗传病的易患性的平均值与阈值距离近，表明易患性高，阈值低，群体发病率高；相反，易患性的平均值与阈值距离远，表明易患性低，阈值高，群体发病率低（图5-6）。

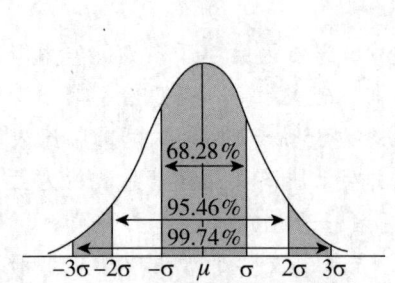

图 5-5　正态分布曲线中标准差的界限

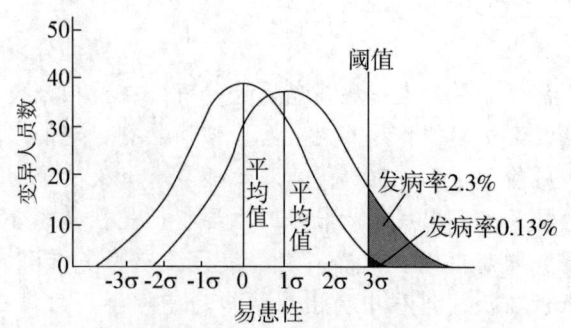

图 5-6　易患性阈值、平均值之间的距离与发病率的关系

二、遗传度

多基因遗传病由遗传基础和环境因素共同作用所致。其中遗传基础（即致病基因）在多基因遗传病中所起作用的大小，称为遗传度或遗传率（heritability），一般用百分率（%）来表示。如果一种疾病完全由遗传因素所决定，遗传度就是100%，这种情况是非常少见的。在遗传度高的疾病中，遗传度可达70%~80%，这表明遗传因素在决定易患性变异和发病上具有重要作用，环境因素的作用较小；在遗传度低的疾病中，遗传度可为30%~40%，这表明环境因素在决定易患性变异和发病上具有重要作用，遗传因素的作用较不明显。

计算人类多基因遗传病遗传度的高低在临床实践中具有重要意义。传统的计算方法有两种，即Falconer公式和Holgiger公式。在此介绍一种利用双生子发病一致率来估算遗传度的方法，即Holgiger公式。发病一致率是指双生子中一个个体患某种疾病，另一个个体也患同样疾病的频率。这种方法是根据遗传度越高的疾病，同卵双生的发病一致率与二卵双生发病一致率相差越大的原理而建立的。遗传度的表示符号是h^2。

$$h^2 = \frac{同卵双生发病一致率（\%）-二卵双生发病一致率（\%）}{100-二卵双生发病一致率（\%）}$$

例如，在25对同卵双生子中，共同患精神分裂症的有20对，即同卵双生的发病一致率为20/25 = 0.8，即80%；在20对二卵双生子中，共同发病的有2对，即二卵双生发病一致率为2/20 = 0.1，即10%。代入公式：

$$h^2 = \frac{80-10}{100-10} = 0.78 = 78\%$$

以上计算结果表明，精神分裂症的遗传度为78%。一些常见的多基因遗传病和先天畸形的遗传度和发病率列于表5-1。

表 5-1　常见多基因遗传病和先天畸形的发病率和遗传度

疾病名称	群体发病率（%）	患者一级亲属发病率（%）	男：女	遗传度（%）
唇裂±腭裂	0.17	4	1.6	76
精神分裂症	0.5~1.0	10~15	1	80
先天性髋关节脱位	0.1~0.2	男性先证者4，女性先证者1	0.2	70
先天性幽门狭窄	0.3	男性先证者2，女性先证者10	5.0	75
先天性畸形足	0.1	3	2.0	68
先天性巨结肠	0.02	男性先证者2，女性先证者8	4.0	80
腭裂	0.04	2	0.7	76
脊柱裂	0.3	4	0.8	60
先天性心脏病（各型）	0.5	2.8	—	35
无脑儿	0.5	4	0.5	60
糖尿病（青少年型）	0.2	2~5	1	75
原发性高血压	4~10	15~30	1	62
冠心病	2.5	7	1.5	65
消化性溃疡	4	8	1	37
哮喘	4	20	0.8	80
原发性肝癌	0.05	5.45	3.5	52
原发性癫痫	0.36	3.9	0.8	55
强直性脊柱炎	0.2	男性先证者7，女性先证者2	0.2	70

关于遗传度的计算，应注意如下问题：①遗传度估计值是由特定环境中特定人群的患病率估算出来的，因此不宜外推到其他人群和其他环境。②遗传度是群体统计量，对个体无意义。如果某种疾病的遗传度为50%，不能认为某个患者的发病一半由遗传因素决定，一半由环境因素决定，而应该理解为在这种疾病的群体总变异中，一半与遗传变异有关，一半与环境变异有关。③遗传度的估算仅适合于没有遗传异质性，且也没有主基因效应的疾病。如果影响性状或疾病有主基因存在，并且主基因存在显性、隐性关系，那么上述计算就会产生偏差。

三、多基因遗传病的特点

虽然多基因遗传病的致病基因在家系中没有单基因遗传病那么明显的传递特征，但符合数量性状遗传，具有如下特点：

（1）多基因遗传病的群体发病率一般高于0.1%。

（2）有明显的家族聚集倾向，但无明显的遗传方式。患者亲属的发病率一般为1%~10%，高于群体的发病率，但又低于1/2（AD）或1/4（AR），不符合任何一种单基因遗传方式。

（3）家庭中患者越多，病情越重，再发风险越大，这说明遗传因素起着重要作用。

（4）随着亲属级别的降低，患者亲属的发病风险迅速降低。群体发病率越低的多基因遗传病，这种特征越明显。这表明随着一代一代的遗传，后代从亲代得到的致病基因越来越少，发病可能性也越小（图5-7）。

（5）近亲婚配时，子女的发病风险增高，但不如常染色体隐性遗传病那样显著，这可能与多基因的累加效应有关。

（6）发病率有明显的种族或民族差异，这表明不同种族或民族的基因库是不同的。

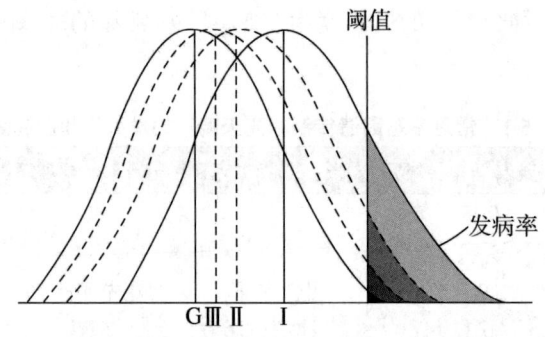

图5-7 一般群体和患者一、二、三级亲属多基因遗传病发病率的比较

G：一般群体易患性平均值；Ⅰ：一级亲属易患性平均值；
Ⅱ：二级亲属易患性平均值；Ⅲ：三级亲属易患性平均值

四、多基因遗传病再发风险的估计

多基因遗传病的遗传基础较复杂，其再发风险涉及多种因素，在估计多基因遗传病的再发风险时，应综合考虑以下几个方面。

（一）群体发病率和遗传度与再发风险的关系

在相当多的多基因遗传病中，一般群体发病率为0.1%~1%，遗传度为70%~80%时，可用Edward公式来计算，患者一级亲属的发病率（f）约等于群体发病率（P）的平方根，即$f=\sqrt{P}$。例如我国唇裂的群体发病率为0.17%，其遗传度为76%，患者一级亲属发病率$f=\sqrt{0.17/100}≈4\%$。如果群体发病率和遗传度高于或低于此范围，则患者一级亲属发病率将高于或低于群体发病率的平方根，Edward 公式即不适用。这时可用一般群体发病率、遗传度和患者一级亲属发病率关系的图解来推算（图 5-8）。

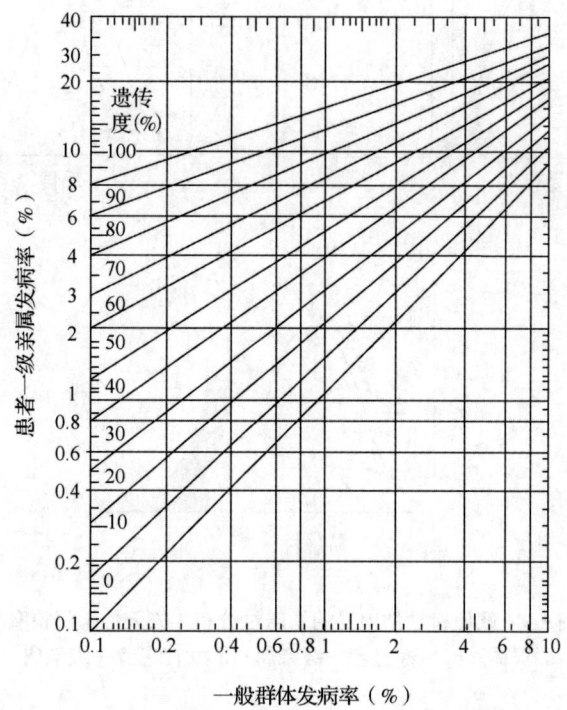

图 5-8　一般群体发病率、遗传度与患者一级亲属发病率的关系

在图 5-8 中，横坐标为群体发病率，斜线为遗传度，纵坐标为患者一级亲属发病率。当已知群体发病率和遗传度时，从此图可查出患者一级亲属的发病率。例如，消化性溃疡的群体发病率为 4%，遗传度仅为 35%，如果按照 Edward 公式来计算，患者一级亲属的发病率应为 20%，但实际上远比这个发病率要低，从图 5-8 查知，患者一级亲属发病率仅约为 8%。

（二）家庭中患病人数与再发风险的关系

在多基因遗传病中，如一个家庭中患病人数越多，则再发风险也越高。例如，当一对表型正常的夫妇已生出一个唇裂患儿后，再次生育时患唇裂的风险为 4%；如果他们生过两个该病患儿，再次生育时患唇裂的风险就增高 2~3 倍，即接近 10%。生育患儿越多，说明这对夫妇带有更多导致唇裂的致病基因，虽然他们都未发病，但其易患性更接近发病阈值，后代再发风险相应增高，这是多基因遗传病中基因累加效应所致。

（三）病情严重程度与再发风险的关系

多基因遗传病中，基因的累加效应还表现在病情的严重程度上，病情严重患者的一级亲属再发风险高。这是因为病情严重的患者必定带有更多的易感基因，其父母也会带有较多的易感基因，使易患性更接近阈值。因此，再次生育时，其后代的再发风险也增高。例如，只有一侧唇裂的患者，其同胞的再发风险为 2.46%；若一侧唇裂并发腭裂的患者，其同胞的再发风险为 4.21%；双侧唇裂并发腭裂的患者，其同胞的再发风险则高达 5.74%。

（四）发病率有性别差异时的再发风险

某些多基因遗传病发病率有性别差异，这表明不同性别的发病阈值是不同的（图 5-9）。发病率低的性别，其阈值高，该性别个体一般不易患病，一旦发病，就表明这个患者一定带有较多的致病基因，才能超过较高的阈值而发病，因此，其后代将会得到较多的致病基因，导致发病风险增高（尤其是与其性别相反的后代）。相反，发病率高的性别，其阈值低，该性别个体携带较少的致病基

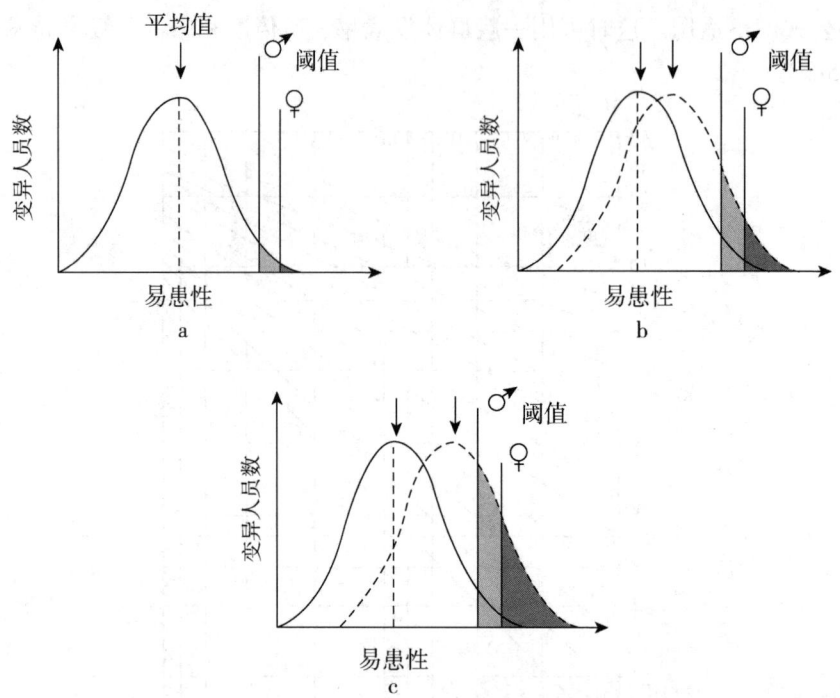

图 5-9 阈值有性别差异的易患性分布（先天性幽门狭窄）
a. 群体；b. 男性患者一级亲属；c. 女性患者一级亲属

因时，易患性就可能超过阈值而发病，所以后代的发病风险将会较低（尤其是与其性别相反的后代）。例如，先天性幽门狭窄的男性发病率为 0.5%，女性发病率为 0.1%，男性发病率高于女性 5 倍。男性患者儿子的发病率为 5.5%，女儿的发病率为 1.4%；女性患者的儿子发病率为 20%，女儿的发病率为 7%。以上说明女性患者比男性患者有更多的易感基因。

由于多基因遗传病不能像单基因遗传病那样较容易地推算子代的发病率，因此，在评估多基因遗传病再发风险时，必须全面考虑上述各种情况，进行综合分析和判断，才能得出切合实际的结论，从而有效地指导实践。

第三节 多基因遗传病的研究进展

多基因遗传病由微效基因累加效应与环境因素的相互作用导致，是一类患病率较高、发病较为复杂的疾病，因此危害更加严重。对一些常见的多基因遗传病，如高血压、糖尿病、冠心病、哮喘、精神分裂症、阿尔茨海默病等的研究进入了基因水平。目前绝大多数多基因遗传病的致病基因尚不明确，众多候选基因正在筛查研究中。

一、原发性高血压

原发性高血压（essential hypertension，EH）（OMIM 145500）是以血压升高为主要临床表现，伴有或不伴有多种心血管危害因素的综合征，占高血压的 90%~95%，是常见的心血管疾病，也是脑卒中、心肌梗死和晚期肾衰竭等致死性疾病的独立危险因素。近年，高血压的发病率呈逐年上升趋势，成为危害人类身体健康较严重的疾病之一。

原发性高血压的发病有明显的家族聚集倾向，患者的一级亲属更易患高血压。双亲无高血压、一方有高血压或双亲有高血压，其子女高血压发生概率分别为3%、28%、46%。同卵双生的同胞血压一致性较二卵双生同胞更为明显。原发性高血压发病也有种族差异性。研究显示，黑种人更易患高血压，具有高血压的种族素质。

原发性高血压为多基因共同作用的产物，这一观点已被广泛认同。目前，国内外研究涉及多种原发性高血压候选基因，研究主要集中在以下几个方面。

（一）血管紧张素原基因

血管紧张素原（angiotensinogen，AGT）基因位于1q42.2，全长12 kb，由5个外显子和4个内含子组成。AGT基因核心启动区域位于TATA框与转录起始点之间，对该基因转录表达起重要的调控作用。目前发现AGT基因存在15种多态性，尤其是M235T变异体（基因突变导致第235号氨基酸由甲硫氨酸转变为苏氨酸）与高血压相关联。然而，M235T多态性与高血压的关系在不同人群的结果不同。在中国汉族人群的研究中发现，该变异体的TT基因型和原发性高血压明显相关，M235T多态性是中国汉族高血压的危险因素。但是，对欧洲人群、新加坡人群和墨西哥人群的研究发现，M235T多态性与原发性高血压无明显相关性。

（二）血管紧张素转换酶基因

血管紧张素转换酶（angiontensin converting enzyme，ACE）基因位于17q23，全长21 kb，由26个外显子和25个内含子组成。近年研究证实，该基因第16个内含子上有一段287 bp的缺失/插入（D/I）多态性与原发性高血压的发生有关。血清ACE浓度与ACE基因多态性密切相关，DD型血浆ACE的水平和活性明显高于II型和ID型。可见，ACE基因多态性变异可能是高血压的危险因子。

（三）血管紧张素受体基因

血管紧张素受体（angiotensin receptor，AGTR）基因位于3q22，全长1 kb，只有1个外显子，无内含子结构。血管紧张素Ⅱ（AngⅡ）必须通过与靶细胞表面的受体结合才能起作用。目前已知的人类血管紧张素受体（AGTR）有1型（AGTR1）和2型（AGTR2）两种亚型。AGTR1基因位于3q21-q25，基因长度为60 kb，有5个外显子和4个内含子。现已发现的AGTR1基因多态性有50余种。多数研究集中于该基因3′端的A1166C多态性。Bonnardeaux等发现，在高血压患者中，AGTR1基因C1166突变频率明显高于正常者。对高加索人群和中国人群的研究发现，AGTR1基因A1166C多态性与高血压相关。也有人进行AGTR2基因与原发性高血压相关性的研究。

二、糖尿病

糖尿病（diabetes mellitus，DM）是以长期高血糖为主要特征而导致各种组织（特别是眼、肾、心、血管、神经）的慢性损害、功能障碍的一组代谢综合征。糖尿病分为1型糖尿病（type 1 diabetes mellitus，T1DM）和2型糖尿病（type 2 diabetes mellitus，T2DM），其中T2DM约占90%。2021年国际糖尿病联盟（International Diabetes Federation，IDF）公布，全球20～79岁成年人的糖尿病患病率为10.5%，患者人数已达5.37亿。目前，我国糖尿病的患病人数已超过1亿，居全球首位。糖尿病已成为威胁人类健康的第三大杀手。

（一）1型糖尿病

T1DM（OMIM 222100）是由于机体免疫系统破坏胰岛β细胞，导致胰岛素产生受阻所引起的一种疾病。研究显示，T1DM的发病率存在地域差异、种族差异以及家庭聚集性等现象，揭示了遗传因素和环境因素在其发病过程中的重要作用。T1DM患者一级亲属的平均患病率为6%，明显高于普通人群的0.4%，同卵双生子T1DM的一致率最高可达70%。

T1DM是一种严重危害人类健康的多基因遗传病，其防治主要通过饮食干预、自身抗原疫苗接种及单克隆抗体治疗等措施来诱导自身免疫耐受，改善免疫调节，减少胰岛β细胞凋亡。目前研究发现，10余个基因的变异可增加T1DM的易感性，除定位于6p21的人类白细胞抗原基因（*IDDM1*）和定位于11p15的胰岛素基因（*IDDM2*）为T1DM的主要易感基因外，又新发现*SH2B3*、*PTPN2*（TC-PTP）和*RGS1*等基因与T1DM明确相关，这3个基因分别定位于12q24、18p11和1q31。

（二）2型糖尿病

T2DM（OMIM 125853）主要是由于胰岛素抵抗或胰岛素分泌不足引起的以高血糖为特征的代谢性疾病。T2DM的病因较为复杂，受不可调因素（遗传因素、年龄、先前的妊娠糖尿病）和可调因素（肥胖、体力活动、营养因素、吸烟、饮酒等）的双重影响。

尽管T2DM的发病机制复杂多样，但其发病的家族聚集性及民族差异性均提示除环境因素外，遗传因素也起了重要的作用。T2DM患者一级亲属糖尿病发病风险是一般人群的3.5倍。双生子分析显示，同卵双生子发病一致率为41%~55%，二卵双生子发病一致率为10%~15%。此外，T2DM的发病情况还存在较大的种族差异，研究显示美国亚利桑那州印第安人的T2DM的患病率可高达60%；相对而言，中国人该型糖尿病患病率明显低得多（9.7%）。

2007—2010年，国际上关于T2DM的GWAS的研究显示，在欧洲裔、亚洲裔等不同种族人群累计发现了40余个基因（区域）的单核苷酸多态性与T2DM相关（表5-2）。这些T2DM易感基因及易感位点的确定，对T2DM高危人群的筛查、早期预警、阐明发病机制、开发新药以及个体化防治等均具有重要意义。

表 5-2　T2DM 相关基因（区域）

年份	研究人群	基因/区域
2007	高加索人	*KCNJ11*、*PPARG*、*TCF7L2*、*CDKN2A/2B*、*FTO*、*HHEX/IDE*、*IGF2BP2*、*CDKAL1*、*SLC30A8*
2008	欧洲人	*NOTCH2*、*ADAMTS9*、*THADA*、*JAZF1*、*CDC123/CAMK1D*、*TSPAN8/LGR5*
2008	日本人、欧洲人	*KCNQ1*
2009	欧洲人	*IRS1*
2010	中国人	*PTPRD*、*SRR*、*SPRY2*、*C2CD4B*
2010	欧洲人	*RBMS1/ITGB6*（2q24）
2010	欧洲人	*BCL11A*、*HNF1A*、*HMGA2*、*CENTD2*、*KAF14*、*PRC1*、*TP53INP1*、*ZBED3*、*ZFAND6*、*CHCHD9*、*DUSP9*、*KCNQ1*

> **知识链接**
>
> ### 冠 心 病
>
> 心脏病是威胁人类生命健康的头号杀手，世界心脏联盟将每年的9月29日定为"世界心脏日"。《2020世界卫生统计报告》显示，2016年，全球约有1790万人死于心脑血管疾病。中国心血管疾病患者人数已高达2.9亿，每年死亡约350万人，死亡人数位列世界第二。心脏猝死80%由冠心病及其并发症引起。
>
> 冠状动脉粥样硬化性心脏病（coronary atherosclerotic heart disease，CHD）简称冠心病，是由于冠状动脉循环改变引起冠状动脉血流对心肌供给不足而导致的心肌损害。临床表现为胸腔中央发生压榨性疼痛，并可迁延至颈部、下颌、手臂、后背及胃部。休息或舌下含服硝酸甘油可缓解。CHD的发病机制受不可调因素（遗传因素、年龄、性别等）和可调因素（高血压、糖尿病、肥胖、体力活动、营养因素、吸烟及饮酒等）的共同作用。针对CHD易感基因的研究一直备受重视。目前已发现的CHD相关基因从功能上可分为：脂代谢相关基因、炎症相关基因、内皮细

胞功能相关基因和血栓形成相关基因。这些基因的相继发现加深了人们对 CHD 发病机制的认识。

近年来，心脏病年轻化趋势严峻。在过去的 15 年里，中国 35~44 岁年龄组患冠心病的人数增长了 150%。预防心血管疾病的最佳方案是保持健康的生活方式，如科学膳食、适度锻炼、保持良好心态。

自 测 题

一、选择题

1. 在多基因遗传病中，由遗传基础和环境因素共同决定一个个体是否容易患某种病的风险称为
   - A. 遗传度
   - B. 易感性
   - C. 易患性
   - D. 阈值
   - E. 表现度

2. 遗传度是指
   - A. 遗传性状的表现程度
   - B. 致病基因危害的程度
   - C. 遗传因素对性状的影响程度
   - D. 遗传病发病率和高低
   - E. 遗传性状的异质性

3. 在多基因遗传病中，阈值是指造成发病的
   - A. 最低的易患性基因数量
   - B. 最高的复等位基因数量
   - C. 最低的共显性基因数量
   - D. 最高的易患性基因数量
   - E. 最高的共显性基因数量

4. 下列疾病不属于多基因遗传病的是
   - A. 高血压
   - B. 糖尿病
   - C. 唐氏综合征（先天愚型）
   - D. 哮喘
   - E. 唇裂

5. 下列关于多基因遗传病特点的叙述，正确的是
   - A. 近亲结婚时子女患病风险增高，且比单基因遗传病显著
   - B. 具有家族聚集倾向，有明显的遗传方式
   - C. 易患性具有种族差异
   - D. 随着亲属级别的降低，患者亲属发病风险明显增高
   - E. 畸形越轻，再发风险越大

6. 与多基因遗传病的发病风险无关的是
   - A. 遗传度的大小
   - B. 疾病的种类
   - C. 亲属的级别
   - D. 家系中患者人数
   - E. 患者病情的严重程度

7. 先天性幽门狭窄是多基因遗传病，男性发病率为 0.5%，女性发病率为 0.1%，亲属中发病率最高的是
   - A. 女性患者的儿子
   - B. 男性患者的儿子
   - C. 女性患者的女儿
   - D. 男性患者的女儿
   - E. 男性患者的儿子及女儿

8. 精神分裂症的群体发病率为 1%，遗传度为 80%，患者一级亲属的发病率为
   - A. 1%
   - B. 10%
   - C. 25%
   - D. 50%
   - E. 60%

二、简答题

1. 简述多基因遗传病的特点。
2. 在估计多基因遗传病的发病风险时,应综合考虑哪些方面的情况?

三、案例分析题

强直性脊柱炎是多基因遗传病,女性发病率比男性高 5 倍。现有两对表型正常的夫妇,一对夫妇生了一名女性患儿,另一对夫妇生了一名男性患儿。

请回答:

(1)这两对夫妇如果各自再生孩子,哪对夫妇所生孩子的再发风险高?

(2)请解释原因。

(尚喜雨)

第六章　染色体畸变与染色体病

第六章数字资源

学习目标

1. 知识：说出染色体畸变和染色体病的概念，区分染色体畸变的类型，解释染色体畸变的发生机制，简述常见染色体病的病因及临床表现。
2. 能力：会使用染色体核型分析中常用符号和术语描述染色体畸变。
3. 素养：通过开展"世界唐氏综合征日""世界罕见病日"等公益活动，培养社会责任感和人文关怀精神，树立敬畏生命、热爱生活、不轻易放弃的人生态度。

案例 6-1

患儿，男性，出生后 4 h，体重 2.8 kg，身长 34 cm。体格检查：①身高、体重均低于同月龄分娩胎儿，发育迟缓。②患儿四肢短，肌张力低下。③患儿面部特征：眼距较宽、眼裂小且向上外倾斜，鼻梁低平、舌大外伸、流口水、耳位低等。④其他异常：通贯手、出生后肺炎等。⑤其他临床资料：母亲 37 岁，父亲 38 岁，父母非近亲，母亲妊娠期身体健康，无药物、毒物、放射性物质接触史。

问题与思考：
1. 根据体格检查及临床表现，初步判断该患儿患有何种病症？
2. 应做哪些实验室检查以明确疾病诊断？

第一节　染色体畸变

染色体是遗传物质——基因的载体，如果染色体发生数目畸变或者结构畸变，必然会导致基因的增加、减少或重排，因此受累个体将出现先天性多发畸形、智力发育障碍、生长发育迟缓以及流产或死胎等状况。这类由染色体异常所导致的疾病称为染色体病（chromosome disease）。由于染色体病多表现为多种临床症状的综合征，故又称染色体畸变综合征（chromosome aberration syndrome）。染色体病可分为常染色体病和性染色体病，也可按畸变类型分为染色体数目畸变引起的疾病和染色体结构畸变引起的疾病。

染色体畸变（chromosomal aberration）是指体细胞或生殖细胞内染色体发生异常的改变。畸变的类型和可能引起的后果在细胞不同周期和个体发育不同阶段不尽相同。染色体畸变可分为数目畸变和结构畸变两大类。其中染色体数目畸变又可分为整倍体改变和非整倍体改变两种。结构畸变主要有缺失、重复、插入、易位和倒位等。无论是数目畸变，还是结构畸变，其实质都涉及染色体上基因群的增减或位置的转移，使遗传物质发生了改变，从而导致染色体畸变综合征或染色体病。

一、染色体畸变发生的原因

引起染色体畸变的因素有多种，归纳起来大致分为以下几类。

1. **化学因素** 许多化学药物可以导致染色体畸变，包括一些烷化剂、核酸类似物、嘌呤、抗生素、硝酸或亚硝酸类化合物、抗癌药物（如环磷酰胺、氮芥、氨甲蝶呤）、农药（有机磷杀虫剂、除草剂和砷制剂）等；还包括各种食品添加剂、防腐剂、保鲜剂及工业废物，如苯、甲苯、砷。

2. **物理因素** 各种射线是造成染色体畸变的重要诱因，如 X 射线、γ 射线、α 粒子、β 粒子、中子等在细胞周期的任何时期都可造成染色体的断裂。

3. **生物因素** 生物因素导致的染色体畸变包括两个方面：一是由生物体产生的生物类毒素所致；二是病毒一类生物引起的畸变。霉菌毒素（如黄曲霉毒素）具有致癌作用，同时也可以引起染色体畸变；致癌病毒可引起宿主细胞染色体畸变（主要影响 DNA 合成），如人体感染麻疹病毒后，可导致患者靶细胞染色体重排或粉碎、染色体丢失。

4. **母亲年龄** 流行病学调查显示，母亲的生育年龄与发病率密切相关。高龄孕妇生育患儿的概率明显增高。这是因为母亲年龄偏大，卵母细胞老化不能正常进行减数分裂，形成异常卵子。另外，合子早期所处的子宫环境欠佳。

5. **遗传因素** 某些遗传因素与染色体畸变有关。例如，染色体断裂易发生在遗传性染色体脆性部位；不同的个体对射线和化学诱变剂的敏感性存在很大差异；一些常染色体隐性遗传病患者的染色体常自发断裂，称为染色体不稳定综合征。近年来的研究表明，可能存在染色体不分离易感基因，使某些个体易分娩三体型后代。

二、染色体数目畸变及其产生机制

人类正常生殖细胞（精子或卵子）中有 23 条染色体，称为一个染色体组。含有一个染色体组的细胞或个体称为单倍体（n）；人类正常的体细胞中有 46 条染色体，含有两个染色体组，称为二倍体（$2n$）。以二倍体为标准，体细胞中染色体数目超出或少于 46 条的称为染色体数目畸变，包括整倍体改变和非整倍体改变两种机制。

（一）整倍体改变

整倍体改变是指体细胞内染色体数目在二倍体的基础上整组地增加或减少，发生整倍体改变的个体称为整倍体（euploid）。在二倍体的基础上，如果增加一个染色体组，也就是增加一个 n，则为 $3n$，即三倍体（triploid）。若在二倍体的基础上增加两个 n，则为 $4n$，即四倍体（tetraploid），以此类推。三倍体以上的又统称为多倍体。如果在 $2n$ 的基础上减少一个染色体组，则称为单倍体（haploid）。

在人类，已知有三倍体和四倍体的个体，但只有极少数三倍体的个体能存活到出生，存活者多为二倍体和三倍体（$2n/3n$）的嵌合体。有调查资料表明，在自发流产的胎儿中，有染色体畸变者约占 42%，其中，三倍体占 18%，四倍体占 5%。可见在流产的胎儿中三倍体是常见的类型。一般认为，三倍体胎儿易于发生流产的原因是在胚胎发育过程的细胞有丝分裂中，形成三极纺锤体，因而造成染色体在细胞分裂中期、后期时的分布和分配紊乱，最终导致子细胞中染色体数目畸变，从而严重干扰了胚胎的正常发育而导致流产。四倍体比三倍体更为罕见，往往是四倍体和二倍体（$4n/2n$）的嵌合体，或在流产的胚胎中发现。

1. **三倍体** 体细胞中有三个染色体组。染色体总数为 69 条。人类全身性三倍体是致死的，以流产而告终。三倍体产生的机制如下。

（1）双雄受精（diandry）：一个正常卵子同时与两个正常的精子发生受精。由于每个精子都带有一个染色体组，所以当两个精子同时进入一个卵子时，就将两个染色体组同时带入了这一卵子，所形成的合子内则含有三个染色体组，即三倍体。可形成69,XXX、69,XXY和69,XYY 3种类型的受精卵（图6-1）。

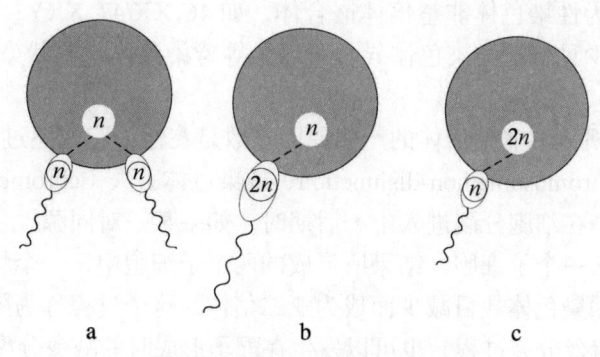

图6-1 双雄受精和双雌受精
a、b.双雄受精；c.双雌受精

（2）双雌受精（digyny）：一个二倍体的异常卵子与一个正常的精子发生受精，从而产生一个三倍体的合子。在卵子发生减数分裂Ⅱ过程中，次级卵母细胞由于某种原因未形成第二极体，因此本应分给第二极体的染色体组仍留在卵子中，使该卵子成为异常卵子。当它与一个正常的精子结合后，就将形成含有三个染色体组的合子，即三倍体。可形成69,XXX或69,XXY两种核型的受精卵（图6-1）。

2. 四倍体 体细胞中有四个染色体组，即每号染色体都有四条。临床上只见到92,XXXX和92,XXYY两种核型，且多为它们和正常二倍体的嵌合体。四倍体形成的原因如下。

（1）核内复制（endoreduplication）：在一次细胞分裂时，DNA不是复制一次，而是复制了两次，而细胞只分裂了一次。这样形成的两个子细胞都是四倍体。这是肿瘤细胞常见的染色体异常特征之一。

（2）核内有丝分裂（endomitosis）：在细胞分裂时，染色体正常复制一次，但分裂中期时核膜未消失，无纺锤体形成和细胞质分裂，结果形成四倍体的细胞。

（二）非整倍体改变

一个体细胞的染色体数目在二倍体的基础上增加或减少了一条或数条，称非整倍体（aneuploid）。这是临床上最常见的染色体畸变类型。发生非整倍体改变后，会产生亚二倍体（hypodiploid）、超二倍体（hyperdiploid）等。

1. 亚二倍体 在二倍体的基础上，减少了一条或数条染色体，称为亚二倍体。

（1）单体型（haplotype）：某号染色体少了一条，使细胞内染色体总数只有45条，如21单体：45,XX（XY），-21；X单体：45,X。常染色体单体型难以存活，仅见10余例报道，但常在流产儿和死婴中见到。少数X染色体单体型能够发育到出生后。

（2）缺体型（nullisomy）：缺少一对同源染色体，细胞内染色体总数为44条。

2. 超二倍体 在二倍体的基础上，增加了一条或数条染色体，称为超二倍体。

（1）三体型（trisomy）：某号染色体增加了一条，细胞内染色体数目为47条，是最常见的一种染色体数目异常类型，如21三体：47,XX（XY），+21。在常染色体病中，除了17号染色体尚未有三体型的病例报道外，其余的染色体三体型均有报道，但是由于染色体的增加，特别是较大染色体的增加，将造成基因组的严重失衡而破坏或干扰胚胎的正常发育，故绝大部分常染色体三体型核型只见于早期流产的胚胎。少数三体型病例可以存活至出生，但多数寿命不长，并伴有各种严重畸形。

（2）多体型（polysomy）：三体型以上的统称为多体型。临床上只能看到性染色体多体型个体，如 48,XXXX。

3. 嵌合体（mosaic） 一个个体同时存在两种或两种以上核型的细胞系，这种个体称为嵌合体。最常见的染色体嵌合体为性染色体非整倍体嵌合体，如 46,XX/47,XXY；45,X/46,XX。而染色体结构异常嵌合体相对较少见，该类染色体异常可以是等臂染色体、环状染色体、部分三体/单体、易位、倒位等。

4. 非整倍体的产生机制 非整倍体的产生原因多数是在性细胞成熟过程或受精卵早期卵裂中，发生了染色体不分离（chromosome non-disjunction）或染色体丢失（chromosome loss）。

（1）染色体不分离：在细胞分裂进入中、后期时，如果某一对同源染色体或姐妹染色单体彼此没有分离，而是同时进入一个子细胞，结果所形成的两个子细胞中，一个将因染色体数目增多而成为超二倍体，另一个则因染色体数目减少而成为亚二倍体，这个过程称为染色体不分离。染色体不分离可以发生在细胞的有丝分裂过程，也可以发生在配子形成时的减数分裂过程。

1）染色体不分离发生在受精卵的卵裂早期的有丝分裂过程中：卵裂早期某一染色体的姐妹染色单体不分离，可导致产生由两种细胞系或三种细胞系组成的嵌合体。嵌合体各种细胞系类型及所占的比例取决于发生染色体不分离时间的早晚。若发生在第一次卵裂时，形成的超二倍体细胞系（47）和亚二倍体细胞系（45）各占 50%；若发生在第二次卵裂，形成的三种细胞系（45、46、47）所占比例分别为 25%、50%、25%。也就是说，不分离发生越晚，正常细胞系所占比例越大，临床症状相对较轻。若异常细胞系比例低于 3%，一般没有临床症状。亚二倍体细胞系由于缺少一条或几条染色体，特别是丢失常染色体，细胞活力下降，易被淘汰而消失，不形成细胞系，所以临床上常见的是二倍体/三体的嵌合体。

2）减数分裂时发生染色体不分离：染色体不分离发生在减数分裂Ⅰ，使得某一对同源染色体不分离，同时进入一个子细胞核，所形成的配子中，一半有 24 条染色体（$n+1$），另一半有 22 条染色体（$n-1$）。与正常配子受精后，将形成超二倍体或亚二倍体。若在减数分裂Ⅱ发生姐妹染色单体不分离，所形成配子的染色体数目将有以下几种情况：1/2 为 n，1/4 为（$n+1$），1/4 为（$n-1$）。它们与正常配子受精后，得到相应的二倍体、超二倍体、亚二倍体（图 6-2）。

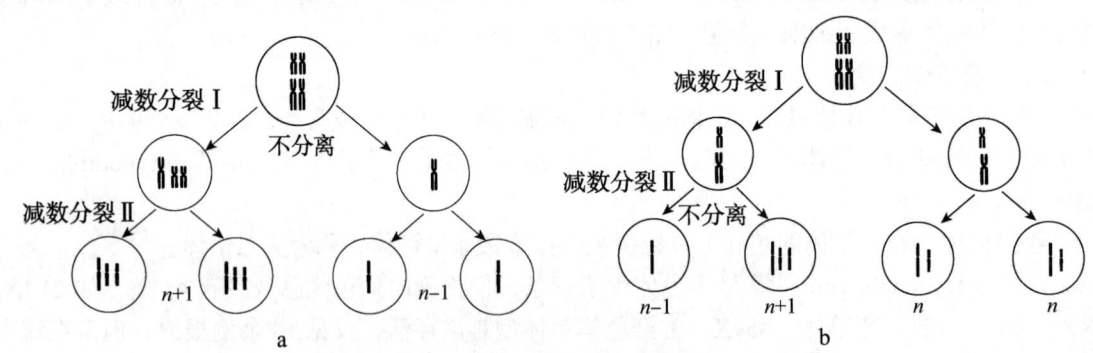

图 6-2 减数分裂中染色体不分离
a. 减数分裂Ⅰ同源染色体不分离；b. 减数分裂Ⅱ姐妹染色单体不分离

（2）染色体丢失：又称染色体分裂后期迟延（anaphase lag），指在细胞有丝分裂过程中，某一染色体未与纺锤丝相连，不能移向两极参与新细胞的形成；或者在移向两极时行动迟缓，滞留在细胞质中，造成该条染色体的丢失而形成亚二倍体。染色体丢失也是嵌合体形成的一种方式。

按照 ISCN（2020），非整倍体的描述方法为"染色体总数，性染色体组成，+（-）畸变染色体序号"。例如，某一核型中的 18 号染色体多了一条，可描述为：47,XX（XY），+18；少了一条 22 号染色体，则描述为 45,XX（XY），-22；若是少了一条 X 染色体，可描述为 45,X。

知识链接

基因组病

基因组病这一概念于 1998 年由 Lupski 提出，已经成为医学遗传学领域的重要分支。它指的是因基因组结构特征导致基因组重排所致的一类疾病。基因组病的基础在于 DNA 的重组，这往往涉及剂量敏感基因的缺失、重复或打断。这类疾病大多为散发性，由新发的重组事件所引起，因此多为新发的变异。基因组变异包括单核苷酸多态性（SNP）和结构变异（SVs）。特别值得一提的是，基因组拷贝数变异（CNVs）作为结构变异的一种，已经成为人类疾病的重要致病因素之一。

基因组病包括染色体微缺失微重复综合征、符合孟德尔遗传规律的基因组病以及复杂性状基因组病。基因组病的诊断依赖于先进的分子生物学技术，如染色体芯片、全外显子组测序、全基因组测序。这些技术能够帮助医师精确地定位到致病基因，从而为疾病的诊断和治疗提供有力支持。预防基因组病同样具有重要意义。通过遗传咨询、优生优育等措施，可以在一定程度上降低基因组病的发生风险。此外，随着基因检测技术的普及和成本的降低，越来越多的人将有机会了解自己的遗传信息，从而采取更加个性化的疾病预防措施。

总之，基因组病作为一类由基因组结构异常导致的疾病，其致病机制复杂多样，临床表现各异，随着科学技术的不断进步，人们对这类疾病的诊断和治疗水平也将越来越高。

三、染色体结构畸变及其产生机制

在外界因素的作用下，人类的染色体可发生断裂（breakage）。如果断裂的片段在原来的位置上重新接合，称为愈合或重合（reunion），即染色体恢复正常，不引起遗传效应。如果染色体断裂后未在原位重接，也就是断裂片段移动位置与其他片段相接或者丢失，则可引起染色体结构畸变，又称染色体重排（chromosomal rearrangement）。

（一）染色体结构畸变的描述方法

染色体结构畸变可用简式（简式体系）和详式（详式体系）两种方式进行描述。对于简式，染色体的结构改变只需用断裂点表示即可。一个有染色体结构畸变的核型，用简式表示时，需要描述的内容如下：①染色体总数；②性染色体组成；③畸变类型的符号（一个字母或三联字母）；④在括号内写明受累的染色体序号；⑤在第二个括号内注明臂的符号、区号、带号以及断裂点（表 6-1）。详式与简式的不同点在于，还要在第二个括号中描述重排染色体的组成。

表 6-1 核型分析中常用符号术语及意义

符号术语	意义	符号术语	意义
A~G	染色体组的名称	1~22	常染色体序号
→	从……到……	/	表示不同克隆的核型
ace	无着丝粒断片（见 f）	cen	着丝粒
chi	异源嵌合体	:	断裂
::	断裂与重接	ct	染色单体
del	缺失	der	衍生染色体
dic	双着丝粒染色体	dir	正位
dis	远侧	dmin	双微体

续表

符号术语	意义	符号术语	意义
dup	重复	e	交换
end	（核）内复制	f	断片
fem	女性	mal	男性
fra	脆性部位	g	裂隙
h	副缢痕	i	等臂染色体
ins	插入	inv	倒位
mat	母源的	?	染色体分类或情况不明
min	微小体	mn	众数
mos	同源嵌合体	p	短臂
pat	父源的	ph	费城染色体
pro	近侧	psu	假
q	长臂	qr	四射体
r	环状染色体	rcp	相互易位
rea	重排	rac	重组染色体
rob	罗伯逊易位	s	随体
t	易位	tan	串联易位
ter	末端	tr	三射体
tri	三着丝粒	var	可变区
mar	标记染色体	+ 或 -	在染色体和组号前表示染色体或增加或减少；组内染色体在染色体臂或结构后面，表示这个臂或结构的增加或减少

（二）染色体结构畸变的类型及其产生机制

临床上常见的染色体结构畸变有缺失、重复、倒位、易位、环状染色体、等臂染色体、双着丝粒染色体及插入等。

1. **缺失（deletion，del）** 缺失是指染色体发生断裂后，形成有着丝粒和无着丝粒的断片，无着丝粒断片在细胞分裂时不能与纺锤丝相连，而滞留在细胞质中，一次分裂后丢失。保留下的染色体则丢失了相应节段的遗传物质。缺失又可分为中间缺失和末端缺失。

（1）末端缺失：指染色体臂的近末端断裂，造成染色体缺失远侧端的现象。如图 6-3a 所示，3 号染色体在长臂的 2 区 1 带（q21）处发生断裂后，由 q21 到长臂末端的这一片段丢失。

简式：46,XX（XY），del（3）（q21）。

详式：46,XX（XY），del（3）（pter→q21：）。

（2）中间缺失：指在染色体臂发生两处断裂，中间片段丢失，近侧段和远侧段的断端彼此连接。例如 3 号染色体在长臂的 2 区 1 带与 2 区 5 带发生两次断裂，并丢失两断裂点之间的节段（图 6-3b）。

简式：46,XX（XY），del（3）（q21q25）。

详式：46,XX（XY），del（3）（pter→q21：：q25→qter）。

2. **重复（duplication，dup）** 重复是指一条染色体上某一片段有 2 个或 2 个以上拷贝的现象。它是由于染色体或染色单体发生断裂后形成的断片插入同源染色体或染色单体中，或者姐妹染色单

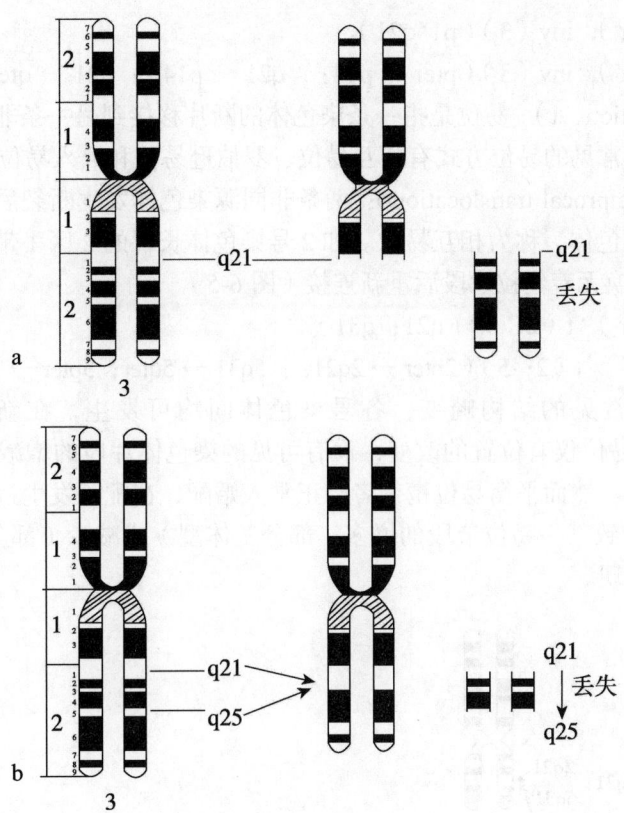

图 6-3 缺失
a. 末端缺失；b. 中间缺失

体发生不等交换而形成的畸变。

3. 倒位（inversion，inv） 倒位是指某一染色体同时发生两处断裂，中间的断片旋转180°后重接。根据倒位的片段是否涉及染色体着丝粒区域可分为臂内倒位和臂间倒位。

（1）臂内倒位：指一条染色体的长臂或短臂内发生两次断裂后，中间片段旋转180°重接的倒位。例如3号染色体长臂在2区1带和2区5带发生两次断裂，中间的片段旋转180°后重接（图6-4a）。

简式：46,XX（XY），inv（3）（q21q25）。

详式：46,XX（XY），inv（3）（pter→q21∷q25→q21∷q25→qter）。

（2）臂间倒位：一条染色体长臂和短臂各发生一处断裂，断片旋转180°后重接。例如3号染色体在短臂1区4带和长臂2区1带发生断裂，含着丝粒的片段旋转180°后重接（图6-4b）。

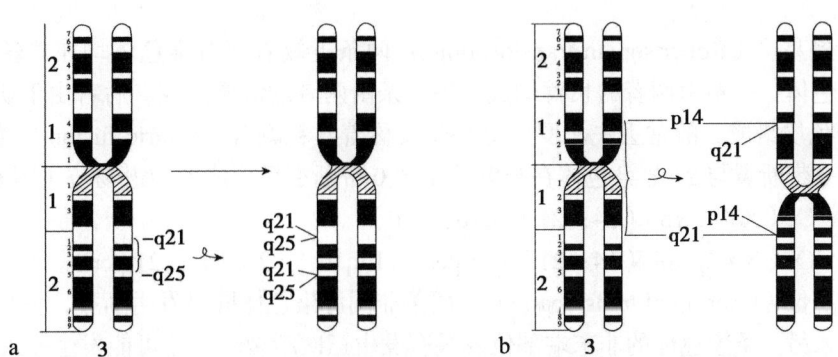

图 6-4 倒位
a. 臂内倒位；b. 臂间倒位

简式：46,XX（XY），inv（3）（p14q21）。

详式：46,XX（XY），inv（3）（pter→p14：：q21→p14：：q21→qter）。

4. 易位（translocation，t） 易位是指一条染色体的断片移接到另一条非同源染色体的臂上，这种结构畸变称为易位。常见的易位方式有相互易位、罗伯逊易位和插入易位。

（1）相互易位（reciprocal translocation）：两条非同源染色体发生断裂后，相互交换无着丝粒片段形成两条新的衍生染色体，称为相互易位。如2号染色体长臂的2区1带与5号染色体长臂3区1带同时发生断裂，互换无着丝粒片段后重新连接（图6-5）。

简式：46,XX（XY），t（2；5）（q21；q31）。

详式：46,XX（XY），t（2；5）（2pter→2q21：：5q31→5qter；5pter→5q31：：2q21→2qter）。

相互易位是比较常见的结构畸变，各号染色体间均可发生，在新生儿中的发生频率为1/1000～2/1000。相互易位仅有位置的改变，没有可见的染色体片段的增减，它通常没有明显的遗传效应，称为平衡易位。然而平衡易位携带者与正常人婚配，在配子发生过程中，却有可能得到一条衍生异常染色体，导致某一易位节段的增多（部分三体型）或减少（部分单体型），最终导致流产、死胎或畸形儿的出现。

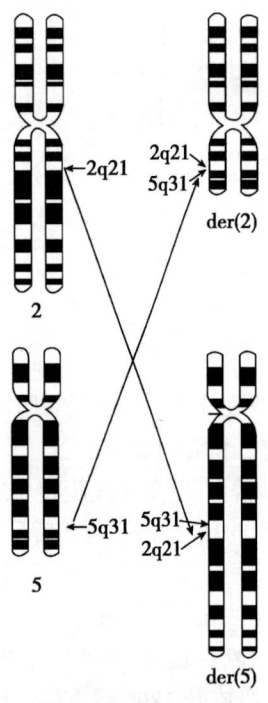

图6-5 相互易位

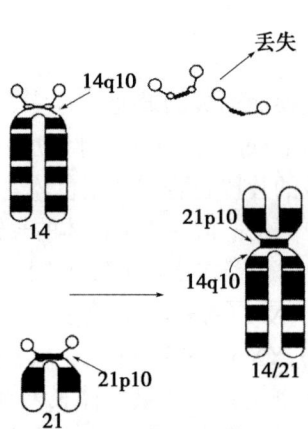

图6-6 罗伯逊易位

（2）罗伯逊易位（Robertsonian translocation）：两条近端着丝粒染色体均在着丝粒处断裂后形成两条衍生染色体：一条由两者的长臂构成，另一条由两者的短臂构成。后者由于缺乏着丝粒或因几乎全由异染色质组成，故常丢失。罗伯逊易位又称着丝粒融合（centric fusion）。如14号染色体在长臂的1区0带断裂与21号染色体在长臂的1区0带断裂后形成罗伯逊易位（图6-6）。

简式：45,XX（XY），rob（14；21）（q10；q10）。

详式：45,XX（XY），rob（14；21）（14qter→14q10：：21q10→21qter）。

（3）插入易位（insertional translocation）：两条非同源染色体同时发生断裂，但只有其中一条染色体的片段插入另一条染色体的非末端部位。只有发生三次断裂时，才可能发生插入易位。

5. 环状染色体（ring chromosome，r） 一条染色体的长臂和短臂同时发生一次断裂，有着丝粒的断端相接，形成环状染色体。如2号染色体的短臂2区1带（p21）和长臂3区1带（q31）分别发生了断裂，断点以远的片段丢失，含有着丝粒的中间片段两断端 p21 与 q31 相接形成环状染色体（图6-7）。

简式：46,XX（XY）, r（2）(p21q31)。

详式：46,XX（XY）, r（2）(∷p21→q31∷)。

6. **等臂染色体（isochromosome, i）** 等臂染色体是指染色体在着丝粒处横裂，形成两条只有一种染色体臂的染色体，复制后形成由两条短臂和两条长臂组成的染色体，所以其在形态结构上完全相同。如图6-8所示 X 染色体在着丝粒处断裂后形成的长臂、短臂等臂染色体。

简式：46,X, i（X）(q10); 46,X, i（X）(p10)。

详式：46,X, i（X）(qter→q10∷q10→qter); 46,X, i（X）(pter→p10∷p10→pter)。

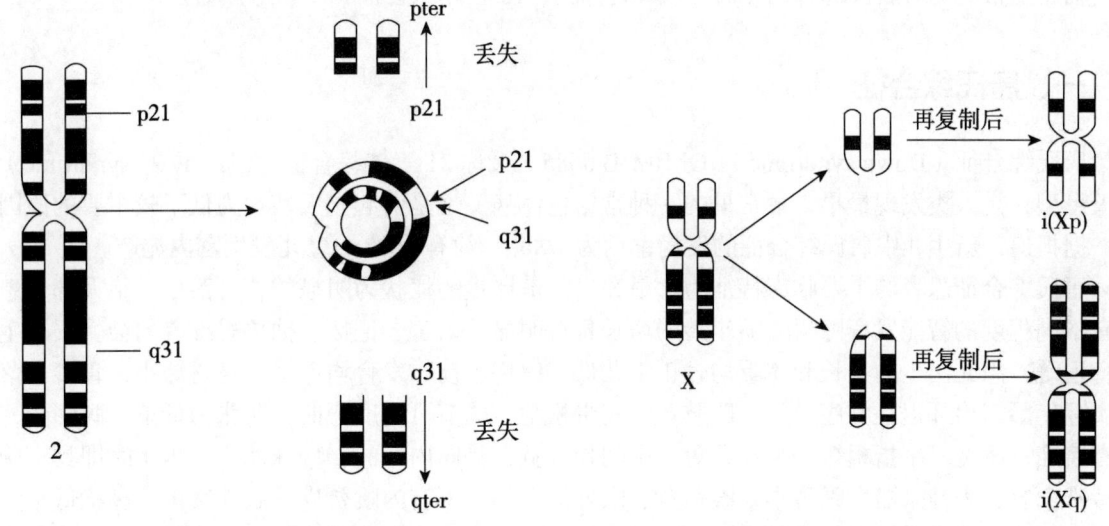

图 6-7　环状染色体　　　　　　　　图 6-8　等臂染色体

7. **双着丝粒染色体（dicentric chromosome, dic）** 两条染色体均发生断裂，两个带有着丝粒的断片相互连接，形成双着丝粒染色体。在细胞分裂时，如果这条染色体的两个着丝粒分别被纺锤丝向细胞的两极牵引，则形成染色体桥，容易发生断裂。因此双着丝粒染色体是一种不稳定结构。如6号染色体的长臂2区2带和11号染色体的短臂1区5带分别发生了断裂，两个具有着丝粒的染色体片段断端相互连接，形成了一条双着丝粒的衍生染色体（图6-9）。

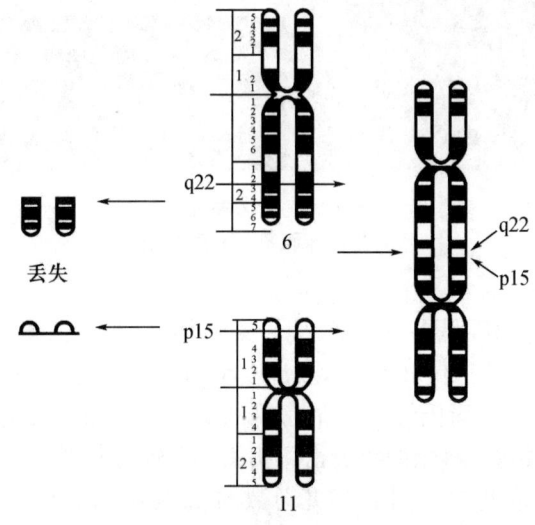

图 6-9　双着丝粒染色体

简式：45，XX，dic（6；11）（q22；p15）。
详式：45，XX，dic（6；11）（6pter→6q22∷11p15→11qter）。

8. 插入（insertion，ins） 插入是指某条染色体发生两处断裂，其中间的节段转移到同一染色体或另一染色体的断裂处重接。插入一般涉及两条染色体的三处断裂，可分为正位插入和倒位插入。

第二节 常染色体病

临床上常见的有唐氏综合征（21三体综合征）、18三体综合征和13三体综合征等。

一、唐氏综合征

唐氏综合征（Down syndrome）（OMIM 190685）又称21三体综合征（trisomy 21 syndrome）或先天愚型，是人类发现最早、最常见的一种常染色体病，也是引起先天性智力低下较主要的原因之一。据报道，新生儿中唐氏综合征的发病率约为1/800，约有60%的患儿发生宫内流产。

唐氏综合征患者的主要临床特征为：最突出、最严重的症状为明显的智力落后，绝大部分患儿都有不同程度的智能发育障碍，随年龄的增长日益明显。语言、记忆、抽象思维等均会受损；生长发育迟缓，患儿出生的身长和体重均较正常儿低，体格、动作发育均迟缓，身材矮小，骨龄常落后于实际年龄，出牙迟且顺序异常；四肢短、韧带松弛，关节可过度弯曲，肌张力低下，腹膨隆，可伴有脐疝；手宽、手指粗短，小指尤短，中间指骨宽，且向内弯曲；特殊面容，出生时即具有明显的特殊面容，表情呆滞、眼裂小、眼距宽、眼外侧上斜，可有内眦赘皮、眼球突出、鼻梁低平、外耳小、舌胖，常伸出口外，流涎多（图6-10）；头围偏小，形状圆，前囟大且关闭延迟，常呈嗜睡和喂养困难；颈短、宽，颈周皮肤松弛；多发畸形，如先天性心脏病、胃肠道畸形、趾间距宽；通贯掌频率高。

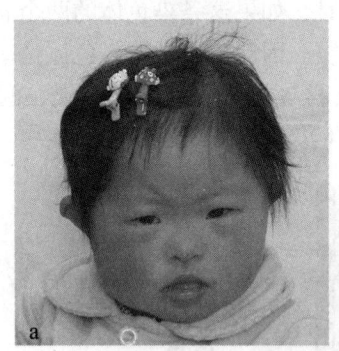
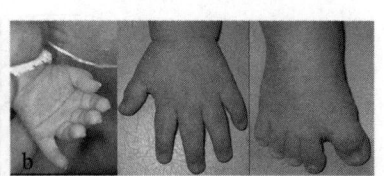

图6-10 唐氏综合征
a. 患儿特殊面容；b. 患儿畸形

唐氏综合征主要的发病原因是多了一条21号染色体，即21三体。该综合征的核型有3种类型：完全型21三体、易位型21三体和嵌合型21三体（图6-11）。

1. 完全型21三体 该型是唐氏综合征最常见的类型，约占患儿总数的95%，患儿的核型为47，XX（XY），+21。它的发生与母亲的年龄密切相关，有较为典型的临床表现。

2. 易位型21三体 易位型21三体占患儿总数的2.5%~5%，该型与母亲年龄的相关性不大。其核型有多种，最常见的是由于罗伯逊易位而形成的易位染色体。这类患儿的细胞内除具有两条完

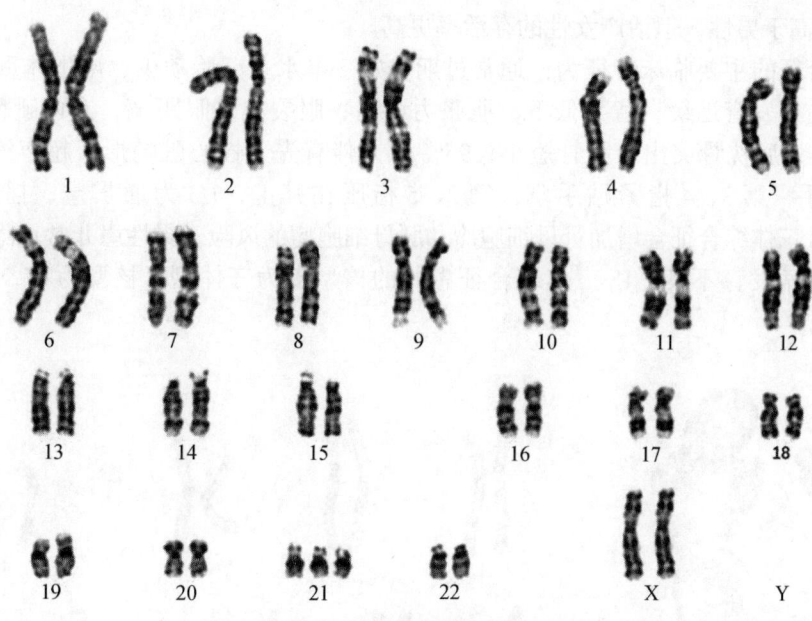

图 6-11 完全型唐氏综合征核型

整的 21 号染色体外，还有一条由 21 号染色体易位到另一条 D 组或 G 组染色体上而形成的易位染色体，易位染色体以 13 号与 14 号染色体最为多见。

易位型 21 三体有新发突变形成的，也有亲代遗传而来的。例如，患儿的母亲为易位染色体携带者，核型为 45,XX, rob (14;21)(q10;q10)，那么在卵子形成时，由于减数分裂过程中同源染色体特殊的联会和分离，可能产生 6 种类型的卵子：①含有一条完整的 14 号染色体和一条完整的 21 号染色体；②含有一条 14q21q 易位染色体；③含有整条 14q21q 易位染色体和一条完整的 21 号染色体，该卵子多一条 21 号染色体；④仅含有一条完整的 14 号染色体的不平衡卵子；⑤含有一条 14q21q 易位染色体和一条完整的 14 号染色体的不平衡卵子；⑥仅含有一条完整的 21 号染色体的不平衡卵子。这 6 种卵子与正常精子结合后，后代会因此而出现相应如下结果：①正常人；②易位染色体携带者；③易位型 21 三体患儿；④⑤⑥均具三体或单体而致死（流产）。

另外，当母亲是 21 号染色体长臂等臂染色体，即 46,XX, i(21)(q10) 的平衡易位携带者时，就不可能娩出表型正常的后代，因为她只能产生两种配子：①含有 i(21)(q10)；②不含有 21 号染色体。第一种配子与另一正常配子结合后，其后代将会发生易位型唐氏综合征；第二种配子与正常配子结合后，将产生 21 单体的合子。由于常染色体单体常常是致死性的，所以第二种情况的胚胎难以存活，因此当双亲之一是 i(21)(q10) 的携带者时，其后代发生 21 号染色体异常的概率几乎为 100%。

3. 嵌合型 21 三体　嵌合型 21 三体占患儿总数的 2%~4%，该型的核型通常为 46,XX(XY)/47,XX(XY),+21，其临床表现的严重程度与异常所占百分比以及组织分布有关，异常细胞比例越高、组织分布越广泛，智力落后及畸形的程度越重。

二、18 三体综合征

18 三体综合征（trisomy 18 syndrome）（OMIM 601161）又称 Edwards 综合征（Edwards syndrome），主要的发病原因是多了一条 18 号染色体，即 18 三体。本病发病率仅次于唐氏综合征，因 18 三体综合征患儿在胎儿期存在较高的自然流产率，故本病在新生儿中的发病率为 1/8000~1/6000，但由于产前诊断后胎儿丢失和终止妊娠的频率较高，故患病率可达 1/2600~1/2500。

活产女性患病率高于男性,但活产女性的存活率更高。

18 三体综合征的主要临床特征为:通常过期分娩、羊水多、胎动少、出生体重低,平均体重仅为 2243 g 左右;发育迟缓;智力低下;肌张力增高;眼裂小,眼距宽,有内眦赘皮,眼球小,耳位低;下颌小,后枕骨突出,胸骨短小;95% 患儿伴有先天性心脏畸形,超声约 1/3 可见脉络丛囊肿;钳状手,第 3、4 指紧贴手掌,第 2、5 指压在其上,1/3 为通贯掌、摇椅形足等(图 6-12)。此外,18 三体综合征会增加肾母细胞瘤和肝母细胞瘤的风险,男性患儿常见隐睾,女性患儿常为大阴唇或阴蒂发育不良。18 三体综合征患儿的核型多为三体型,核型为 47,XX(XY),+18(图 6-13)。

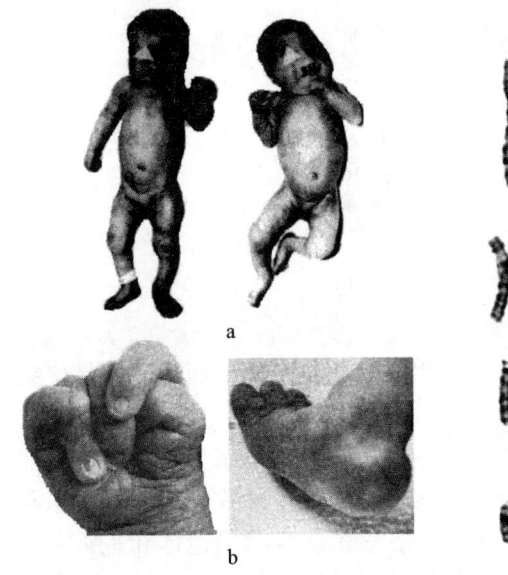

图 6-12　18 三体综合征
a. 患儿;b. 手、足特征

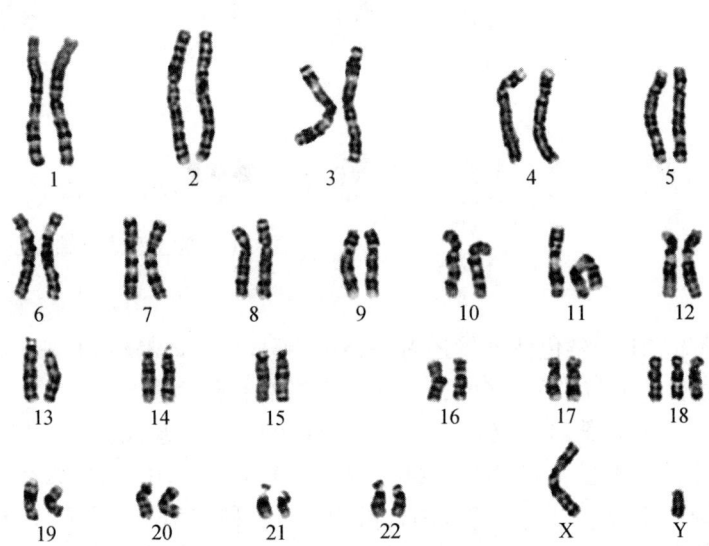

图 6-13　18 三体综合征核型

三、13 三体综合征

13 三体综合征(trisomy 13 syndrome)(OMIM 264480)又称 Patau 综合征(Patau syndrome)。主要的发病原因是多了一条 13 号染色体,即 13 三体。本病发病率为 1/7000～1/5000,女性发病率高于男性。13 三体综合征常见的核型为 47,XX(XY),+13。

13 三体综合征的主要临床特征为:出生体重低,生长发育障碍,有严重的智力低下。严重畸形,如小头、前额低斜、前脑发育缺陷(无嗅脑)、眼球小或无眼球。指(趾)畸形,多指(趾),足内翻,有与 18 三体综合征相同的握拳姿势和摇椅形足、通贯掌等。2/3 有唇裂、腭裂。耳位低,耳郭畸形,常有耳聋。80% 以上伴有先天性心脏病。常有多囊肾,无脾。男性患儿多为隐睾,女性患儿有阴蒂肥大、卵巢发育不全、双阴道及双角子宫等。

四、猫叫综合征

因为本病患儿的哭声与猫叫声相似,故称为猫叫综合征(cri du chat syndrome)(OMIM 123450)。猫叫综合征与 5 号染色体短臂部分缺失有关,故又称为 5p 部分单体综合征。其发病率为 1/50 000～1/20 000。

猫叫综合征的主要临床特征为:哭声像高亢的猫叫,在幼儿中的特征是小头畸形、满月脸、眼距过长、外眼角下斜,斜视,小颌畸形、腭弓高、内眦赘皮、耳低位、第 5 指短且内弯、肌张力低下以及严重的精神异常和智力低下。常伴发先天性心脏病，主要是室间隔缺损和动脉导管未闭等。

第三节 性染色体病

一、克兰费尔特综合征

克兰费尔特综合征（Klinefelter syndrome，KS）又称先天性睾丸发育不全（OMIM 400045）。克兰费尔特综合征的主要发病原因是多一条 X 染色体，80%～90% 的病例其核型为性染色体非整倍体产生的 47,XXY 核型，10%～20% 的病例核型为更高级的非整倍体（例如 48,XXXY 或 48,XXYY）、结构异常的 X 染色体（例如 47,iXq,Y）或嵌合体（例如 47,XXY/46,XY）。本病的发病率在男性中约为 1/800。在精神发育不全的男性中发病率约为 1/100，在男性不育症个体中约占 1/10。

克兰费尔特综合征的主要临床特征为：身材高大，四肢细长；生殖器官发育不全，睾丸不发育或隐睾，曲细精管萎缩，呈玻璃样变性，无精子生成，不育；第二性征发育不良，体毛稀少，无须，无喉结，乳房发育女性化，皮下脂肪发达等。该病患者表型为男性，一般青春期后才出现症状。其常见核型为 47,XXY（图 6-14）。

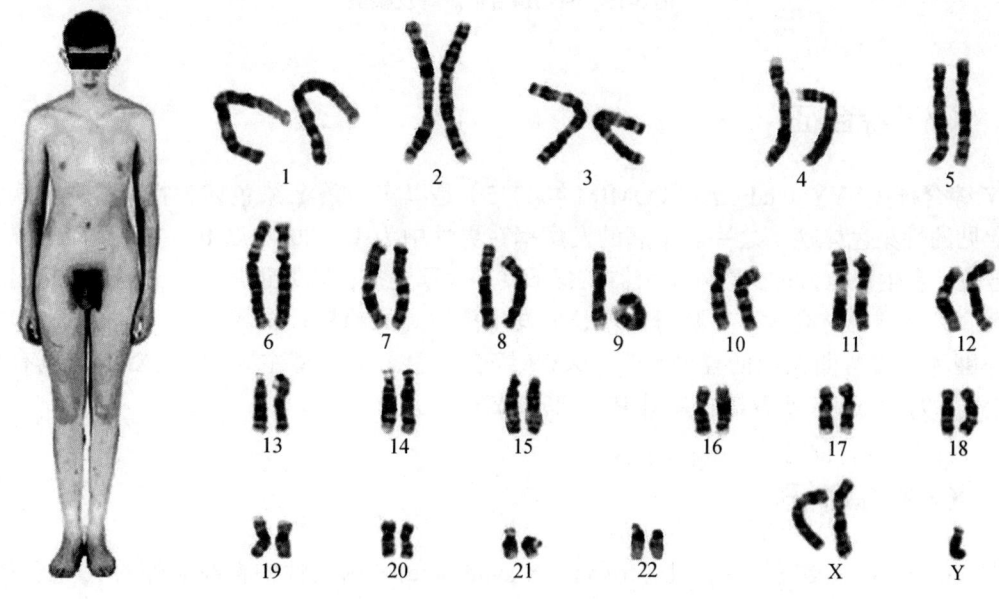

图 6-14 克兰费尔特综合征患者及核型

二、特纳综合征

特纳综合征（Turner syndrome）又称先天性卵巢发育不全（OMIM 163950），是由于全部或部分体细胞中一条 X 染色体完全或部分缺失，或 X 染色体存在其他结构异常所导致的一种罕见女性性染色体疾病。本病在不同种族人群中发病率约为 1/2500，但在自发流产儿中发生率为 7.5%。核型以 45,X 为主，可同时并存 46,XX，47,XXX，46,X,i(Xq)，46,X,i(Xp)，46,X,r(X) 及 46,XY 等嵌合体核型。

特纳综合征患者主要临床特征为：身材矮小，身高为 120~140 cm。性腺发育不良，性腺呈索条状，原发闭经，子宫发育不全，外生殖器发育不良。第二性征不发育，乳距宽，盾状胸，乳房不发育，无生育能力。后发际低，肘外翻，50% 患者有颈蹼。新生儿手足常呈淋巴性水肿。第 4、5 指（趾）骨与掌跖骨短或畸形。常伴发先天性心血管畸形等（图 6-15），而智力发育程度不一。

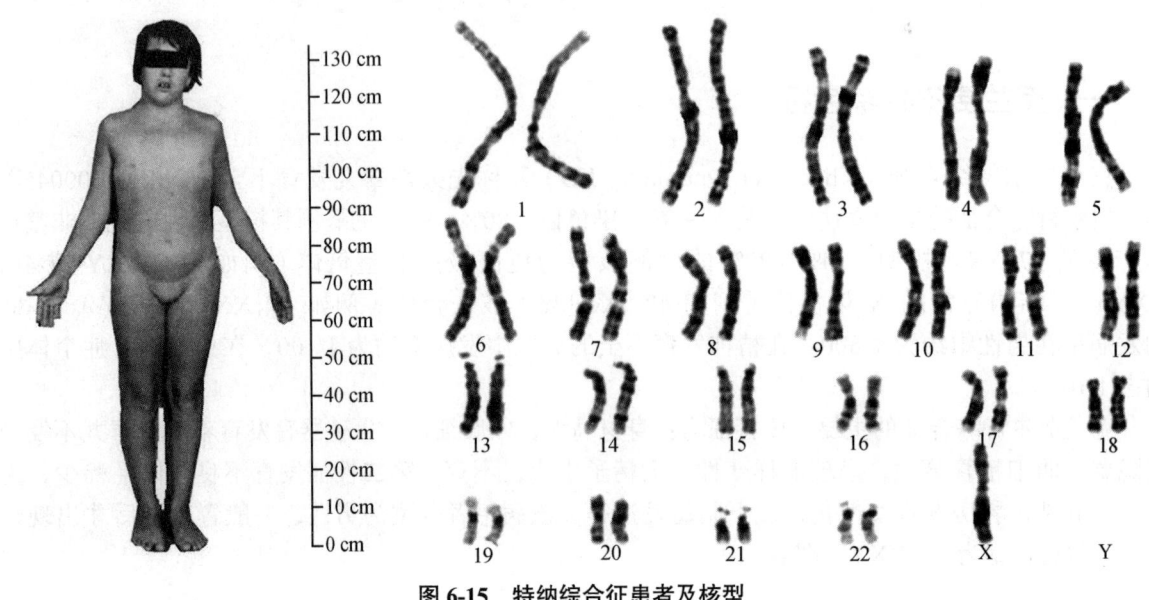

图 6-15　特纳综合征患者及核型

三、XYY 综合征

XYY 综合征（XYY syndrome）（OMIM 400045）是以多一条 Y 染色体为特征的遗传病，也是男性较常见的性染色体疾病之一。本病的发病率在男性中为 1/1500~1/750。主要临床特征：表型为正常男性，有生育能力；少数外生殖器发育不良、大睾丸症；智力正常，部分病例报道行为问题或精神疾病诊断；身材高大，有随身高增长而发生率增高的趋势；少数患先天性畸形，包括扁平足、膝外翻和指端弯曲在内的轻微畸形。XYY 综合征患者的核型主要为 47,XYY；也有少数为 48,XYYY、49,XYYYY 或者是嵌合型 45,X/49,XYYYY。

四、XXX 综合征

XXX 综合征又称 X 三体综合征（trisomy X syndrome），由女性中存在额外的 X 染色体引起。在女性新生儿中，XXX 综合征发病率为 1/1000；在女性精神病患者中，XXX 综合征发病率为 4/1000。主要临床特征：大多数患者为外表正常的女性，具有生育能力；但常见智力低下，甚至精神失常；高大身材、内眦赘皮、肌张力减退和指端弯曲；癫痫发作、肾脏和泌尿生殖系统异常以及卵巢早衰，间歇性闭经，乳腺不发育等。患者的核型多为 47,XXX。此外，还有 48,XXXX、49,XXXXX、特纳综合征嵌合体的患者。

五、脆性 X 染色体综合征

脆性 X 染色体综合征（fragile X syndrome）（OMIM 300624）患者的外周血淋巴细胞在缺乏叶

酸或胸腺嘧啶的培养基中培养后，其 X 染色体上就可以观察到明显的断裂或裂隙，这些断裂或裂隙称为脆性部位。脆性 X 染色体是指在 Xq27.3 位置具有脆性部位的 X 染色体（图 6-16）。

1. **临床症状** 脆性 X 染色体综合征被认为是仅次于唐氏综合征引起的智力障碍的第二大常见原因。发病率在男性约为 1/1250，在女性约为 1/2000。

脆性 X 染色体综合征的主要临床症状：受累男性表现为中度（IQ = 35~49）至重度（IQ = 20~34）智力低下，表现在语言障碍和算术能力差；还可表现出多动症和自闭症特征、精神发育迟滞、语言缺陷。各种体征包括：大睾丸、大耳、长形面容、前额和下颌突出，其中巨大的睾丸是青春期以后出现的典型体征（图 6-17）。但患者的睾丸功能正常，可有正常的生育能力。受累女性的临床表现通常较轻，1/3 的女性杂合子有轻度智力发育障碍。其发病与女性正常的 X 染色体随机失活，而脆性 X 染色体在众多体细胞中保持活性有关。但女性只有遗传自母亲携带者时才发病。正常男性携带者的女儿都将是脆性 X 染色体的携带者，但这些女儿有 50% 的风险生下患有脆性 X 染色体综合征的孩子。该病在连续遗传中有早现现象，即发病年龄有一代代提前并加重的倾向。

图 6-16 脆性 X 染色体

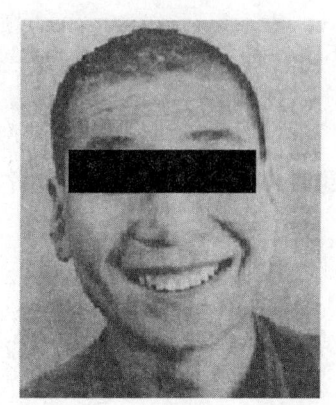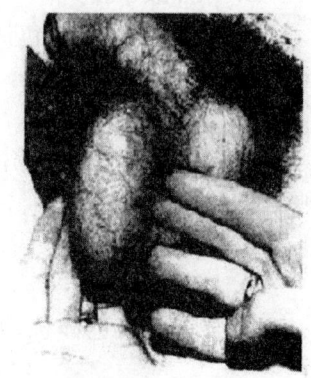

图 6-17 脆性 X 染色体综合征患者特征

2. **分子机制** 1991 年，Verkerk 等用定点克隆技术克隆了脆性 X 染色体智力低下基因，并将其命名为 *FMR1*（fragile X mental retardation 1）。该基因位于 Xq27.3，长 38 kb，包含 17 个外显子和 16 个内含子，编码脆性 X 智力低下蛋白（FMR1P）。该基因的 5′末端外显子上游的非翻译区有一个三核苷酸串联重复序列（CGG）n，CGG 重复序列的长短在人群中具有多态性，正常人 *FMR1* 基因有 5~60 个 CGG 重复序列。当 CGG 的重复次数达到 60~200 时，这一区域在减数分裂过程中即显现不稳定状态，其重复次数可继续增加，称为 *FMR1* 基因的前突变（premutation），带有前突变的个体称为携带者。在 CGG 重复序列上游大约 250 bp 处有一个 CpG 岛，前突变 CpG 岛一般不甲基化，*FMR1* 基因具有相对正常的转录和蛋白质水平，不表现出临床症状。但前突变在遗传过程中不稳定，携带者在减数分裂过程中 CGG 串联重复继续增加，当重复次数扩展到 200 次以上并使相邻区域高度甲基化，称为全突变（full mutation）。具有全突变的所有男性和约半数女性在临床上发病。但全突变只产生于前突变，不能由正常重复的 CGG 形成。而且携带者男性在生育女儿时并不发生全突变。前突变携带者女性不表现症状，但在传给子代时重复序列进一步延长，达到全突变的长度，其子代出现症状。此外，CGG 发生前突变后在有丝分裂时也表现不稳定，因此受累个体的体细胞中可继续发生 CGG 不同拷贝数的扩增，形成体细胞的"嵌合"性，即不同体细胞 CGG 的重复次数不同。这种基因突变的形式被称为动态突变。目前已经发现类似的三核苷酸串联重复的动态增加也是某些单基因遗传病（如亨廷顿病、强直性肌营养不良）的致病原因。

自 测 题

一、选择题

1. 染色体数目异常形成的可能原因是
   A. 染色体断裂和倒位
   B. 染色体倒位和不分离
   C. 染色体不分离和丢失
   D. 染色体断裂和丢失
   E. 染色体易位

2. 下列疾病应进行染色体检查的是
   A. 唐氏综合征
   B. 苯丙酮尿症
   C. 白化病
   D. 珠蛋白生成障碍性贫血
   E. 尿黑酸尿症

3. 染色体结构畸变不包括以下哪一种类型
   A. 易位
   B. 缺失
   C. 重复
   D. 倒位
   E. 基因突变

4. 夫妇中的一方为一非同源染色体间的相互易位携带者，与正常的配子相结合，则可形成多少种类型的合子
   A. 8
   B. 12
   C. 16
   D. 18
   E. 20

5. 若某人的染色体核型为46,XX（XY），t（2；5）(q21；q31)，则表明其体内的染色体发生了
   A. 缺失
   B. 倒位
   C. 重复
   D. 易位
   E. 环化

6. 下列关于染色体畸变的描述，正确的是
   A. 染色体畸变只发生在生殖细胞
   B. 染色体畸变不会导致基因数量的改变
   C. 染色体畸变都是有害的
   D. 染色体畸变包括数目畸变和结构畸变
   E. 染色体畸变不会遗传给下一代

7. 关于唐氏综合征（先天愚型）体征的描述，错误的是
   A. 特殊痴呆面容
   B. 生长发育迟缓
   C. 智力发育正常
   D. 可能有特异性皮肤纹理异常
   E. 抵抗力低下

（8～10题共用题干）
某患者因不孕不育来我院就诊，医师问诊时发现该患者为原发性闭经。体格检查：患者身高139 cm，第二性征未发育。

8. 为进一步明确诊断，应做的检查是
   A. 盆腔B超
   B. 性激素水平测定
   C. 外周血染色体核型分析
   D. 智力检查
   E. 生长激素激发试验

9. 检查结果为 45,X, 该患者可诊断为
   A. 克兰费尔特综合征　　B. 唐氏综合征　　C. 特纳综合征
   D. 猫叫综合征　　E. Edwards 综合征
10. 该病目前的主要治疗措施为
    A. 饮食疗法
    B. 皮下注射生长激素及口服性激素改善最终成人期身高和性征发育
    C. 注意预防感染，加强锻炼
    D. 骨髓移植
    E. 早期智能训练

二、简答题

1. 嵌合体的发生机制是什么？
2. 简述克兰费尔特综合征的临床特征。

三、案例分析题

王女士，32 岁，因"妊娠 22 周，产前筛查发现胎儿异常"前来就诊。王女士在妊娠 16 周时进行了唐氏综合征筛查，结果显示高风险。随后行羊水穿刺和染色体核型分析，结果显示胎儿核型为 47,XN，+18，诊断为 Edwards 综合征（Edwards syndrome）。王女士和丈夫李先生均身体健康，无家族遗传病史。双方染色体核型分析均正常。

请回答：

（1）解释 Edwards 综合征的发病原因。
（2）根据案例描述，分析导致胎儿出现 Edwards 综合征的可能机制。

（刘效伊　王媛媛）

第七章 线粒体遗传病

第七章数字资源

学习目标

1. 知识：说出线粒体 DNA 的分子结构和遗传特点，列举常见的线粒体遗传病及其主要症状，解释线粒体遗传病的分子机制和诊断方法，分析线粒体遗传学在医学研究和临床实践中的重要性。

2. 能力：能完成线粒体 DNA 提取和基本的实验室操作，能运用线粒体遗传知识进行疾病的遗传咨询和风险评估，能解决临床实践中遇到的与线粒体遗传相关的基本问题。

3. 素养：通过学习线粒体遗传学的基本知识，培养对医学遗传学的兴趣和职业认同感，尊重和同情遗传病患者，建立良好的职业道德和人文关怀，形成终身学习的观念。

案例 7-1

患者，女性，35 岁，中学教师。最近患者发现自己的视力急剧下降，尤其是在阅读和看电脑屏幕时，视野中心出现了模糊的斑点，且这些斑点逐渐扩大。在家人的陪伴下，她去医院进行了眼科检查，经过一系列检查，医师诊断其患有莱伯遗传性视神经病变（LHON）。

问题与思考：

1. 莱伯遗传性视神经病变的遗传模式是什么？该患者的家族史中可能存在哪些线索？

2. 该患者的视力下降和视野中心模糊的症状与莱伯遗传性视神经病变的典型表现有何关联？这种病的发病机制是什么？

线粒体作为细胞的能量工厂，对真核细胞至关重要。1894 年，德国生物学家 Altmann 首先在动物细胞质内发现线粒体。1963 年 Nass 发现在鸡卵母细胞线粒体中存在 DNA；同年，Schatz 分离到完整的线粒体 DNA（mitochondrial DNA，mtDNA）。1987 年，Wallace 等的研究揭示了 mtDNA 突变与人类疾病之间的联系，开启了线粒体遗传学的新篇章。目前，已知 100 余种疾病与 mtDNA 突变相关。

第一节 线粒体 DNA 的结构与遗传特性

一、线粒体 DNA 的结构特点

线粒体是真核细胞核外唯一含有 DNA 的细胞器，每个线粒体内往往含有 2~10 个拷贝的 mtDNA 分子（图 7-1）。

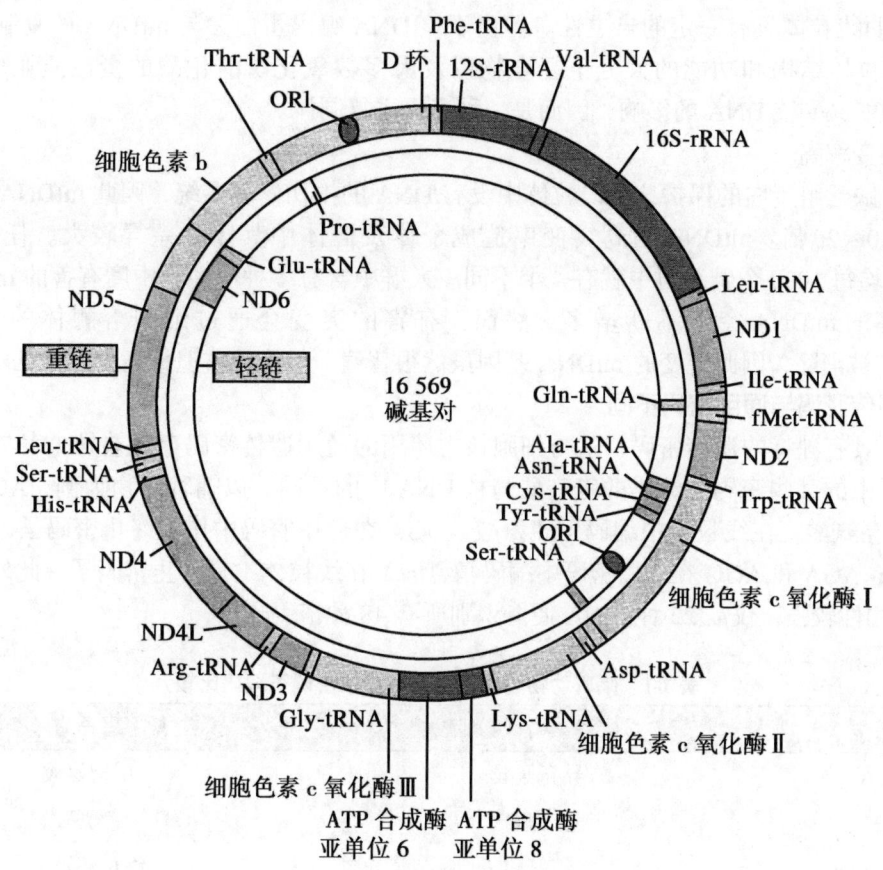

图 7-1 人类 mtDNA 结构图

mtDNA 是一个全长为 16 569 bp 的双链闭合环状分子，不与组蛋白结合。外环为重链（H 链），富含鸟嘌呤，内环为轻链（L 链），富含胞嘧啶。mtDNA 分为编码区和非编码区。编码区包含 37 个基因，编码 13 种蛋白质、2 种 rRNA 和 22 种 tRNA。其中，H 链编码 12 种蛋白质、2 种 rRNA（16S 和 12S）和 14 种 tRNA，而 L 链仅编码 1 种蛋白质和 8 种 tRNA。

mtDNA 结构紧凑，无内含子，部分区域出现基因重叠，表现出高度简洁性。mtDNA 有两段非编码区，一是 D 环（displacement loop，D-loop）区，另一个是 L 链复制起始区。D 环区位于双链 3' 端，由 1122 bp 组成，包括 H 链复制的起始点、H 链和 L 链转录的启动子（PH1、PH2、PL）以及 4 个高度保守序列（分别在 213～235 bp、299～315 bp、346～363 bp 和终止区 16 147～16 172 bp）。

与核 DNA 不同，线粒体 DNA（mtDNA）分子上没有核苷酸结合蛋白，缺乏组蛋白的保护，并且线粒体中缺少有效的 DNA 损伤修复系统，这些因素共同构成了 mtDNA 容易发生突变且难以修复的分子基础。因此，mtDNA 的突变率比核 DNA 高 10～20 倍。由于 mtDNA 的突变易于通过复制过程传递给子代细胞，这进一步增加了突变的传播风险。此外，每个细胞中包含数百个线粒体，每个线粒体内部含有 2～10 个拷贝的 mtDNA 分子，这意味着每个细胞可能含有数千个 mtDNA 分子，从而为细胞内 mtDNA 的异质性提供了基础。这种异质性对于理解线粒体功能和遗传疾病的发生具有重要意义。

二、线粒体 DNA 的遗传特性

（一）半自主性

线粒体具有自己的遗传物质，又称为第 25 号染色体或 M 染色体，能够独立进行复制、转录和翻译，这表明线粒体具有一定的自主性。但由于核 DNA 编码蛋白参与 mtDNA 的复制，同时有大量的维持线粒体结构和功能的大分子复合物以及大多数氧化磷酸化酶的蛋白质亚单位，因此，mtDNA 的功能又受核 DNA 的影响，因而是一种半自主复制体。

（二）突变率高

mtDNA 缺乏组蛋白的保护，且线粒体中没有 DNA 的损伤修复系统，因此 mtDNA 的突变率比核 DNA 高 10~20 倍。mtDNA 的高突变率造成个体及群体中其序列差异较大。任何两个人的 mtDNA，平均每 1000 个碱基对中就有 4 个不同。人群中含有多种中性到中度有害的 mtDNA 突变，且高度有害的 mtDNA 突变不断增多。然而，有害的突变会通过细胞溶酶体的选择性自噬（autophage）被消除，因此突变的 mtDNA 基因虽然很普遍，但线粒体遗传病却不常见。

（三）遗传密码与通用密码不同

mtDNA 具有独特的遗传密码，这与细胞核中使用的通用遗传密码存在差异（表 7-1）。具体来说，mtDNA 中的某些密码子编码的氨基酸与核 DNA 中的不同。以哺乳动物为例，AUA 在通用密码中编码异亮氨酸，在线粒体中编码甲硫氨酸；UGA 在通用密码中作为终止密码子，在线粒体中编码色氨酸；AGA 和 AGG 在通用密码中编码精氨酸，在线粒体中是终止密码子。此外，线粒体中的 tRNA 兼用性较强，仅需 22 种 tRNA 便能识别所有 48 种密码子。

表 7-1 哺乳动物线粒体密码子与核密码子编码比较

密码子	核密码子编码氨基酸	线粒体密码子编码氨基酸
AUA	异亮氨酸	甲硫氨酸
UGA	终止密码子	色氨酸
AGA、AGG	精氨酸	终止密码子

（四）母系遗传

mtDNA 的遗传遵循母系遗传模式。由于精子的线粒体在受精过程中通常不进入卵细胞或即使进入也会被降解，子代的 mtDNA 几乎全部来源于母亲。因此，所有子女均继承母亲的 mtDNA，而父亲的 mtDNA 不会传递给后代。这一特性不仅在遗传病研究中具有重要意义，还被广泛用于人类进化和族群迁徙的研究。

（五）同质性与异质性

通常来说，一个人体细胞内通常有数百个线粒体，每个线粒体内含有 2~10 个 mtDNA 分子。当一个细胞中的所有 mtDNA 分子完全相同时，称为同质性（homoplasmy）。相反，当存在不同的 mtDNA 变异或突变时，称为异质性（heteroplasmy）。mtDNA 的异质性与衰老和多种疾病密切相关。

（六）复制分离

在细胞分裂时，突变型和野生型 mtDNA 随细胞的分裂发生分离，随机分配到子代细胞，使子代细胞拥有不同比例的 mtDNA 分子，称为复制分离（replicative segregation）。这种随机分配导致子代细胞中 mtDNA 种类和比例变化，在连续的分裂过程中，子代细胞中突变型 mtDNA 和野生型 mtDNA 的比例会发生漂变，向同质性的方向发展。如果组织里含突变型 mtDNA 的线粒体数目超过含野生型 mtDNA 的线粒体数目，将会影响该组织的正常功能。

（七）阈值效应

阈值效应是指 mtDNA 突变在引发疾病症状时，需要达到一定的突变比例或水平。当细胞或组织中的突变 mtDNA 比例超过某一临界值时，线粒体功能的损害将超出细胞的补偿能力，进而引发临床症状。这一效应解释了为何携带相同 mtDNA 突变的个体在临床表现上会有所不同，甚至在同一患者的不同组织或器官中，病理变化的程度也不尽相同。

第二节 线粒体 DNA 的基因突变与疾病

自 Wallace 于 1988 年报道了首例 mtDNA 突变导致的线粒体病以来，科学家已经鉴定出超过 700 种点突变以及超过 150 种缺失、插入和重排与线粒体疾病相关，涉及多种系统紊乱。在这些已知的突变中，大约 65% 的点突变影响线粒体转运 RNA（tRNA），30% 影响呼吸链复合体的多肽亚单位，而剩余 5% 则涉及线粒体核糖体 RNA（rRNA）。mtDNA 中的基因突变可影响氧化磷酸化功能，使 ATP 合成减少；一旦线粒体不能提供足够的能量，则可引起细胞发生退化甚至坏死，导致一些组织和器官功能的减退，出现相应的临床症状。

一、线粒体 DNA 突变的类型

mtDNA 的突变可以出现在编码蛋白质、tRNA 或 rRNA 的基因，引起的线粒体病可累及多种组织、器官或者系统。mtDNA 突变类型主要包括点突变、大片段缺失重组和拷贝数目突变。

（一）点突变

mtDNA 中点突变多为错义突变，发生的位置不同，所产生的效应也不同。目前发现的与疾病相关的点突变中，大约 60% 的点突变发生在线粒体 tRNA 基因中，35% 发生在与线粒体内蛋白质翻译有关的多肽链的亚单位基因上，5% 发生在线粒体 rRNA 基因上。目前在线粒体疾病中检测到的 mtDNA 常见点突变如表 7-2 所示。

表 7-2 常见的线粒体疾病中相关的点突变

线粒体病	相关基因	相关点突变位点
MELAS	$tRNA^{Leu(UUR)}$、$tRNA^{Val}$、$tRNA^{Lys}$	nt-3243、nt-3271、nt-1642、nt-8316
MERRF/MELAS	$tRNA^{Lys}$	nt-8356
MERRF	$tRNA^{Lys}$	nt-8344、nt-8356、nt-8363
LHON	$ND4$、$ND1$、$COX1$、$ND6$、$Cyt6$	nt-11778、nt-4160、nt-3460、nt-7444、nt-14484、nt-15257

注：MELAS. 线粒体脑肌病伴高乳酸血症和卒中样发作；MERRF. 肌阵挛性癫痫伴破碎红纤维综合征；LHON. 莱伯遗传性视神经病变。

（二）大片段缺失重组

mtDNA 的大片段缺失重组也可导致线粒体遗传病，以缺失较为常见。目前已在相关疾病中发现 200 余种 mtDNA 缺失和重组，缺失的片段大小不等。mtDNA 缺失的量和组织分布是临床症状发生的决定因素。某些神经变性疾病患者的神经细胞中就带有多个 mtDNA 缺失突变。绝大多数眼肌病是由缺失突变引起的，这类疾病多为散发，而无家族史。

（三）拷贝数目突变

拷贝数目突变主要是指 mtDNA 拷贝数大大低于正常。这种突变较少，仅见于一些致死性婴儿呼吸障碍，乳酸酸中毒或肌肉、肝、肾衰竭的病例。

二、常见的线粒体遗传病

线粒体作为细胞内的能量工厂，其功能异常与一系列疾病的发生密切相关。线粒体病（mitochondrial disease）广义上是指以线粒体功能异常为病因的一大类疾病，包括线粒体基因组、核基因组的遗传缺陷以及两者之间的通讯缺陷造成的疾病；狭义上线粒体病仅指 mtDNA 突变所致的线粒体功能异常。通常所指的线粒体病为狭义的线粒体病，即线粒体基因病，也称为线粒体遗传病。

线粒体遗传病是一组多系统疾病，最易受影响的是中枢神经系统和骨骼肌系统，可引起肌病、心肌病、痴呆、突发的不自主的肌肉收缩（肌阵挛性癫痫）、耳聋、失明、贫血、糖尿病和大脑供血异常（休克）等。

（一）莱伯遗传性视神经病变

莱伯遗传性视神经病变（Leber hereditary optic neuropathy，LHON）是最早确诊的人类线粒体遗传病，也是一种罕见的眼部线粒体疾病。临床表现为双侧视神经严重萎缩引起的急性或亚急性双侧中心视力丧失，通常两眼同时受累。另外还伴有神经、心血管、骨骼肌等系统异常，如周围神经系统的退化、癫痫及心律失常。LHON多发病于青壮年，通常为27～34岁，但任何年龄段均可发病，且男女患病风险比例约为4：1。

LHON是一种仅通过母系遗传的疾病，至今未见男性患者将此病传给后代。研究发现，mtDNA上的多个位点突变与LHON相关。1988年，Wallace首次发现mtDNA第11778位点G到A的转换（G11778A），导致NADH脱氢酶亚单位4（ND4）第340位的精氨酸突变为组氨酸，进而降低NADH脱氢酶活性，影响线粒体能量产生，最终引发视神经细胞退行性病变。约60%的LHON病例由这一突变引起。此外，还有10个线粒体蛋白编码基因和20余个点突变与LHON的发病有关。目前，尚无针对LHON的有效治疗药物。

（二）线粒体脑肌病伴高乳酸血症和卒中样发作综合征

线粒体脑肌病伴高乳酸血症和卒中样发作（mitochondrial encephalomyopathy with lactic acidosis and stroke-like episode，MELAS）综合征是最常见的母系遗传线粒体疾病，以卒中样发作、癫痫发作、认知与精神障碍、高乳酸血症、肌肉疲劳无力为主要临床特点。约80%的线粒体脑肌病伴高乳酸血症和卒中样发作综合征患者中编码tRNA^{Leu}基因第3243位点的碱基由A置换为G引起，其他突变所致较为少见。

（三）肌阵挛性癫痫伴破碎红纤维综合征

肌阵挛性癫痫伴破碎红纤维综合征（myoclonic epilepsy associated with ragged red fiber，MERRF）是一种罕见的、异质性母系遗传病。主要临床表现为阵发性癫痫，伴有进行性神经系统障碍，如智力倒退、肌肉运动协调不良（共济失调）、意向性震颤、耳聋及脊髓神经退化。患者肌纤维紊乱、粗糙、线粒体形态异常并在骨骼肌细胞中积累，用Gomori Trichrome染色显示为红色，称为破碎红纤维。

大部分MERRF病例是*MTTK**MERRF 8344G突变的结果，其中最常见的是A8344G。线粒体碱基替换疾病的命名包括三个部分：第一个部分是确定的位点，*MTTK*中的MT表示线粒体基因突变，第二个T代表tRNA基因，K表示赖氨酸，这说明突变发生在线粒体的tRNA^{Lys}基因上。第二部分是在星号之后使用了描述临床特征的疾病字母缩略词，这些临床特征与特定核苷酸位点的碱基突变密切相关。这里的缩略词就是MERRF。第三部分中的术语8344G表示在核苷酸8344位置突变后为鸟氨酸（G）。突变型mtDNA所占的比例与病情严重程度呈正相关。例如，在神经和肌肉细胞中，若突变型mtDNA达到90%时，就会出现典型的MERRF症状；而当突变型mtDNA所占比例较少时，症状也随之减轻。

自 测 题

一、选择题

1. mtDNA是指

    A. 突变的DNA　　　　　　　　B. 核DNA　　　　　　　　C. 启动子顺序

　　　　D. 线粒体 DNA　　　　　　E. 单一序列
2. 线粒体遗传不具有的特征为
　　A. 交叉遗传　　　　B. 母系遗传　　　　C. 阈值效应
　　D. 杂质性　　　　　E. 高突变率
3. 最早发现与 mtDNA 突变有关的疾病为
　　A. 遗传性代谢病　　　　　　B. 莱伯遗传性视神经病变（Leber 病）
　　C. 白化病　　　　　　　　　D. 分子病
　　E. 苯丙酮尿症
4. 某女性耳聋患者，37 岁，婚后生育一子为耳聋，但其同样耳聋的一个哥哥婚后生育一子却正常。患者自述其母亲有听力障碍。患者想生育第二孩，因担心患耳聋来院就诊。此病最可能的遗传方式是
　　A. X 连锁显性遗传　　B. X 连锁隐性遗传　　C. 常染色体隐性遗传
　　D. 常染色体显性遗传　　E. 母系遗传
5. 某肌病患者，20 岁，临床特征是骨骼肌极度不能耐受疲劳，轻度活动即感疲乏，并常伴肌肉酸痛及压痛，无肌萎缩。从症状看，可能为线粒体肌病、多发性肌炎、重症肌无力或进行性肌营养不良。诊断其是否罹患线粒体肌病，最可靠的实验室检测方法是
　　A. mtDNA 分析　　　　B. 肌电图分析　　　　C. 电镜检测
　　D. 血常规检测　　　　E. 血生化检测

二、简答题

1. 简述线粒体 DNA 的遗传特性。
2. 简述线粒体 DNA 突变所致的线粒体遗传病的发病机制。

三、案例分析题

患者，男性，45 岁。主诉近半年出现进行性肌肉无力和疲劳感，尤其是在剧烈运动之后。患者还报告有轻微的呼吸困难和心悸。家族史中，患者的母亲有类似症状，但未进行详细检查和诊断。肌肉力量检查显示四肢近端肌力减弱，心肺听诊未发现异常。血清肌酸激酶水平升高，基因检测发现患者线粒体 DNA 中存在 A3243G 突变。

请回答：
（1）根据上述检查结果，考虑可能的诊断是什么？
（2）基因检测结果中 A3243G 突变在线粒体遗传病中的作用是什么？

（曾渊君）

第八章 分子病与遗传性酶病

第八章数字资源

学习目标

1. 知识：说出分子病的基本概念，列举常见的分子病类型并简述其发病机制和临床表现，解释分子病中基因突变对蛋白质结构和功能的具体影响，分析分子病与遗传方式的关系。
2. 能力：能设计相应的遗传学检测方案，能结合分子病患者的具体情况，制定个性化的遗传咨询、治疗策略和预防措施。
3. 素养：通过分子病的学习，认识到分子诊断在疾病诊断、治疗和预防中的重要作用，树立尊重患者隐私和遗传信息的保密意识，建立跨学科合作与交流的能力，认识到分子病的诊断和治疗需要遗传学、分子生物学、临床医学等多学科的紧密合作。

案例 8-1

患者，女性，15岁。于急诊室就诊，主诉双侧大腿和臀部疼痛1天，不断加重，服用布洛芬不能缓解。患者否认近期有外伤和剧烈运动史。但她最近感觉疲乏，排尿时尿道常有灼烧感。患者既往有该症状，有时需要住院治疗。体格检查：体温正常，无急性疼痛。结膜和口腔黏膜稍苍白，双侧大腿外观正常，但有非特异性大腿前部疼痛，其他体征正常。白细胞计数升高（$17×10^9$/L），血红蛋白浓度低（71 g/L）。尿液分析显示有大量白细胞。其家族其他成员没有类似表现。诊断：镰状细胞贫血。

问题与思考：
1. 镰状细胞贫血的发病机制是什么？
2. 该病属于分子病还是遗传性酶病？
3. 镰状细胞贫血患者的症状有哪些？

第一节 分 子 病

根据中心法则等分子生物学基本原理，人类DNA上的遗传信息必须先转录到mRNA，再由mRNA翻译成特定的蛋白质（或酶），最终表达为特定的生理、生化特征或性状。生命过程中，如果受到某些诱变因素的影响，DNA的脱氧核苷酸组成发生变化，可造成基因突变，进而引起其编码的蛋白质或酶发生相应的改变。若是轻微而无害的改变，会造成不同人体生理、生化特征的遗传差异，在群体中表现为多态现象；若蛋白质或酶严重异常，可引起一系列病理变化，表现为分子病或遗传性酶病。由于基因突变导致酶蛋白缺失或酶活性异常所引起的遗传性代谢紊乱，称为遗传性酶病。除遗传性酶病外的其他蛋白质病都是分子病。

分子病（molecular disease）是指由于基因突变导致的蛋白质分子结构或合成量异常所引起的疾病。分子病这一名词是 1949 年美国化学家 Pauling 在研究镰状细胞贫血时提出的，他发现患者异常血红蛋白 β 链 N 端的第 6 位谷氨酸被缬氨酸所替代，并将异常血红蛋白称为血红蛋白 S。分子病除了血红蛋白病以外，还有血浆蛋白病、结构蛋白病、受体蛋白病、膜转运蛋白病等。

一、血红蛋白病

正常血红蛋白（hemoglobin，Hb）是红细胞的主要成分，是血液中红细胞携带、运输氧气和二氧化碳的载体。血红蛋白病是人类研究最早、认识最为清楚的一种运输性蛋白病。血红蛋白病是指珠蛋白分子结构异常或合成量异常所引起的疾病，习惯上将其分为异常血红蛋白病和珠蛋白生成障碍性贫血两大类。异常血红蛋白病是血红蛋白的珠蛋白肽链异常导致的，如果功能重要的氨基酸被替代，便会影响血红蛋白与氧气、二氧化碳的结合及其稳定性。珠蛋白生成障碍性贫血的特征是珠蛋白合成速率降低，导致类 α 链和类 β 链合成不平衡，结果相对"过剩"的珠蛋白链自身聚集，在临床上表现为贫血。分子遗传学研究表明，这两种类型的血红蛋白病的分子基础都是珠蛋白基因的突变或缺陷。研究推测，目前全世界有 2 亿多人携带血红蛋白病致病基因。血红蛋白病曾经被世界卫生组织（WHO）列为严重危害人类健康的疾病之一，主要分布在非洲、地中海地区和东南亚人群中，在我国多见于南方地区。

（一）正常血红蛋白分子的结构及发育变化

血红蛋白是一种结合蛋白，其多肽链部分称为珠蛋白，辅基为血红素，结构为两对单体（4 个亚基）组成的球形四聚体，其中一对由两条类 α 链（α 链或 ζ 链）各结合一个血红素组成；另一对由两条类 β 链（ε 链、γ 链、δ 链或 β 链）各结合一个血红素组成。其中，α 链由 141 个氨基酸组成，β 链由 146 个氨基酸组成。在人类个体发育的不同阶段，类 α 链和类 β 链的不同组合形成的四聚体，构成了人类常见的几种血红蛋白（表 8-1）。

表 8-1 正常人体血红蛋白发育阶段血红蛋白种类

发育阶段	血红蛋白类型	造血器官	肽链组成
胚胎期	Hb Gower Ⅰ	卵黄囊	$\zeta_2\varepsilon_2$
	Hb Gower Ⅱ	肝	$\alpha_2\varepsilon_2$
	Hb Portland	脾	$\zeta_2\gamma_2$
胎儿期 （妊娠 8 周至出生）	HbF	肝	$\alpha_2\gamma_2$
	HbF	脾	$\alpha_2\gamma_2$
	HbA	骨髓	$\alpha_2\beta_2$
成人期	HbA（97.5%）	骨髓	$\alpha_2\beta_2$
	HbA_2（2%）	骨髓	$\alpha_2\delta_2$
	HbF（0.5%）	骨髓	$\alpha_2\gamma_2$

不同血红蛋白的携氧、释氧能力是不同的。在人体发育的不同阶段，会由不同的组织器官合成不同的血红蛋白以满足机体发育的需求，出生后（成人期）造血部位主要在骨髓，以 α 基因和 β 基因表达产物为主，其产物为 HbA（$\alpha_2\beta_2$），占总量的 97.5%。此外，还有 HbA_2（$\alpha_2\delta_2$）约占 2%，HbF（$\alpha_2\gamma_2$）约占 0.5%。

（二）血红蛋白病的分类及分子机制

1. 异常血红蛋白病（abnormal hemoglobinopathy）　异常血红蛋白病是一类由于珠蛋白基因突

变导致珠蛋白肽链结构异常而引起的血红蛋白分子病。珠蛋白结构异常可能发生在类α链，也可能发生在类β链。并非所有的异常血红蛋白都会引起人体的功能障碍，当珠蛋白的结构改变发生在关键部位时，便会影响血红蛋白与氧气、二氧化碳的结合及其稳定性，导致各种异常血红蛋白病。

（1）异常血红蛋白病的种类：目前全世界已报道的异常血红蛋白病有700余种，我国发现的有70余种，主要的4种列于表8-2。我国异常血红蛋白病的发生率为0.24%～0.33%，以广西、广东、云南、贵州和新疆等地最高。

表8-2 异常血红蛋白病的种类

疾病名称	基因突变类型	发病原因	症状
镰状细胞贫血	单个碱基置换	β链第6位谷氨酸被缬氨酸取代，形成异常血红蛋白HbS	组织局部缺氧，甚至坏死，产生肌肉骨骼疼痛、腹痛等痛性危象或溶血性贫血
血红蛋白M病	碱基置换	铁原子连接的有关氨基酸发生了替代，呈高铁状态	组织缺氧、发绀，并导致继发性红细胞增多
不稳定血红蛋白病	移码突变	氨基酸排列顺序发生改变，导致分子结构不稳定	易发生溶血
氧亲和力改变的异常血红蛋白病	碱基置换	氨基酸的替换使血红蛋白分子与氧的亲和力升高或降低	与氧的亲和力增高，运送给组织的氧减少，使红细胞增多；与氧的亲和力降低，可引起发绀症状

1）镰状细胞贫血（sickle cell anemia）（OMIM 603903）：是由β珠蛋白基因缺陷所引起的一种疾病，呈现常染色体隐性遗传。患者β珠蛋白基因的第6位密码子由正常的GAG变成了GTG（A→T），正常编码的谷氨酸（Glu）被缬氨酸（Val）取代，形成异常血红蛋白S（HbS）。这种血红蛋白分子表面电荷改变，导致溶解度下降，血红蛋白S在脱氧状态下聚集成长棒状，使红细胞镰变（图8-1）。镰变细胞引起血液黏滞性增加，易阻塞毛细血管，造成散发性的组织局部缺氧，甚至坏死，产生肌肉骨骼疼痛、腹痛等痛性危象。同时镰变细胞的变形能力降低，不易变形通过狭窄的毛细血管，受到挤压易破裂，导致溶血性贫血（图8-2）。HbS纯合子（HbS/HbS）个体表现为镰状细胞溶血性贫血；杂合子（Hb^A/Hb^S）不表现临床症状，但在氧分压低时可引起部分细胞镰变。本病主要分布在非洲，也散发在地中海地区，在东非某些地区HbS基因频率高达40%，故镰状细胞贫血已成为世界范围内最严重的血红蛋白病。应用分子诊断技术可以对此病进行产前诊断。

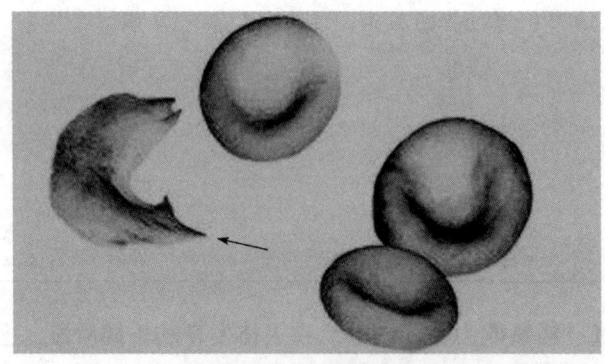

图8-1 正常红细胞和镰变红细胞（箭头示）

2）血红蛋白M病：又称高铁血红蛋白血症。正常血红蛋白血红素中的铁原子通过与珠蛋白链上特定的氨基酸连接和作用，保证二价铁离子（Fe^{2+}）的稳定，以维持与氧的亲和力。血红蛋白M（HbM）珠蛋白链中与铁原子连接的有关氨基酸由于碱基置换发生了替代，导致部分血红素的Fe^{2+}

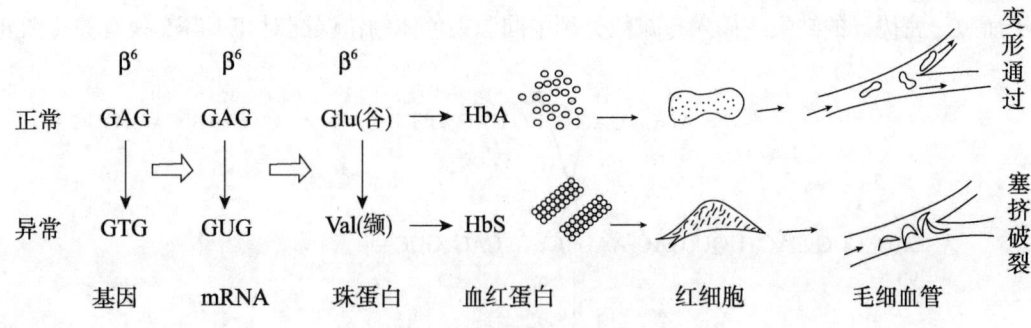

图 8-2 镰状细胞贫血的发病机制

变成 Fe^{3+}，呈高铁状态，影响了正常的携氧功能，造成组织缺氧。血红蛋白 M 病呈常染色体显性遗传，患者出现发绀症状，并导致继发性红细胞增多。

3）不稳定血红蛋白病：本病是由于珠蛋白基因突变，使珠蛋白链上的氨基酸排列顺序发生改变，导致分子结构不稳定。不稳定血红蛋白容易自发或在氧化剂作用下降解为单体，易与血红素分离。失去血红素的珠蛋白链可沉淀，形成不溶性珠蛋白小体，并附着于红细胞膜，使细胞膜可塑性降低，易发生溶血。已知的不稳定血红蛋白病有 130 余种，多为常染色体显性（或不完全显性）遗传，患者多为杂合子。主要表现为溶血性贫血，轻重程度不一。严重者可发生溶血危象而危及生命。如 Hb Bristol 不稳定血红蛋白病是一种由于珠蛋白 β 链第 67 位缬氨酸被天冬氨酸替代，使血红蛋白分子结构不稳定的血红蛋白病，临床表现有先天性溶血性贫血、黄疸和脾大。

4）氧亲和力改变的异常血红蛋白病：本病是由于多肽链上氨基酸的替换而使血红蛋白分子与氧的亲和力升高或降低，导致携氧能力改变。氨基酸替换后，可使血红蛋白分子与氧的亲和力增高，运送给组织的氧减少，使红细胞增多；替换后的血红蛋白分子与氧的亲和力也可降低，使动脉血的血氧饱和度下降，严重者可引起发绀症状。

（2）异常血红蛋白病的分子基础：异常血红蛋白病以珠蛋白结构异常为特征，由珠蛋白基因突变所致，涉及多种突变类型，主要类型如下。

1）单个碱基置换：是突变中最普遍的一种。90% 以上的异常血红蛋白病都是由于珠蛋白基因发生单个碱基置换所引起的。其中错义突变较常见，如镰状细胞贫血。此外，若终止密码子发生单个碱基置换，会使肽链延长；若编码一个氨基酸的密码子变成终止密码子，会使肽链缩短。以上这些都会形成异常血红蛋白，如 Hb Constant Spring 和 Hb Mckees Rocks。

2）移码突变：由于在合成血红蛋白的基因中插入或丢失一个或几个（不是 3 的倍数）碱基，导致在插入或缺失点以后的密码子移位，使翻译出的氨基酸及排列顺序也相应改变。如 Hb Wayne 是由于 α 链第 138 位密码子 UCC 丢失了一个 C，使缺失点后的碱基移位、重新编码，原来第 142 位上的终止密码子变成可读密码子，直至第 147 位的终止密码子才停止翻译（图 8-3）。

```
□^A          苏   丝   赖          精（终止）
        ACC UCC AAA …… CGU UAA GCU …… UCG GUA GC ……
        137  ↓         141                    147
□^Wayne  ACC UCA AA …… GUU AAG CU …… CGG UAG C ……
         苏   丝       缬   赖        精（终止）
```

图 8-3 移码突变致 Hb Wayne（缺失一个碱基 C）

3）整码突变：是指在 mRNA 上插入或缺失一个或多个密码子，使编码的肽链比正常肽链缩短或延长。Hb Gum Hiu 的 β 链 91～95 位 5 个氨基酸缺失，而 Hb Grady 则是 α 链 116 位脯氨酸后嵌入 3 个氨基酸（苯丙 - 苏 - 脯）。前者由于 β 基因丢失了 5 个相应密码子，后者则由于 α 基因插入了 3 个相应密码子所致。密码子的缺失或插入与减数分裂中同源染色体的错误配对和不等交换有关（图8-4）。

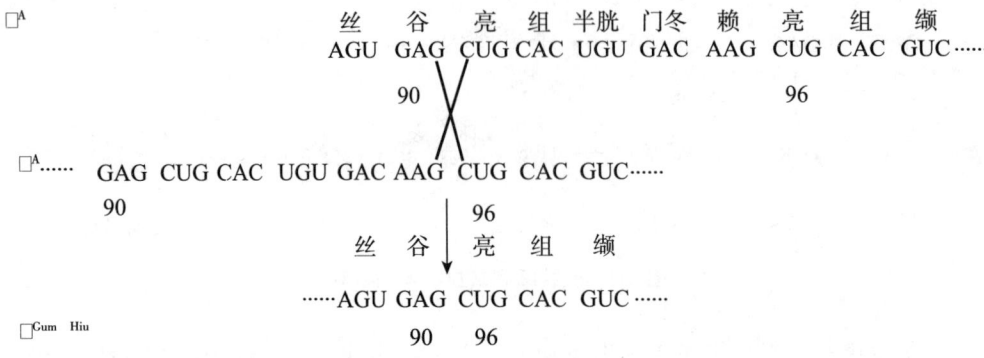

图8-4 整码突变致Hb Gum Hiu（错误配对和不等交换致β91~95缺失）

4）融合突变：其实质是两种不同基因局部片段的拼接，结果形成两种不同的融合基因（fusion gene），是由于减数分裂时编码两条不同肽链的基因所在的染色体发生了错位联会，进行互换，如Hb Lepore的类β链的N端与δ链相同，C端与β链相同，故称为δβ链；Hb anti-Lepore的类β链的N端与β链相同，C端与δ链相同，故称为βδ链（图8-5）。

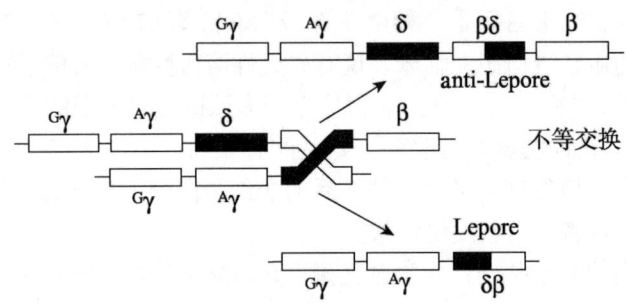

图8-5 血红蛋白融合基因形成机制

2. 珠蛋白生成障碍性贫血（thalassemia） 珠蛋白生成障碍性贫血又称地中海贫血，是由于某种珠蛋白基因突变或缺失，使相应的珠蛋白链合成障碍，导致类α链和类β链合成不平衡，结果相对"过剩"的珠蛋白链自身聚集。一方面，它们影响正常的携氧功能；另一方面，它们会沉降在红细胞膜上，使膜的变形能力降低、脆性增加。当这些红细胞通过狭窄的毛细血管时，易挤压破裂，引发溶血性贫血。按照合成速率降低的珠蛋白类型，分为α-珠蛋白生成障碍性贫血和β-珠蛋白生成障碍性贫血两大类型。

（1）α-珠蛋白生成障碍性贫血（α-thalassemia）：又称α-地中海贫血（简称α-地贫）（OMIM 604131），是由于α珠蛋白基因异常或缺失，使α珠蛋白链的合成受到抑制而引起的溶血性贫血。人类16号染色体有2条，每一条上各有2个α珠蛋白基因，一对染色体上共有4个α珠蛋白基因。大多数α-珠蛋白生成障碍性贫血是由于α珠蛋白基因缺失所致，少数为点突变造成的。若一条染色体上的2个α基因均缺失或缺陷，称为$α^0$地中海贫血（过去称α-珠蛋白生成障碍性贫血1）；若仅是一条染色体上的1个α基因缺失，则α链的合成部分受抑制，称为$α^+$地中海贫血（过去称α-珠蛋白生成障碍性贫血2）。不同类型的α-珠蛋白生成障碍性贫血患者，体内缺失（或缺陷）的α珠蛋白基因数目各不相同。缺失（或缺陷）的α珠蛋白基因越多，病情越重（表8-3）。

1）巴氏胎儿水肿综合征：患儿发病于胎儿期，基因型为$α^0$地中海贫血的纯合子（--/--），即2条16号染色体上的4个α基因都缺失或缺陷，不能合成α珠蛋白链。结果不能生成正常的胎儿血红蛋白HbF（$α_2γ_2$），而正常表达的γ珠蛋白链会自身形成四聚体$γ_4$。$γ_4$对氧的亲和力极高，在氧分压低的组织中不易释放氧气,使组织严重缺氧,引发胎儿水肿。故巴氏水肿胎儿多于妊娠 30~40 周死亡,或早产后半小时内死亡。

2)HbH 病:患者为 $α^0$ 地中海贫血和 $α^+$ 地中海贫血的双重杂合子,基因型为(--/-α),由于 4 个 α 珠蛋白基因有 3 个缺失或缺陷,只能合成少量的 α 珠蛋白链,大量的 β 链相对过剩而形成 β 四聚体 HbH($β_4$)。$β_4$ 易氧化解离成 β 单链,沉积于红细胞膜上,使膜变形能力下降,脆性增加,挤压时易破裂,导致中度溶血性贫血。

3)轻型(标准型)α-珠蛋白生成障碍性贫血:患者可能是 $α^+$ 地中海贫血的纯合子(α-/α-)或 $α^0$ 地中海贫血的杂合子(--/αα),均缺失 2 个 α 基因。由于能合成一定量的 α 珠蛋白链,所以患者多无临床表现或有轻度溶血性贫血。

4)静止型 α-珠蛋白生成障碍性贫血:该类型为 $α^+$ 地中海贫血的杂合子(α-/αα),缺失一个 α 基因,患者无明显的临床症状。静止型 α-珠蛋白生成障碍性贫血个体间的婚配,子女中有 1/4 机会为轻型患者。静止型 α-珠蛋白生成障碍性贫血个体与轻型 α-珠蛋白生成障碍性贫血个体(--/αα)婚配,有 1/4 的机会生出 HbH 病患儿。

表 8-3 α-地中海贫血类型

疾病名称	缺失或失活的 α 基因个数	发病原因	症状
巴氏胎儿水肿综合征	4	不能合成 α 珠蛋白链	胎儿严重缺氧,引发水肿
HbH 病	3	只能合成少量的 α 珠蛋白链,大量 β 链相对过剩	中度溶血性贫血
轻型(标准型)α-珠蛋白生成障碍性贫血	2	能合成一定量的 α 珠蛋白链	多无临床表现或有轻度溶血性贫血
静止型 α-珠蛋白生成障碍性贫血	1	能合成大量的 α 珠蛋白链	患者无明显的临床症状

(2)β-珠蛋白生成障碍性贫血(β-thalassemia):又称 β-地中海贫血(简称 β-地贫)(OMIM 141900),是由于 β 珠蛋白基因突变或缺失,使 β 珠蛋白合成受到抑制或缺失,结果 HbA 减少,被 HbF 取代,导致溶血性贫血。11 号染色体上的 β 基因缺失或失活,不能合成 β 珠蛋白链称为 $β^0$ 地中海贫血;β 基因异常,但能部分合成 β 链称为 $β^+$ 地中海贫血。$β^0$、$β^+$、$β^A$(正常的 β 基因)三者组合,能形成 $β^0/β^0$、$β^0/β^+$、$β^0/β^A$ 和 $β^+/β^+$、$β^+/β^A$ 等不同基因型的个体。根据临床表现严重程度的不同,将 β-地中海贫血分为 3 种类型(表 8-4)。

表 8-4 β-地中海贫血类型

疾病分型	基因型	β 链	症状
重型	纯合子 $β^0/β^0$ 和 $β^+/β^+$,复杂杂合子 $β^0/β^+$	无或很少	呈慢性溶血性贫血,表现为面色苍白、肝大、脾大,伴有轻度黄疸;地中海贫血特殊面容,表现为头颅变大、额部隆起、颧高、鼻梁塌陷、眼距增宽。本病如不治疗,患儿多于 10 岁前死亡
中间型	β 变异纯合子	较少	中度贫血,脾轻度或中度肿大,黄疸可有可无,骨骼改变较轻
轻型	杂合子 $β^0/β^+$ 和 $β^+/β^A$	较多	患者无症状或有轻度贫血,脾不大或有轻度肿大

大量研究资料表明,β-地中海贫血除极少数由基因缺失引起以外,绝大多数是由 β 珠蛋白基因不同类型的点突变(包括单个碱基置换,个别碱基插入或缺失)所致。这些点突变导致转录受阻、mRNA 前体剪接加工错误、翻译无效或合成不稳定的珠蛋白链而阻碍 α-β 二聚体的形成,使得珠蛋白链不平衡。

二、血浆蛋白病

血浆蛋白是存在于血液中的多种功能蛋白的总称。血浆蛋白在体内起着凝血、止血、免疫防御和物质运输等重要作用。人类血浆蛋白基因突变会导致相应的血浆蛋白病，血友病就属于血浆蛋白病。

血友病（hemophilia）是指一组由于血液中某些凝血因子缺乏而导致严重凝血障碍的遗传性出血性疾病，男性、女性均可发病，但患者大部分为男性。其主要类型有血友病A（甲型）和血友病B（乙型）。

（一）血友病A

血友病A（OMIM 306700）又称凝血因子Ⅷ缺乏症。因过去曾在欧洲某些皇族中遗传，故又称"皇家病"。该病以凝血障碍为特征，表现为特殊的出血倾向：①轻微创伤后流血不止或反复自发性的缓慢持续出血。②出血部位广泛，可涉及皮肤、黏膜、肌肉、关节腔等各组织器官，可形成血肿。

血友病A是最常见的血友病，约占血友病总数的85%，为X连锁隐性遗传，故男性发病率较高（1/5000）。研究表明，血友病A是由于F8基因（OMIM 300841）缺陷所致，该基因定位于Xq28，长度为186 kb，含有26个外显子和25个内含子，编码2332个氨基酸。该基因的缺陷有重排、缺失、碱基置换、插入和移码等多种突变类型。目前，该病可通过产前诊断减少患儿出生。输入凝血因子Ⅷ进行替代是目前本病的主要治疗方法，但长期应用此疗法可产生同种异型抗体，影响治疗效果。

（二）血友病B

血友病B（OMIM 306900）也称血浆凝血活酶成分（plasma thromboplastic component，PTC）缺乏症或凝血因子Ⅸ缺乏症，遗传方式也是X连锁隐性遗传。患者的临床表现与血友病A相似，但发病率较低，为（1~1.5）/10万，占血友病总数的15%~20%。研究表明，血友病B是由F9基因（OMIM 300746）缺陷所致，F9基因定位于Xq27.1—Xq27.2，长度为35 kb，由8个外显子和7个内含子组成，由其编码的血浆凝血激酶由415个氨基酸组成。目前可以对血友病B进行基因诊断、产前诊断及种植前诊断。

三、结构蛋白病

结构蛋白是构成组织细胞结构和人体架构的一类功能蛋白。结构蛋白基因突变会导致结构蛋白病，如假肥大性肌营养不良和胶原蛋白病。

（一）假肥大性肌营养不良

较常见的肌营养不良有Duchenne型和贝克（Becker）型。进行性假肥大性肌营养不良（Duchenne muscular dystrophy，DMD）（OMIM 310200）是一种肌膜蛋白病。该病是由于附在肌膜上的抗肌萎缩蛋白（dystrophin）或称肌营养不良蛋白的遗传性缺陷所致。患者常发病于幼年（3~5岁），多为男性。此病以进行性加重的肌萎缩和肌无力为主要临床特征。先发症状为走路困难，呈鸭行步态，难以仰卧起立。患儿大多伴有腓肠肌假性肥大和心肌损害，部分患儿伴有智力障碍，往往少年（12岁左右）时便不能行走。生化检查，患者血清肌酸激酶活性升高。最后，患者因心肌和呼吸肌无力而在20岁前死于心力衰竭或呼吸衰竭。

假肥大性肌营养不良是一种严重的X连锁隐性遗传病。DMD基因定位于Xp21.2，全长约2500 kb，至少含有79个外显子，是人类的一个较大的基因。该基因编码的dystrophin多肽链主要分布于骨骼肌和心肌细胞中。研究证实，该病基因缺陷主要表现为缺失型，缺失主要发生于DMD基因的5′端或中央区域，导致dystrophin无法合成，出现典型症状。贝克肌营养不良（BMD）（OMIM 300376）较DMD症状轻、发病晚、存活期长。患者可活过生育期，从而将致病基因传给子代。BMD和

DMD 属于同一种基因的同一类型突变，但 BMD 缺失的碱基范围较小，肌细胞内尚能合成一定量的 dystrophin。

（二）胶原蛋白病

胶原蛋白病是胶原蛋白合成异常造成的。胶原蛋白由 3 条相同或不同的 α 多肽链组成，约占人体蛋白质总量的 20% 以上，在不同组织中分别由成纤维细胞、平滑肌细胞、软骨细胞和某些上皮细胞合成分泌。目前发现组织中的胶原蛋白类型有 10 余种，分别具有不同的化学及免疫学特征，是不同结构基因的产物。胶原蛋白病也称为结缔组织遗传病，主要包括成骨不全和埃勒斯 - 当洛（Ehlers-Danlos）综合征。

（1）成骨不全（osteogenesis imperfecta）（OMIM 166200）：是一组因 I 型胶原异常而引起的遗传异质性疾病，表现为骨质疏松、易骨折，并伴有骨骼畸形等症状。该病的患病率约为 1/15 000，是常见的常染色体显性遗传病。成骨不全分为 4 种类型，较常见的是 I 型和 II 型。

（2）埃勒斯 - 当洛综合征（OMIM 130050）：包括各种临床亚型（EDS I ~ EDS IX），有的呈常染色体显性遗传，有的呈常染色体隐性遗传，患病率约为 1/5000，其中 EDS IV 型最为严重。典型的埃勒斯 - 当洛综合征症状是皮肤可过度伸展，柔软脆弱、易碎；皮肤受伤后愈合差，形成特殊的"香烟纸"瘢痕；关节因过度伸展，导致髋关节、肩关节、肘关节、膝关节或锁骨关节容易脱位和受伤。

四、受体蛋白病

受体是位于细胞膜、细胞质或细胞核内的一类具有特殊功能的蛋白质。由于这类蛋白质的遗传性缺陷导致的疾病称为受体病（receptor disease）。20 世纪 70 年代，Goldstein 和 Brown 曾对家族性高胆固醇血症患者细胞膜上低密度脂蛋白受体做了深入研究，并因此获得了诺贝尔生理学或医学奖。

家族性高胆固醇血症（familial hypercholesterolemia, FH）（OMIM 143890）是一种受体蛋白病，是常见的高脂蛋白血症之一。家族性高胆固醇血症患者的血浆中，胆固醇和三酰甘油含量特异性增高，其中以低密度脂蛋白胆固醇增高最为明显。增高的胆固醇可沉积在血管壁上造成动脉粥样硬化，引发冠心病；沉积在皮肤、肌腱等组织，则形成黄色瘤。

家族性高胆固醇血症是由于患者低密度脂蛋白受体（LDLR）遗传性缺陷所致。正常情况下，细胞可从血浆中的低密度脂蛋白（LDL）获得胆固醇或自身合成胆固醇，以供生理需要。其中，血浆中的 LDL 通过与细胞膜上的受体（LDLR）结合而转运入细胞，被溶酶体酶水解，释放出游离胆固醇。游离胆固醇抑制内质网羟甲基戊二酸单酰辅酶 A（HMG-CoA）还原酶活性，使内源性胆固醇合成减少；同时，游离胆固醇激活内质网脂酰辅酶 A-胆固醇酰基转移酶（ACAT）活性，促使胆固醇酯化成胆固醇酯而贮存，以协调细胞内的胆固醇水平（图 8-6）。家族性高胆固醇血症患者的 LDLR 缺陷，一方面使 LDL 不易进入细胞而在血浆中积累；另一方面使细胞内胆固醇减少，减弱了胆固醇合成的反馈抑制作用，细胞内胆固醇合成增加。结果使胆固醇在血浆及组织细胞中积累而致病。

LDLR 基因位于 19p13，长度 45 kb，由 18 个外显子组成。已知的突变类型各种各样，包括缺失（主要）、错义突变、无义突变、移码突变及整码突变等。本病为常染色体显性遗传病，表现为不完全显性，显性纯合子受害较严重，青少年甚至童年便出现心绞痛和心肌梗死症状，可能猝死。杂合子则发病较晚，病情较轻。

五、膜转运蛋白病

由膜转运蛋白的遗传缺陷导致的疾病称为膜转运蛋白病，如胱氨酸尿症，囊性纤维化和先天性葡萄糖 - 半乳糖吸收不良。

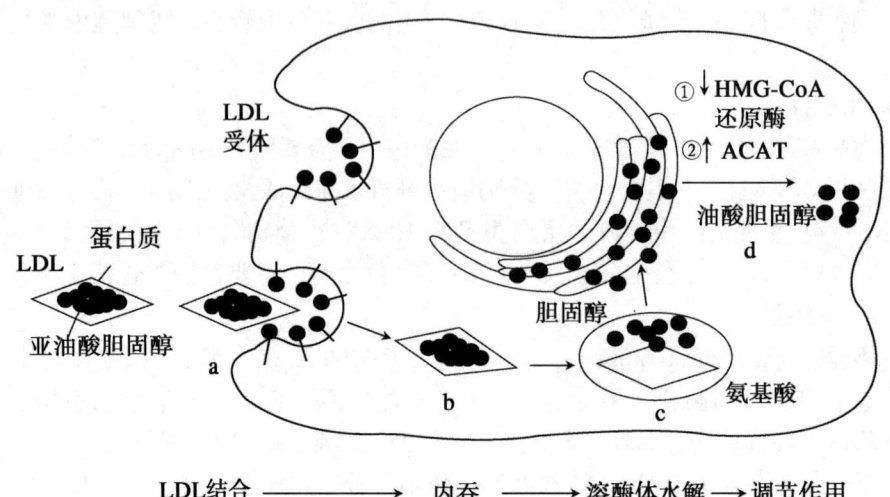

图 8-6 低密度脂蛋白受体作用示意图
a. LDL 与受体蛋白结合；b. 内吞；c. 溶酶体水解；d. 调节作用

（一）胱氨酸尿症

胱氨酸尿症（cystinuria）（OMIM 220100）患者的肾小管膜转运蛋白缺陷，使得肾小管对胱氨酸、赖氨酸、精氨酸和鸟氨酸的重吸收障碍。患者血浆中的这四种氨基酸含量偏低，而尿液中的含量增高，导致尿路结石，引起尿路感染和绞痛等。该病分为 3 个亚型：Ⅰ型为常染色体隐性遗传，患者对 4 种氨基酸均不能吸收；Ⅱ型、Ⅲ型均为常染色体不完全隐性遗传，Ⅲ型的症状较轻。

（二）囊性纤维化

囊性纤维化（cystic fibrosis，CF）（OMIM 219700）是高加索人种较常见的遗传病之一，携带者频率高达 1/20，新生儿患病率为 1/2000。囊性纤维化基因位于 7q31，编码的蛋白为 Cl^- 等物质的转运通道。疾病表现为全身外分泌腺细胞分泌的黏液不能被及时清除，积滞在导管和腺泡中，从而导致阻塞和感染，可累及呼吸道、消化道和汗腺等，最后患者主要因感染、营养不良和肺衰竭而死亡。

（三）先天性葡萄糖 - 半乳糖吸收不良

先天性葡萄糖 - 半乳糖吸收不良（congenital glucose-galactose malabsorption）（OMIM 606824）为常染色体隐性遗传病，基因定位于 22q12.3。患者小肠上皮细胞转运葡萄糖、半乳糖的膜载体蛋白异常，致使葡萄糖和半乳糖吸收障碍，肠道内渗透压改变导致肠液增加，出现水样腹泻。婴儿食用含葡萄糖和半乳糖的食物后腹泻加重，继而出现脱水、营养不良等症状，但随着年龄的增长，患儿对葡萄糖和半乳糖的耐受性会增加。

第二节　遗传性酶病

案例 8-2

患儿，2 岁，男性，自出生以来，家长逐渐发现其皮肤颜色较同龄儿童浅，头发色浅且稀疏，其尿液中常带有一种不寻常的鼠尿味。随着孩子成长，智力发育似乎较同龄儿童迟缓，且时有情绪激动、易怒的表现。家长带患儿至医院就诊，经过一系列检查，最终确诊为苯丙酮尿症（phenylketonuria，PKU）。

问题与思考：
1. 苯丙酮尿症的发病机制是什么？
2. 除了饮食治疗外，还有哪些辅助手段可以帮助苯丙酮尿症患儿？

酶是一种能催化代谢反应的蛋白质分子。由于基因突变导致酶蛋白缺失或酶活性异常所引起的遗传性代谢紊乱，称为遗传性酶病（hereditary enzymopathy）或先天性代谢缺陷。遗传性酶病与分子病本质相同，均由基因突变引起蛋白质结构或数量异常所致。

1908年，英国医师Garrod研究了尿黑酸尿症（黑尿酸症）、白化病、戊糖尿症和胱氨酸尿症，首先提出了先天性代谢缺陷，即遗传性酶病的概念。决定酶的基因通常表现为不完全显性，它们有明显的剂量效应，即杂合子产生的酶量往往介于正常纯合子和突变基因纯合子之间，约为正常纯合子的1/2。迄今已发现的先天性代谢缺陷有2000余种，其中明确缺陷酶的遗传性酶病有200余种，大多表现为常染色体隐性遗传方式，少数为常染色体显性遗传和X连锁隐性遗传。

一、遗传性酶病的发病机制

从分子水平上看，遗传性酶病的发病原因可能有两种：一种是由于编码酶蛋白的结构基因发生突变，引起酶蛋白结构异常或缺失；另一种是基因的调控系统发生异常，使酶的合成量过少或过多，引起代谢紊乱。人体正常代谢是由许多代谢反应交织成网而形成的平衡体系，每一步反应都需要酶的参与调节。如果基因突变引起酶缺乏或活性异常，便会影响相应的生化过程，进而引起一系列连锁反应的异常，打破正常的平衡，造成某些物质大量蓄积或缺乏而致病。绝大多数酶病由酶失活或活性降低而引起，仅有少数酶的活性增高可导致遗传性酶病。遗传性酶病的发病机制主要归结为以下几个方面。

（一）代谢终产物缺乏
代谢终产物缺乏是指基因突变致使酶活性降低或缺失，使其催化的代谢途径受阻，导致终产物缺乏，如白化病。

（二）代谢中间产物积累
代谢中间产物积累是指由于某种酶缺陷使中间产物堆积在体内，如半乳糖血症、尿黑酸尿症。

（三）代谢底物积累
当一系列生化反应可逆时，某一步反应因酶异常而受阻，会导致底物不能有效地变成产物而积累在血液或组织中，引起贮积性疾病，如糖原贮积症、黏多糖贮积症。

（四）代谢副产物积累
某种代谢反应因酶异常受阻后，前体物质积累而进入旁路代谢，产生正常代谢中不该出现的副产物，造成危害，如苯丙酮尿症。

（五）代谢产物增加
基因突变使酶蛋白结构变化，导致酶活性异常增高，酶促反应生成的产物增加，引起不良后果，如痛风。

（六）反馈抑制减弱
一些代谢过程，其代谢产物对整个反应过程有反馈抑制作用。相关酶的遗传缺陷，可引起反馈调控失调，造成代谢紊乱，导致疾病，如自毁容貌症。

二、常见的遗传性酶病

（一）氨基酸代谢病
氨基酸代谢病是参与氨基酸代谢的酶缺陷，使体内氨基酸代谢异常而产生的疾病，主要包括白化病和苯丙酮尿症。

1. 白化病（albinism） 白化病是一种较为常见的皮肤及其附属器官黑色素缺乏所引起的疾病。完全不能合成黑色素者为白化病Ⅰ型，最为常见。能部分合成黑色素者为白化病Ⅱ型。

白化病Ⅰ型（OMIM 203100）即通常所指的白化病，患者全身皮肤、毛发、眼睛缺乏黑色素，全身白化，终生不变。患者眼睛视网膜无色素，虹膜和瞳孔呈现淡红色，畏光，眼球震颤，常伴有视力异常。患者对阳光敏感，暴晒可引起皮肤角化增厚，易诱发皮肤癌。该病发病率为 1/12 000～1/10 000，呈常染色体隐性遗传。

正常情况下，人体黑素细胞中的酪氨酸在酪氨酸酶（tyrosinase）的催化下，经一系列反应，最终生成黑色素。白化病Ⅰ型患者体内酪氨酸酶基因 *TYR*（11q14→q21）缺陷，使该酶缺乏，故不能有效地催化酪氨酸变为黑色素前体，最终导致代谢终产物黑色素缺乏而呈白化（图 8-7）。

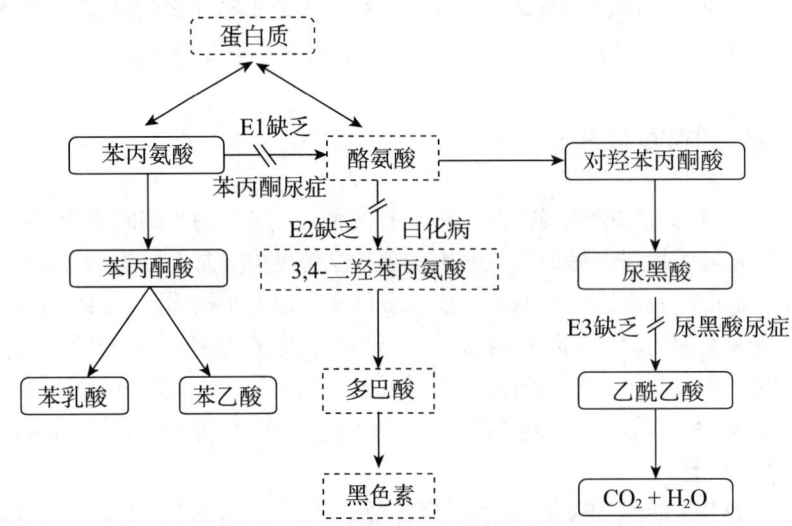

图 8-7　苯丙氨酸和酪氨酸代谢
E1：苯丙氨酸羟化酶，缺乏导致苯丙酮尿症；E2：酪氨酸酶，缺乏导致白化病；
E3：尿黑酸氧化酶，缺乏导致尿黑酸尿症

白化病存在遗传异质性，即白化现象可由不同的基因缺陷引起。如白化病Ⅱ型患者本身酪氨酸酶基因正常，却表现为轻度白化，毛发呈赤黄色或淡黄色，黑色素合成随年龄增大而有所增加。此型白化病患者缺乏透过酶，导致黑素细胞中的酪氨酸不易进入黑素体进行正常代谢，进而影响黑色素的生成而呈白化。

2. 苯丙酮尿症（phenylketonuria，PKU）（OMIM 261600） 苯丙酮尿症是一种以智力障碍为主要特征的遗传性酶病，呈常染色体隐性遗传。本病由苯丙氨酸羟化酶（phenylalanine hydroxylase，PAH）遗传性缺陷所引起。*PAH* 基因定位于 12q24，全长约 90 kb，含 13 个外显子和 12 个内含子。该基因主要在肝中表达。目前已发现 200 余种基因突变，其中多数为错义突变，其余为缺失突变、插入突变和移码突变。我国该病的群体发病率约为 1/16 500。

在正常人体内，苯丙氨酸通过苯丙氨酸羟化酶转变为酪氨酸，继而生成黑色素。苯丙酮尿症患者是由于肝中苯丙氨酸羟化酶的基因突变导致肝细胞中苯丙氨酸羟化酶活性降低或完全丧失，若苯丙氨酸羟化酶的活性小于 1/10，可阻断苯丙氨酸转化成酪氨酸，而经旁路代谢产生苯丙酮酸、苯乳酸、苯乙酸等代谢产物（图 8-7），由尿液和汗液排出，使患儿体表、尿液有特殊的"鼠尿味"，产生经典型苯丙酮尿症。若苯丙氨酸羟化酶部分缺乏，将导致轻度苯丙酮尿症。旁路代谢产物累积可抑制 L-谷氨酸脱羧酶的活性，使 γ-氨基丁酸生成减少，同时还可抑制 5-羟色氨酸脱羧酶的活性，影响 5-羟色胺生成，从而影响大脑发育。另外，旁路产物可抑制酪氨酸酶的活性，使黑色素合成减少，导致患儿呈白化现象。

经典型苯丙酮尿症患儿出生时基本正常，3~4个月时，逐渐出现智力发育不全，未治愈者将发展为痴呆。患儿步伐小，姿势似猿猴，肌张力亢进；易激动，甚至惊厥，多数有脑电图异常。90%以上的患者表现为毛发淡黄，皮肤白皙，甚至虹膜呈黄色（白种人呈蓝色）。此外，患儿的尿液和汗液中有一种特殊的"鼠尿味"。如能早期明确诊断，该病可采用低苯丙氨酸饮食等饮食治疗方法控制病情进展。

（二）糖代谢病

糖代谢病是由糖代谢过程中的酶遗传性缺陷所引起的。

1. **半乳糖血症（galactosemia）** 主要表现为患儿对乳糖不耐受，婴儿哺乳后呕吐、腹泻，继而出现白内障、肝硬化、黄疸、腹水及智力发育不全等。半乳糖血症发病率为1/50 000。现已发现了Ⅰ型、Ⅱ型和Ⅲ型3种类型，Ⅰ型也称经典型。

半乳糖血症Ⅰ型（经典型）（OMIM 230400）：乳类含乳糖，乳糖经消化道乳糖酶分解产生葡萄糖和半乳糖。半乳糖经半乳糖激酶催化生成半乳糖-1-磷酸，后者经半乳糖-1-磷酸尿苷转移酶催化生成葡萄糖-1-磷酸，后者进一步代谢供组织利用。患者由于半乳糖-1-磷酸尿苷转移酶基因缺陷，使该酶缺乏，导致半乳糖和半乳糖-1-磷酸在血液中积累，部分随尿排出。半乳糖-1-磷酸在脑组织积累可引起智力障碍；在肝积累可引起肝损害，甚至肝硬化；在肾积累可导致肾功能损害而出现蛋白尿和氨基酸尿。半乳糖在醛糖还原酶的作用下生成半乳糖醇，可使晶状体渗透压改变，使水分进入晶状体，影响晶状体代谢而导致白内障。血液中半乳糖升高会抑制糖原分解成葡萄糖，出现低血糖（图8-8）。

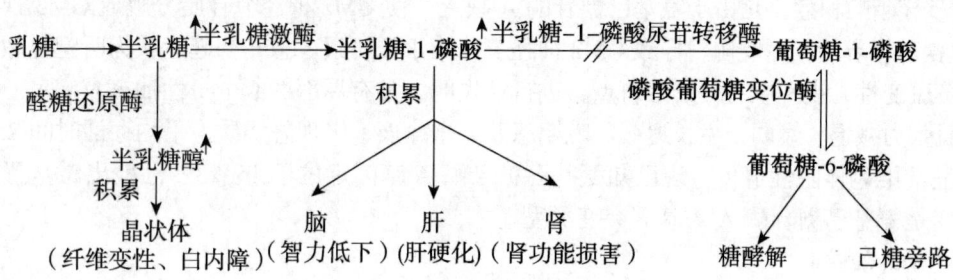

图8-8　半乳糖代谢与半乳糖血症

半乳糖-1-磷酸尿苷转移酶基因定位于9p13。半乳糖血症可通过新生儿筛查发现患者。若能及时禁用乳类喂养，限制婴儿饮食中的乳糖和半乳糖，患儿病情可得到控制。

2. **糖原贮积症（glycogen storage disease，GSD）** 糖原贮积症是指由于糖原分解过程中的酶缺乏引起的疾病。糖原又称肝糖、动物淀粉，是由许多葡萄糖结合而成的带支链的大分子多糖，主要存在于肝和肌肉中。糖原的分解过程涉及多种酶，是复杂的酶促反应，其中任何一种酶的缺乏均可致病。目前已发现13种糖原贮积症，以糖原贮积症Ⅰ型（glycogen storage disease typeⅠ，von Gierke disease，GSD-Ⅰ）最为常见。

糖原贮积症Ⅰ型又称肝肾型糖原贮积症，1929年由von Gierke首次报道。本病是由于肝、肾、肠组织完全缺乏葡萄糖-6-磷酸（G-6-P）酶引起的，患者的病变主要累及肝和肾，不侵犯骨骼肌和心脏。

葡萄糖-6-磷酸酶缺乏使葡萄糖-6-磷酸不能转变成葡萄糖，糖原分解代谢受阻，却通过可逆反应合成过多的肝糖原。另外，葡萄糖-6-磷酸通过糖酵解途径产生大量丙酮酸和乳酸，导致酸中毒。肝糖原在肝细胞中聚集，导致患儿易怒、面色苍白、发绀、喂养困难、低血糖抽搐、肝大及发育迟缓等。患儿在5~6岁后以出血、感染为主要症状。

3. **黏多糖贮积症（mucopolysaccharidosis，MPS）** 黏多糖贮积症是一种溶酶体贮积病。溶酶体贮积病包含黏多糖贮积症、鞘磷脂贮积症、糖脂贮积病等多种类型。黏多糖是由蛋白质和氨基多糖构成的糖蛋白，因氨基多糖含有较多的糖醛酸和硫酸基团，所以呈酸性。黏多糖贮积症是由于特定的糖苷酶或硫酸酯酶遗传性缺乏，导致酸性黏多糖的部分分解产物在机体各组织中贮积而致病的。贮积的酸性黏多糖大多数是由硫酸皮肤素（DS）产生的，是结缔组织的成分；硫酸皮肤素主要分布于皮肤、韧带、动脉及心瓣膜。因此，患者面容粗陋，骨骼畸形，甚至伴有智力障碍和肝、脾、心脏等器官损害。黏多糖贮积症根据缺乏的酶的种类不同而分成7种类型，除Ⅱ型（OMIM 309900）为X连锁隐性遗传外，其余均为常染色体隐性遗传。

（三）脂代谢病

脂代谢病是脂质分解代谢过程的特异性酶缺陷，导致相应的脂质底物在血管、内脏和大脑累积而引起的疾病。

1. 戈谢病（Gaucher disease） 其特征是患者的肝、脾、淋巴结及骨髓等组织可见葡萄糖脑苷脂蓄积的戈谢（Gaucher）细胞。戈谢病主要分为Ⅰ型（OMIM 230800）和Ⅱ型（OMIM 230900）。Ⅰ型患儿临床主要表现为肝大、脾大、贫血、发育迟缓、意识障碍、惊厥、四肢强直及吞咽困难等，病情进展快，通常在1岁前死亡。Ⅱ型患儿病情较轻，多无神经系统症状，病情进展慢，可生存至中青年。

本病是由于溶酶体内的葡萄糖脑苷脂酶（glucocerebrosidase）基因缺陷，使该酶缺乏或活性低下，导致葡萄糖脑苷脂在组织细胞中累积而引起疾病。该病呈常染色体隐性遗传，致病基因定位于1q22，可通过羊水细胞酶活性检测或基因检测来进行产前诊断。

2. 泰-萨克斯病（Tay-Sachs disease）（OMIM 272800） 泰-萨克斯病又称家族性黑矇性痴呆、GM2神经节苷脂贮积症，是由于氨基己糖苷酶A缺乏，使GM2神经节苷脂分解成GM3神经节苷脂和N-乙酰氨基半乳糖代谢受阻，导致GM2神经节苷脂累积所致。患儿初起症状为听觉过敏。早期可见视网膜黄斑变性，视网膜有樱桃红斑点，进行性失明，常有局部性或全身性抽搐及痴呆。患儿表现为进行性肌张力减退、衰弱，生长迟缓。晚期患儿完全瘫痪，出现恶病质，平均存活时间25.9个月。

该病呈常染色体隐性遗传。现已知氨基己糖苷酶A基因定位于15q23。已检出碱基置换、缺失和移码突变是氨基己糖苷酶A的基因突变类型。

（四）核酸代谢病

核酸代谢病是核酸代谢有关的酶遗传性缺陷，引起核酸代谢紊乱所致莱施-奈恩综合征（Lesch-Nyhan syndrome），也称自毁容貌症（self-destructive facial syndrome）（OMIM 300322）。患者遗传性缺乏次黄嘌呤-鸟嘌呤磷酸核糖基转移酶（HGPRT），使5-磷酸核糖-1-焦磷酸上的磷酸核糖基不能正常地转移到鸟嘌呤和次黄嘌呤上，导致鸟嘌呤核苷酸和次黄嘌呤核苷酸（肌苷酸）生成受阻，不能有效地反馈抑制嘌呤前体5-磷酸核糖-1-胺的生成，致使嘌呤合成加快、尿酸升高、代谢紊乱而致病。本病的临床特征为高尿酸血症、尿酸尿和尿道结石、痛风和痛风性关节炎，伴有智力障碍、舞蹈样动作和强迫性自残行为。患者大多在儿童时期死于感染和肾衰竭，一般活不过20岁。若HGPRT部分缺乏，可引起高尿酸血症和痛风，不出现以上其他症状。

本病为X连锁隐性遗传，发病率约为1/38 000。编码HGPRT的基因定位于Xq26，已发现50余种突变。本病可在DNA水平上进行产前诊断。

自 测 题

一、选择题

1. 构成血红蛋白分子球形四聚体的是

A. 一对类 α 链和一对类 β 链　　　B. 两对类 α 链
C. 两对类 β 链　　　D. 一对珠蛋白链
E. 4 条相同的珠蛋白链

2. 正常人二倍体细胞中 α 基因的个数是
   A. 1　　　B. 2　　　C. 3
   D. 4　　　E. 5

3. Hb Catonsville 是由 α 珠蛋白基因第 37 和第 38 密码子之间插入了一个谷氨酸的密码子形成的。这种基因突变属于
   A. 单个碱基置换　　　B. 移码突变　　　C. 整码突变
   D. 不等交换　　　E. 融合突变

4. 在 α- 珠蛋白生成障碍性贫血中，(--/-α) 代表的是
   A. 4 个 α 基因全部缺失　　　B. 3 个 α 基因缺失　　　C. 2 个 α 基因缺失
   D. 1 个 α 基因缺失　　　E. 无基因缺失

5. 血友病 A 是由于缺乏
   A. 凝血因子 Ⅸ　　　B. 凝血因子 Ⅺ　　　C. 凝血因子 Ⅳ
   D. 凝血因子 Ⅷ　　　E. 凝血因子 Ⅰ

6. 苯丙酮尿症是由于缺乏
   A. 苯丙氨酸羟化酶　　　B. 尿黑酸氧化酶　　　C. 酪氨酸酶
   D. L- 谷氨酸脱羧酶　　　E. 葡萄糖 -6- 磷酸酶

7. 尿黑酸尿症是由于缺乏
   A. 苯丙氨酸羟化酶　　　B. 尿黑酸氧化酶　　　C. 酪氨酸酶
   D. L- 谷氨酸脱羧酶　　　E. 葡萄糖 -6- 磷酸酶

8. 白化病是由于缺乏
   A. 苯丙氨酸羟化酶　　　B. 尿黑酸氧化酶
   C. 葡萄糖 -6- 磷酸酶　　　D. L- 谷氨酸脱羧酶
   E. 酪氨酸酶

9. 半乳糖血症 Ⅰ 型是由于缺乏
   A. 半乳糖激酶　　　B. 半乳糖 -1- 磷酸尿苷转移酶
   C. 半乳糖尿苷 -2- 磷酸 -4- 表异构酶　　　D. 焦磷酸酶
   E. 葡萄糖 -6- 磷酸酶

10. 自毁容貌症是一种
    A. 氨基酸代谢病　　　B. 糖代谢病　　　C. 脂代谢病
    D. 核酸代谢病　　　E. 维生素代谢病

二、简答题

1. 以镰状细胞贫血为例，阐述分子病的发病机制。
2. 简述珠蛋白生成障碍性贫血的类型、分子机制和临床症状。
3. 简述遗传性酶病的发病机制。
4. 苯丙酮尿症有哪些主要的临床特征？简述其发病机制。

三、案例分析题

患者，男性，55 岁。主诉：近 1 个月疲劳，活动后气促，皮肤和黏膜苍白。家族史：母亲有贫血病史。体格检查：心率加快，皮肤、黏膜苍白，脾轻度肿大。血常规检查：Hb 70 g/L，MCV

80 fl，MCH 22 pg，MCHC 27%；骨髓穿刺检查：红系细胞增生，以中、晚幼红细胞为主。

请回答：

（1）根据患者的症状和检查结果，最可能的诊断是什么？

（2）为进一步确诊，最有价值的检查是什么？

（李　娟）

第九章 肿瘤遗传学

第九章数字资源

学习目标

1. 知识：说出肿瘤、标记染色体、癌基因、病毒癌基因、细胞癌基因（原癌基因）、抑癌基因的概念，列举肿瘤发生的遗传因素，解释肿瘤与染色体异常的关系，分析原癌基因与抑癌基因的关系。
2. 能力：能运用肿瘤学基本知识评估和判断肿瘤的性质和种类，能开展肿瘤预防指导。
3. 素养：通过听取临床案例讲解，懂得践行医疗技术与心理关怀相结合。进一步认识肿瘤对患者造成的身体与精神上的损伤，树立人文关怀意识。

案例 9-1

患者（家系图中II_6），1968年出生，2004年4月确诊为肝癌并手术。调查其家系，亲属中有5人先后患癌：弟弟（家系图中II_7），1994年9月确诊肝癌、HBV（+），未治生存8个月；弟弟（家系图中II_8），2004年4月初确诊肝癌、HBV（+），手术后生存47个月；家系图中II_5，系抱养无血缘关系哥哥，2005年7月确诊肝癌、HBV（+），生存23个月；其父，2011年3月确诊喉癌、HBV（-），未治生存24个月。家系图中第II代1~4均于1980年前出嫁、HBV（-）、健康，家系图中II_9和II_{10}仅HBV（+）。生活习惯：饮用低洼地井水数年，有长期进食大量腊肉和腌酸菜史。发病者均有吸烟、饮酒史。

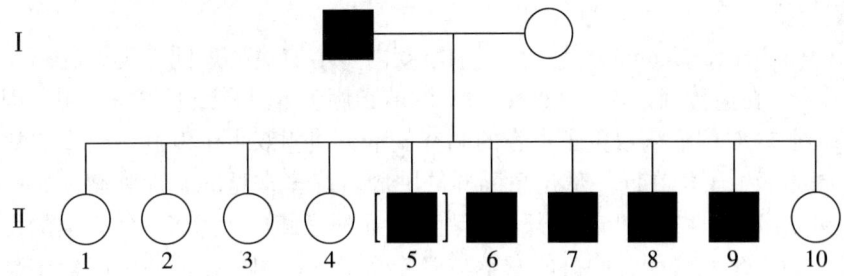

问题与思考：
1. 这个家族中的肝癌聚集发病，与哪些因素有关？
2. 为什么家系图中的1~4都没有患肝癌？

肿瘤（cancer）是指生长失去正常调控而无限地自主增生的细胞群，是体细胞遗传物质突变所致。肿瘤是一种体细胞遗传病，其发生是一个多步骤的复杂过程。应用遗传学的原理和方法，从遗传方式、遗传流行病学、细胞遗传和分子遗传等不同角度，研究肿瘤发生与遗传因素和环境因素的关系，形成了医学遗传学分支学科——肿瘤遗传学。

第一节 肿瘤发生的遗传因素

一、家族聚集现象

肿瘤的发生具有家族聚集现象，表现在如下几个方面。

（一）癌家族

癌家族（cancer family）是指一个家族中有数个成员发生相同器官或不同器官罹患恶性肿瘤的现象。其特点是发病年龄早并呈常染色体显性方式遗传。例如，1895 年美国人 Warthin 发现 G 家族（图 9-1）腺癌发病率高，于 1913 年首次报道，其后多人对该家族进行调查，其中有些支系已达 7 代。1895—1976 年，共进行了 5 次调查，结果显示，在 842 位后代中，有 95 位癌症患者，其中 48 人患结肠癌，18 人患子宫内膜腺癌，其余为其他类型癌症患者。在这些癌症患者中，13 人为多发癌，19 人癌症发生在 40 岁之前，72 人的双亲之一是癌症患者。男性与女性各为 47 人和 48 人，接近 1∶1，符合常染色体显性遗传。

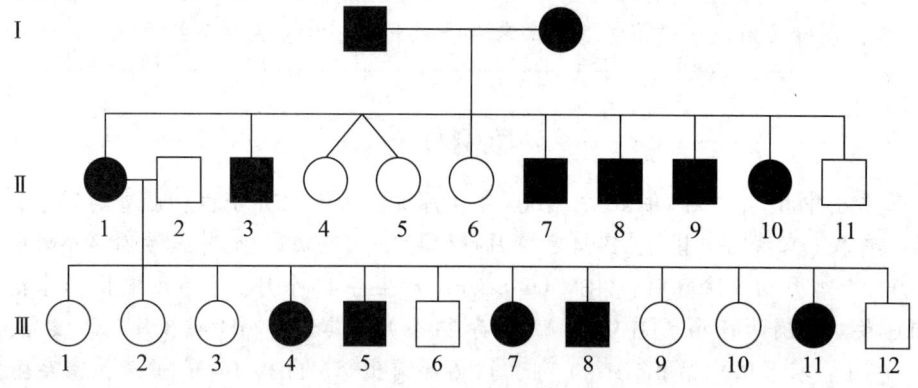

图 9-1　G 家族的部分系谱

（二）家族性癌

家族性癌（familial carcinoma）是指在一个家族内多个成员罹患同一类型的癌。这种家族聚集现象提示肿瘤发生存在遗传因素。如 12%～25% 的结肠癌患者具有结肠癌家族史，因此结肠癌可认为是家族性癌；对 77 对白血病双生子患者的调查显示，同卵双生子发病一致率非常高；在另一项调查中，20 对同卵双生子均在同一部位患同样的肿瘤。许多常见的恶性肿瘤，如胃癌、肺癌、乳腺癌，其发病多数是散发性的，但有一部分患者有明显的家族史，患者一级亲属的发病风险高于一般人群 3～5 倍。以上事实说明，肿瘤的发生与遗传因素密切相关，但遗传因素在绝大多数肿瘤发生中的作用仅仅是一种遗传倾向，其遗传方式尚不明确。

二、种族差异

肿瘤的发生存在种族差异。研究表明，某些肿瘤在不同人种的发病率不同，不同人种也存在着不同的高发肿瘤。例如日本人松果体瘤发病率比其他种族高 11～12 倍，乳腺癌患病率却比欧美人低；中国人鼻咽癌发病率居世界各民族之首，比印度人高 30 倍，比日本人高 60 倍。肿瘤发生的种族差异由不同种族的遗传背景所决定。

三、遗传性恶性肿瘤

少数恶性肿瘤按孟德尔方式遗传，通常呈常染色体遗传方式。主要涉及神经或胚胎组织的恶性肿瘤，如视网膜母细胞瘤、神经母细胞瘤、肾母细胞瘤。

视网膜母细胞瘤（retinoblastoma）（OMIM 180200）是眼内发生的一种恶性肿瘤，发生率为1/21 000～1/10 000，多在4岁以前发病。其临床表现早期为眼底灰白色肿块，患者多无自觉症状；当肿瘤长入玻璃体，使瞳孔呈黄色光反射时，才易被发现，称为"猫眼"。肿瘤恶性程度很高，可破坏角膜、巩膜，引起眼球突出。向后可长入眼眶并向颅内浸润，也可经血行全身转移（图9-2）。

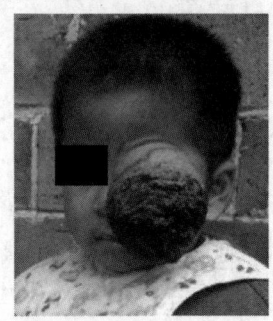

图9-2 视网膜母细胞瘤

视网膜母细胞瘤分为遗传型和非遗传型两类。遗传型约占全部病例的40%，发病年龄早，多在1岁半内。双侧相继发病，有家族史，可连续几代有患者，呈常染色体显性遗传。研究表明，遗传型视网膜母细胞瘤是抑癌基因 *RB1*（13q14）突变所致。非遗传型病例占60%，发病年龄晚，多在2岁以后，常为单侧发病，无家族史。

四、遗传性癌前病变

某些单基因遗传病和染色体病易并发或转化为恶性肿瘤，这类遗传病具有不同程度的恶变倾向，称为癌前病变（precancerous lesion）。其遗传方式大多数为常染色体显性遗传。家族性结肠息肉病（familial polyposis coli，FPC）（OMIM 175100）是一种常见的常染色体显性遗传病，*APC* 基因定位于5q22.2（癌基因突变），人群中的发病率为1/10 000，多有家族史。患者年龄通常在20～40岁，其特征性表现为结直肠黏膜表面多发性腺瘤性息肉，数目达100枚以上，紧密排列。这些息肉早期可无症状，后期临床常表现为血性腹泻或肠梗阻，多在40岁前恶变为癌。因而建议患者应及早手术切除，其家庭成员应定期进行结肠镜检查，可有效地预防结肠癌的发生。

五、肿瘤的遗传易感性

人群中大多数肿瘤是散发性的，是非典型性遗传性肿瘤，如胃癌、肺癌、乳腺癌等常见恶性肿瘤。此外，肿瘤的发生存在一定的遗传基础，在此基础上如受到外界环境因素的作用，即可导致肿瘤发生。尽管每个人都接触各种致癌因子，但并非人人都发生肿瘤，这说明每个人都存在着个体的差异，具有不同的遗传易感性（genetic susceptibility）。这种遗传易感性既有染色体水平的改变，也有基因水平的改变。遗传易感性在很大程度上是由遗传因素决定的，也就是上一代遗传给下一代的只是肿瘤的易感基因。由此看出，肿瘤的发生是由遗传因素和环境因素共同作用的结果，目前认为，肿瘤的发生符合多基因遗传的特点。如吸烟为肺癌的主要诱因，而芳烃羟化酶（AHH）的诱导活性与肺癌易感性相关。

除上述遗传因素外，染色体异常引起的遗传病与肿瘤的发生也有密切的关系。

> **知识链接**
>
> **家族聚集和早发型肺癌**
>
> Tokuhata 等于1963年报道了第一个探索肺癌家族聚集现象的研究，其后陆续累积了超过

30份数据，探索了肺癌先证者亲属的患病风险与众多因素的关系。这些研究经家庭吸烟模式校正及汇总的结果提示：如果一级亲属有肺癌患者，肺癌患病风险大约增加2倍，这种倾向在女性非吸烟者更显著，另一个最重要的发现是，早发型肺癌（一般指发病年龄小于50岁）和多成员受累是家族中有高风险遗传因子的风向标。

第二节　染色体异常与肿瘤

染色体异常的患者，其肿瘤的发病率比群体发病率（P）高。例如唐氏综合征患者，急性淋巴细胞白血病的发病率高达1/95（群体发病率为1/3000），是正常群体的30倍；克兰费尔特综合征患者易患继发乳腺癌或性腺母细胞瘤，比正常男性高20倍；特纳综合征患者的条索状卵巢更倾向于恶变发生卵巢癌；共济失调毛细血管扩张症患者易患各种肿瘤；费城染色体与慢性粒细胞白血病相关。

多数肿瘤细胞具有染色体异常。在一个肿瘤细胞群体中，染色体常有相同的特点，这表明它们来源于一个共同的突变细胞，经过多次分裂形成单克隆。随着肿瘤的生长，绝大部分肿瘤细胞在内、外环境因素的影响下又不断变异，于是单克隆起源的肿瘤细胞核型出现多样性，即异质性，继而演变为多克隆性。其结果为同一肿瘤各细胞核型常不完全相同。

染色体异常可能是肿瘤发生的原因，也可能是肿瘤发生的结果。

不同核型肿瘤细胞生存和增殖能力不同。有的异常核型是致死性的，在选择过程中逐渐被淘汰；有的则形成增殖优势。肿瘤细胞群体这种类似物种的进化过程，称为克隆演化。在一个恶性肿瘤细胞群体的选择演变中，逐渐成为占主导地位的克隆称为肿瘤干系（stem line），非主导地位的克隆称为旁系（side line）。干系肿瘤细胞的染色体数目称为众数（modal number）。

一、肿瘤染色体数目异常

肿瘤细胞的核型多伴有染色体数目改变，以非整倍体最常见。同一肿瘤内染色体数目波动幅度较大，包括超二倍体、亚二倍体、亚三倍体、亚四倍体等。实体瘤细胞染色体数目多为三倍体；胸腔积液、腹水中转移的癌细胞染色体数目常超过四倍体；胃癌细胞中常见8号或9号染色体超过3条。染色体数目变化不反映恶性程度，数目变化较小的癌细胞并不意味着恶性程度低。

二、肿瘤染色体结构异常

恶性肿瘤细胞常见染色体结构异常，如缺失、倒位、易位、重复、环状染色体及双着丝粒染色体。在肿瘤发生、发展的过程中，由于肿瘤细胞增殖失控等原因，导致细胞有丝分裂异常并产生部分染色体断裂与重接，形成了一些结构特殊的染色体，称为标记染色体（marker chromosome）。所有类型的标记染色体的形成可能是随机的。在标记染色体中，仅有一小部分能够在肿瘤细胞中稳定遗传下来，称为特异性标记染色体（special marker chromosome），与某种肿瘤的恶性程度及转移能力密切相关。

1960年，Nowell和Hungerford在慢性粒细胞白血病（chronic myelocytic leukemia，CML）患者中发现了一条比G组染色体还小的异常染色体，经染色体显带分析证实为9号染色体与22号染色体相互易位所致，因在美国费城（Philadelphia）发现而被命名为费城染色体（Philadelphia chromosome)。进一步分析证实，费城染色体是 t（9；22）（9qter→9q34：：22q11→22pter）。约 95% 的慢性粒细胞白血病细胞携带有费城染色体，它可以作为慢性粒细胞白血病的诊断依据，还可以作为相似血液病症状的鉴别诊断，如骨髓纤维化的费城染色体为阴性。费城染色体的发现首先证明了一种染色体畸变与一种特异性肿瘤之间的关系，故被认为是肿瘤细胞遗传学研究的里程碑。

脑膜瘤患者 22 号染色体长臂缺失或整条 22 号染色体丢失，少数视网膜母细胞瘤患者有 13 号染色体长臂中间缺失，均为肿瘤的特异性标记染色体。肿瘤细胞中常见巨大亚中着丝粒染色体、巨大近端着丝粒染色体、双着丝粒染色体等。在一些肿瘤细胞中还可见到双微体及染色体均染区。

总之，大部分恶性肿瘤细胞都有染色体异常，但具有高度特异性标记染色体的肿瘤很少。肿瘤染色体的结构异常程度和类型与肿瘤的恶性程度、是否浸润及转移、预后都有重要关系。

三、染色体不稳定综合征与恶性肿瘤

某些疾病或综合征，由于 DNA 修复酶缺陷导致染色体不稳定，易发生断裂或重排，称为染色体不稳定综合征，在此基础上易患白血病或其他类型的恶性肿瘤。

布卢姆综合征（Bloom syndrome，BS）（OMIM 210900）患者临床特征为身材矮小，面部轻度畸形。暴露于日光的部位出现红斑、皮疹，为毛细血管扩张共济失调所致（图 9-3）。患者存在免疫功能缺陷，常导致慢性感染，多数在 30 岁前发生各种恶性肿瘤和白血病。该病有明显的种族差异，在东欧犹太人中多见，表现为常染色体隐性遗传。

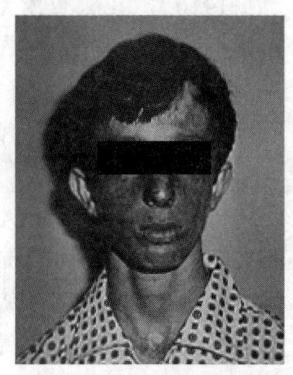

图 9-3　布卢姆综合征患者

染色体不稳定或基因组不稳定是布卢姆综合征患者的显著特征，主要表现在：①体外培养细胞的染色体易发生断裂并易形成结构畸变；体内颊黏膜细胞在分裂间期常可见细胞内出现多个微核结构。②染色体断裂易发生在同源染色体之间，出现频发的姐妹染色单体交换（SCE）现象。③在编码序列之间及非编码序列之间都存在断裂性突变。④培养的细胞中常见到四射体结构，尤其在短期培养的淋巴细胞中更为常见。

BS 蛋白的编码基因 *BLM* 定位于 15q26.1，属于抑癌基因，其产物有特异抑制 *RAS* 癌基因的作用。细胞遗传学研究显示，培养的 BS 细胞对紫外线和丝裂霉素 C 等 DNA 损伤性试剂高度敏感；生化遗传学研究揭示 BS 细胞中涉及 DNA 复制的一些酶活性异常。

多数肿瘤细胞具有染色体异常，随着癌基因与抑癌基因研究的深入，发现染色体异常与细胞癌基因激活和抑癌基因失活密切相关，它们在诱导肿瘤的过程中起重要作用。

第三节　基因异常与肿瘤

正常的细胞增殖与分化有着严格的自我调控机制。细胞中的癌基因和抑癌基因对细胞起着调节和控制作用，环境因素或突变基因会使调控过程发生紊乱进而出现癌变。

一、癌基因

癌基因（oncogene）是指能引起正常细胞癌变的基因。这类基因广泛存在于生物界。癌基因名称一般用 3 个小写英文字母表示，如 *ale*、*int2*，对应的蛋白产物的第一个字母大写，如 Ale、Bcl-2，部分是由携带特殊病毒癌基因的反转录病毒命名（表 9-1）。

表 9-1 部分反转录病毒癌基因引起的相关肿瘤

病毒癌基因	相关肿瘤	反转录病毒	起源
v-Hras	肉瘤	Harvey 鼠肉瘤病毒	大鼠
mos	肉瘤	Moloney 肉瘤病毒	小鼠
sis	猿猴肉瘤	猿猴肉瘤病毒	猴
fes	Gardner-Arnstein 猫肉瘤	猫肉瘤病毒	猫
myc	白血病	禽类髓细胞血症病毒 MC29	鸡
src	劳斯肉瘤	劳斯肉瘤病毒	鸡

（一）病毒癌基因与细胞癌基因

1910 年 Rous 首次发现鸡肉瘤病毒（RSV）。此病毒能使鸡胚成纤维细胞在培养中转化，也能诱发肉瘤。研究证明，它是一种 RNA 反转录病毒，除含有病毒复制所需的基因外，还含有一种特殊的转化基因，命名为 *src*。该转化基因能导致培养的细胞转化呈恶性表型，也能引起动物的恶性肿瘤。反转录病毒基因组中能使病毒感染细胞发生癌变的基因为病毒癌基因（viral oncogene，v-onc）。

人们用 *src* 的 cDNA 和其他基因组 DNA 杂交，发现 *src* 的同源物普遍存在于人类和动物正常细胞中。*src* 编码一种胞质酪氨酸激酶，参与细胞增殖相关的信号传递，是细胞的正常组分。为了与病毒癌基因相区别，将存在于正常细胞中与病毒癌基因同源的序列称为细胞癌基因（cellular oncogene，c-onc）或原癌基因（proto-oncogene，pro-onc）。但原癌基因存在内含子，这是真核基因的特点。

细胞癌基因在正常情况下无致癌活性，只在发生有害突变或被异常激活后才变成具有致癌能力的癌基因。细胞癌基因及其产物与细胞生长、增殖、分化有关，并受到精细、严格的控制。正常情况对细胞无害，且对维持细胞正常功能具有重要意义，其表达产物对细胞增殖起正调控作用。一旦这些基因在表达时间、表达部位、表达数量及表达产物结构等方面发生了异常，就可以导致细胞无限地增殖并出现恶性转化现象。现已测出多种病毒癌基因和细胞癌基因的全部或部分核苷酸序列。

（二）细胞癌基因的分类与激活机制

1. **细胞癌基因的分类** 根据其结构、产物的功能及所在位置，将已知的细胞癌基因分为六类（表 9-2）。①酪氨酸蛋白激酶；②生长因子；③生长因子受体；④信号转导 G 蛋白；⑤核内转录因子；⑥其他。它们普遍存在于各种细胞，其表达具有时空性。细胞癌基因的生理功能主要表现为两方面：一是调节细胞生长；二是参与细胞分化及发育过程。虽然细胞癌基因的表达产物和表达方式各不相同，但功能却具有相关性，并在时间、空间上协同作用，维持并协调细胞正常增殖与生长发育。

表 9-2 细胞癌基因的分类

细胞癌基因产物类别	细胞癌基因	基因产物定位	人类肿瘤
酪氨酸蛋白激酶	SAR、FPS、FES	细胞膜	肉瘤
	FGR、ROS、YES	细胞内	肉瘤
	ALE		慢性粒细胞白血病、急性淋巴细胞白血病
生长因子			
PDGF-β 链	SIS	细胞外	星形细胞瘤、骨肉瘤、乳腺癌等
FGF 同类物	INT2	细胞外	胃癌、胶质母细胞瘤
	HST1		膀胱癌、乳腺癌、黑色素瘤

续表

细胞癌基因产物类别	细胞癌基因	基因产物定位	人类肿瘤
生长因子受体			
EGFR 家族	*ERBB1*	跨膜	肺鳞癌、脑膜瘤、卵巢癌等
	ERBB2	跨膜	乳腺癌、卵巢癌、肺癌、胃癌
	ERBB3	跨膜	乳腺癌
CSF-1 受体	*FMS*	跨膜	白血病
信号转导 G 蛋白	*H-RAS*	膜内侧	甲状腺癌、膀胱癌、结肠癌、肺癌等
	K-RAS	膜内侧	胰腺癌、白血病、甲状腺癌等
	N-RAS	膜内侧	
核内转录因子	*C-MYC*	核内	伯基特淋巴瘤、神经母细胞瘤、小细胞肺癌
	L-MYC	核内	小细胞肺癌
	N-MYC	核内	
其他	*BCL2*	细胞膜	淋巴瘤

2. 细胞癌基因的激活机制　既具有正常生理功能，同时又具有潜在致癌能力的细胞癌基因，通常要先被激活才致癌。常见的激活因素有病毒、化学物质、辐射等。激活的机制可分为两大类：一类是由病毒诱导的活化，如反转录病毒感染动物细胞后，得到一个动物细胞的细胞癌基因序列，并把它整合进自身的基因组内，当病毒在动物细胞内增殖时，这一细胞癌基因便被激活；或者反转录病毒感染动物细胞后，将其本身基因组内的一个强大增强子或启动子插入动物细胞癌基因的附近或内部，使细胞癌基因激活。另一类是非病毒诱导的活化，如突变、基因扩增和染色体重排。

（1）细胞癌基因突变：细胞癌基因在射线或化学致癌剂的作用下，发生碱基置换、缺失或插入而激活，其编码的蛋白质结构改变。这些变异常常涉及一些关键的蛋白调节区域，导致突变蛋白不受调控而出现过度表达。如反转录病毒癌基因，经常由于缺失被激活。但在人类肿瘤中，典型的癌基因突变多数是由于碱基置换（点突变）导致的，即编码蛋白中仅有一个氨基酸的变异。研究发现，在细胞癌基因 RAS 家族（*K-RAS*、*H-RAS*、*N-RAS*）中，经常可以检测到点突变。根据统计，在随机挑选的肿瘤中，每 15%～20% 的病例存在一个 *RAS* 基因突变；*K-RAS* 的突变在恶性肿瘤中尤为常见。

（2）细胞癌基因的扩增：在许多肿瘤和已转化的细胞系中发现存在细胞癌基因的多个拷贝，这是细胞癌基因扩增的结果，基因扩增后常出现基因的过度表达。扩增引起核型的改变，包括均匀染色区（homogeneous staining region，HSR）和双微体（double minute，DM）等。均匀染色区是缺少正常深、浅染色区的染色体片段，双微体是典型的无着丝粒的微小环状遗传结构（图 9-4）。在人类肿瘤中，95% 的病例有均匀染色区或双微体。扩增的拷贝数可达正常细胞的 10 倍至百倍，甚至数千倍，它参与人类肿瘤的发生和演进。现已发现 20 余种与癌相关的基因扩增，例如人肝癌细胞中出现的 *N-RAS* 重排及基因放大，小细胞肺癌中 *C-MYC* 及 *L-MYC* 基因放大，均可能与癌转移有关。神经母细胞瘤中 *N-MYC* 基因放大明显与病程发展有关。

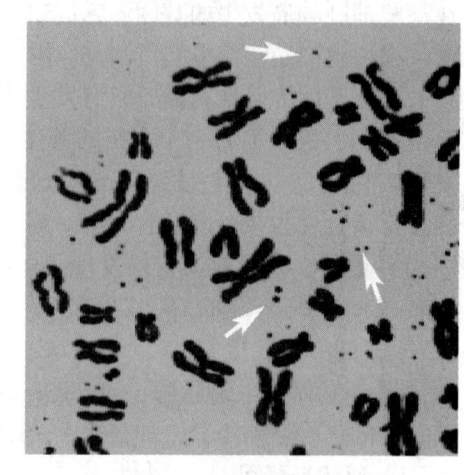

图 9-4　染色体和双微体
图中箭头示双微体

（3）染色体断裂与重排：由于染色体断裂与重排导致细胞癌基因在染色体上的位置发生改变，使原来无活性或低表达的细胞癌基因移至一个强大的启动子、增强子或转录调控元件附近，或由于易位而改变了细胞癌基因的结构并与其他高表达基因形成融合基因，结果使细胞癌基因激活并异常表达。

目前在许多血液系统恶性肿瘤和实体瘤中已出现染色体重排导致的细胞癌基因的激活。例如慢性粒细胞白血病（CML）95%的患者具有费城特异性标记染色体，易位使9号染色体上的 *C-ABL* 基因移至22号染色体上断点聚集区（BCR）基因旁，形成一种结构与功能异常的 *BCR-ABL* 融合基因（图9-5）。它表达产生一种新的融合蛋白p210，此蛋白比正常 *C-ABL* 基因表达产生的蛋白要长，且具有较高的酪氨酸蛋白激酶活性，使细胞脱离正常生长调控导致癌变。

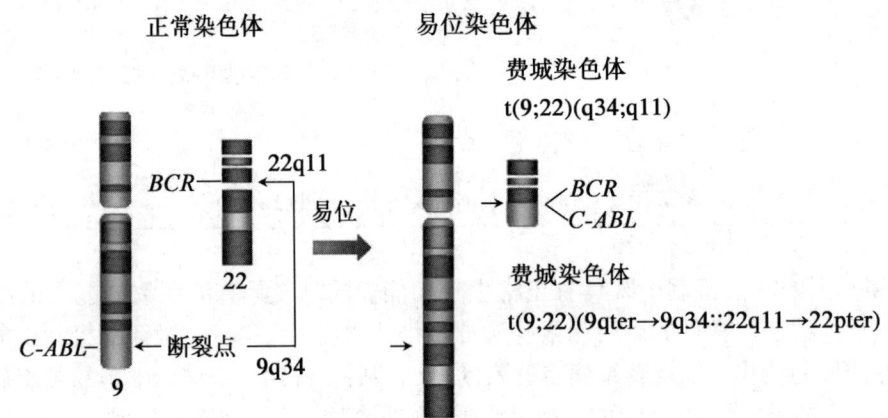

图 9-5　慢性粒细胞白血病的染色体易位 t（9；22）
示费城染色体形成与 *C-ABL* 激活

二、抑癌基因

抑癌基因（tumor suppressor gene，TSG）是一类存在于正常细胞基因组中能够抑制肿瘤形成的基因。抑癌基因的作用是抑制细胞的无限增殖和迁移，同时促进细胞分化。20世纪60年代，有人将癌细胞与同种正常成纤维细胞融合，所得杂合细胞的后代只要保留某些正常亲本染色体就可表现为正常表型，但是随着染色体的丢失又可重新出现恶变细胞。这一现象表明，正常染色体内可能存在某些抑制肿瘤发生的基因，它们缺失、突变或失活时，可导致癌基因的过度表达而引发细胞的恶变，在细胞增殖调控中起负调控作用。

抑癌基因为隐性基因，只有发生纯合失活时才对肿瘤形成起作用，通常表现为抑癌基因的一个等位基因丢失，而另一个存留的等位基因发生突变（点突变、微缺失、重排等）。细胞遗传学研究发现，利用DNA印迹法（Southern blotting）检测限制性片段长度多态性（RFLP）可以检测等位基因正常杂合性丢失，即杂合时某一等位基因片段丢失。抑癌基因在调控细胞增殖和分化方面与癌基因同等重要，到目前为止已发现了30余种抑癌基因。现根据抑癌基因产物对抑癌基因进行分类：①转录调节因子，如 *RB*、*TP53*；②负调控转录因子，如 *WT*；③周期蛋白依赖性激酶抑制因子（CKI），如 *CDKN2B*（*p15*）、*CDKN2A*（*p16*）、*CDKN1A*（*p21*）；④信号通路的抑制因子，如GTP酶活化蛋白（*NF1*）、磷脂酶（*PTEN*）；⑤DNA修复因子，如 *BRCA1*、*BRCA2*；⑥与发育和干细胞增殖相关的信号通路组分，如 *APC*、*AXIN*（表9-3）。

（一）*RB* 基因

首先发现并鉴定的抑癌基因是视网膜母细胞瘤基因（retinoblastoma gene，RB gene），位于13q14。在研究儿童视网膜母细胞瘤时发现，某些视网膜母细胞瘤患者的瘤细胞中有染色体13q14

表 9-3 部分抑癌基因及其突变引发的肿瘤综合征

抑癌基因	基因产物及功能	染色体定位	人类的肿瘤	种系突变
NF1	神经纤维瘤蛋白，327 kD，催化 RAS 失活，连接细胞膜	17q11.2	神经纤维瘤、肉瘤、胶质瘤	Ⅰ型神经纤维瘤病
APC	APC 蛋白，310 kD，细胞核至黏附分子的信号转导	5q22	结肠癌	家族性结肠息肉病
RB	p105^{RB}，310 kD，G_1 至 S 期的转录调节因子	13q14	肉瘤、视网膜母细胞瘤	—
TP53	p53，53 kD，转录调节因子，有条件调节 G_1 到 S 期	17p13.1	肉瘤、神经胶质瘤、乳腺癌	利 - 弗劳梅尼综合征
CDKN2B	p15，15 kD，CDK4、CDK6 抑制剂	9p21	非小细胞肺癌、急性淋巴母细胞性白血病	—
CDKN1A	p21，21 kD，CDK2、CDK3、CDK4、CDK6 抑制剂	6p21	前列腺癌	—
BRCA1	BRCA1 蛋白，与 RAD51 作用，DNA 修复因子	17q21	乳腺癌、卵巢癌	家族性乳腺癌

的缺失，提示缺失 *RB* 基因可能导致肿瘤的发生。*RB* 基因编码的蛋白质分子量为 105 kD（即 p105^{RB}）。当 p105^{RB} 去磷酸化时，与细胞内转录因子 E2F 结合，使细胞停止转录，细胞不能越过 G_1 期控制点，抑制细胞增殖。p105^{RB} 磷酸化时，与 E2F 分离，E2F 就可促进细胞的转录，使细胞由 G_1 期越过控制点进入 S 期，细胞进行增殖。因此 p105^{RB} 的去磷酸化或低磷酸化状态是活性状态。另外，*RB* 基因参与生长抑制，当 p105^{RB} 与 DNA 结合后，直接抑制细胞癌基因 *C-MYC* 的表达，从而影响 DNA 的复制。

各种不同类型的突变均可导致 *RB* 基因功能的丧失。研究发现，基因突变或者 p105^{RB} 与 DNA 肿瘤病毒的癌蛋白结合；基因的大片段丢失、*RB* 基因的剪接错误、点突变及启动子区域小的缺失可导致直接丧失功能蛋白、p105^{RB} 磷酸化。在某些常见肿瘤，如膀胱癌、乳腺癌及肺癌中均可发现 p105^{RB} 的缺失或失活。

（二）*TP53* 基因

TP53 基因是第二个被鉴定的抑癌基因。它是人类恶性肿瘤中最常见的基因改变。*TP53* 基因与人类 50% 的肿瘤有关，其研究在分子生物学、细胞生物学及肿瘤学界受到极大关注。目前发现，白血病、淋巴瘤、肝癌、乳腺癌、膀胱癌、胃肠道癌、前列腺癌、软组织肉瘤、卵巢癌、脑瘤、淋巴瘤、食管癌、肺癌及成骨肉瘤等癌症中的 *TP53* 基因常呈失活状态。

人类 *TP53* 基因定位于 17p13.1，编码的 p53 蛋白，分子量为 53 kD，这种蛋白能够抑制某些促进细胞有丝分裂的酶的活性，从而抑制细胞生长。p53 蛋白可能通过抑制与 DNA 复制相关的细胞基因或基因产物而发挥作用。致突变因子引起的 DNA 破坏，可诱导 *TP53* 激活。p53 能阻止细胞周期于 G_1 期，并抑制 DNA 复制，使被破坏的 DNA 在复制之前有修复的时间；它还可引起细胞凋亡，清除突变的细胞。而突变的 p53 丧失了阻断细胞周期的能力，导致突变频率增加及细胞基因组的不稳定性。缺乏 p53 的肿瘤细胞不能凋亡，从而维持了肿瘤细胞的生存。*TP53* 正常功能的丧失，最主要的方式是基因突变，大部分突变是错义突变；*TP53* 的微小改变可引起远离突变位点区段甚至整个蛋白构象的改变，不仅影响突变体，还影响野生型的功能。

癌基因与抑癌基因这两类互相拮抗的基因精细平衡、控制着细胞的生长。任何一种基因的异常表达都可能导致细胞生长的失控。癌的生成是一个涉及多种癌基因活化和抑癌基因失活的多步骤累积变化的过程。

自 测 题

一、选择题

1. 下列哪个基因为肿瘤转移抑制基因
   A. ras   B. RB   C. p21
   D. MTS1   E. NM23

2. 存在于正常细胞中，在适当环境下被激活可引起细胞恶性转化的基因是
   A. 癌基因   B. 抑癌基因   C. 原癌基因
   D. 抗癌基因   E. 隐性癌基因

3. 布卢姆综合征（BS）属于
   A. 单基因遗传   B. 多基因遗传   C. 染色体畸变引起
   D. 遗传易感性   E. 染色体不稳定综合征

4. 视网膜母细胞瘤属于以下哪种类型的肿瘤
   A. 单基因遗传   B. 多基因遗传   C. 染色体畸变引起
   D. 遗传易感性   E. 染色体不稳定综合征

5. 家族性结肠息肉病属于下列哪种类型的肿瘤
   A. 多基因遗传   B. 染色体不稳定综合征 C. 遗传易感性
   D. 单基因遗传   E. 染色体畸变引起

6. 伯基特淋巴瘤属于下列哪种类型的肿瘤
   A. 多基因遗传   B. 染色体畸变引起   C. 遗传易感性
   D. 单基因遗传   E. 染色体不稳定综合征

7. 在二次突变学说中，第二次突变发生在
   A. 卵子   B. 体细胞   C. 原癌细胞
   D. 癌细胞   E. 精子

8. MYC 基因产物是一种
   A. 酪氨酸激酶   B. 生长因子   C. DNA 结合蛋白
   D. 表皮生长因子   E. 神经递质

9. SRC 基因产物是一种
   A. 神经递质   B. 生长因子   C. DNA 结合蛋白
   D. 表皮生长因子   E. 酪氨酸激酶

10. 视网膜母细胞瘤的特异性标志染色体是
    A. 费城染色体   B. 13q 缺失   C. 8、14 易位
    D. 11p 缺失   E. 11q 缺失

11. 伯基特淋巴瘤的特异性标志染色体是
    A. 费城染色体   B. 13q 缺失   C. 8、14 易位
    D. 11p 缺失   E. 11q 缺失

12. 不是共济失调性毛细血管扩张症的特点的是
    A. 常染色体隐性遗传 B. 无免疫缺陷   C. 染色体具有不稳定性
    D. 单基因遗传   E. 毛细血管扩张

13. 不属于抑癌基因的是
    A. *rb*   B. *p53*   C. *SRC*
    D. *p16*   E. *NM23*
14. 人们充分认识到以下哪种特征是肿瘤细胞的一大特征
    A. 染色体异常   B. 基因突变   C. 染色体脆性
    D. 染色体数目异常   E. 染色体结构畸变
15. 在恶性肿瘤细胞内常见到结构异常的染色体，如果一种异常的染色体较多地出现在某种恶性肿瘤的细胞内，就称为
    A. 染色体畸变   B. 染色体变异   C. 染色体脆性
    D. 标志染色体   E. 异常染色体
16. 癌基因原是以下哪种中的一些基因
    A. 正常细胞   B. 正常组织   C. 癌组织
    D. 癌细胞   E. 癌周组织
17. 以下哪项不是原癌基因激活的结果
    A. 表达或分泌增加   B. 持续的细胞增殖信号
    C. 核糖体大、小亚基解离增高   D. 激酶活性增强
    E. 过量表达

（18～20题共用题干）
18. 直结肠家族性多发性腺瘤性息肉属于哪种病变
19. 仅浸润黏膜层及黏膜下层的胃肠道癌称为
20. 未成熟畸胎瘤属于哪种病变
    A. 交界性肿瘤   B. 早期癌   C. 癌前病变
    D. 恶性肿瘤   E. 良性肿瘤

二、简答题

1. 癌基因有哪几类？癌基因有哪几种激活方式？
2. 什么是肿瘤发生的单克隆起源假说？有哪些支持证据？
3. 请说明恶性肿瘤发生与染色体不稳定综合征。
4. 试述原癌基因按其产物功能分类及其各自功能。

三、案例分析题

患者，女性，45岁，近期发现无痛性肿块，其家族有乳腺癌病史。经检查确诊为乳腺癌。
请回答：
（1）乳腺癌的发病原因可能与哪些因素有关？
（2）防治原则是什么？

（胡艳玲）

第十章 遗传病的诊断

第十章数字资源

学习目标

1. 知识：列举遗传病诊断的基本方法，结合具体病例说出遗传病诊断内容中病史、症状和体征、系谱分析、细胞遗传学检查、生物化学检查、基因诊断的具体方法和手段，解释无创产前诊断的意义。
2. 能力：能够叙述产前诊断的对象和手段，能说出基因诊断在遗传病诊断中的应用，能说出系谱分析法的注意事项。
3. 素养：通过了解基因诊断与传统诊断方法相比所展现出来的优势，理解基因诊断的重要作用，进一步认识"早发现，早治疗"对遗传病诊断的意义，树立"健康中国"理念，提升理论与实践相结合的综合素质。

案例10-1

某婴儿出生后母乳喂养，几天后出现呕吐、拒食、腹泻、失重，1周后出现肝损害症状和黄疸、腹水。随后，出现白内障，并表现出智力发育障碍和生长发育障碍，血液和尿中半乳糖含量增高，而血糖低下等。最终因肝衰竭或感染死亡。

问题与思考：
该病可能为何种遗传病？如何确诊？如何对该病进行有效控制和治疗？

遗传病的诊断是遗传学领域至关重要的部分。当前，随着分子生物学技术，特别是新一代测序技术（如全基因组测序和全外显子组测序）的发展，遗传病的诊断从传统方式向基因水平的精准诊断转变。这一领域由多学科融合，涉及遗传学、临床医学和生物信息学等。遗传病类型多样，包括单基因遗传病、多基因遗传病和染色体异常遗传病，其诊断的复杂性根据种类、遗传方式和变异形式而不同。然而，遗传病诊断的应用范围不断扩大，除确诊外，在疾病预防、遗传咨询、产前诊断等方面均发挥着重要作用，有助于降低遗传病的发生风险。

遗传病的诊断按时间可以分为产前诊断、症状前诊断和现症患者诊断3种类型。其中以产前诊断、症状前诊断最具临床价值，可以实现早期诊断，便于进行选择性流产，降低遗传病患儿出生率；同时便于开展针对已出生患儿的早期治疗，以获得最佳疗效。

遗传病的诊断是一项复杂的工作，很多遗传病都存在遗传异质性和拟表型现象，往往需要多学科的配合。其诊断除了应遵循一般疾病的临床诊断原则和操作外，还必须辅以遗传学特殊的诊断手段，如系谱分析、细胞遗传学检查、生化检查、基因诊断、皮纹分析。因此，遗传病的准确诊断不仅要求医务工作者具有丰富的临床医学知识，还要求其掌握遗传病的传递规律和遗传病特殊检测的各种实验操作方法。

第一节 临床诊断

遗传病的临床诊断是指医务工作者根据已经出现症状患者的病史及各种临床表现,结合遗传病特有的症状和体征对疾病进行的分析和判断。

一、病史

病史采集主要通过采集对象的主观描述和相关个体的病案查询来完成,其真实性和完整性对后续的分析和研究至关重要。由于遗传病大多有家族聚集现象和特定的遗传规律,在病史采集过程中要本着准确和详尽的原则,除一般病史外,还应着重了解患者的家族史、婚姻史和生育史。

1. 家族史　即整个家系的所有成员患同种疾病的历史。它所反映的应该是患者父系及母系各家族成员的患病情况,应注意家族史资料的准确性、全面性。
2. 婚姻史　着重了解婚龄、次数、配偶健康状况以及是否近亲结婚。
3. 生育史　着重询问生育年龄、子女数目及健康状况,有无流产、死产和早产史;如有新生儿死亡或患儿,则除询问父母及家庭成员上述情况外,还应了解患儿有无产伤、窒息,母亲妊娠早期是否患病毒性疾病和接触过致畸因素,如是否服用过致畸药物或接触过电离辐射、有害化学物质等。

二、症状和体征

除具有一般疾病的症状和体征外,许多遗传病还表现出其特异性症候群,因而需根据不同的情况进行专门检查。如智力低下的遗传学问题,许多单基因遗传病、多基因遗传病、染色体病和线粒体遗传病等均可导致不同程度的智力低下,但环境因素也是导致智力低下的一个重要原因。大多数遗传病在婴儿或儿童期即表现出临床症状。除观察外貌特征外,还要注意观察生长发育、性器官及第二性征发育情况。由于遗传异质性和遗传多效性的存在,许多遗传病在临床上可表现出相似的表型,同一种疾病在不同的个体可以表现出不同的症状与体征。仅凭症状与体征的诊断是不完整的,有时甚至是不可靠的;而有些遗传病的确诊只能依靠实验室诊断。

三、产前诊断

产前诊断（prenatal diagnosis）是指在胎儿出生之前应用各种先进的医学技术,如影像学、生物化学、细胞遗传学及分子生物学等方法,对先天性和遗传性疾病做出诊断。产前诊断是遗传病诊断的一种方法,是生化遗传学、细胞遗传学、分子遗传学和临床医学实践相结合的产物。目前常用的妊娠早期产前诊断方法大体分为两种:有创性诊断,包括妊娠早期绒毛针吸活检和妊娠中期羊膜穿刺,并通过细胞遗传学技术进行染色体检查;无创性诊断,包括孕妇外周血胎儿细胞富集、孕妇妊娠早期超声及血清生化筛查等。有创方法可导致流产、宫内感染及胎儿缺失,甚至胎死宫内;孕妇外周血胎儿细胞富集方法复杂,费用较高,暂不适用于人群筛查。因而,B超检查和孕妇血清生化指标筛查以其简便、无创、可重复性成为目前产前筛查胎儿遗传病的重要方法。

1. 产前诊断的主要对象　夫妇一方有染色体数目或结构异常或曾生育过染色体病患儿的孕妇;夫妇一方是染色体平衡易位携带者或具有脆性X染色体家系的孕妇;夫妇一方是某种基因病患者,或曾生育过某一基因病患儿的孕妇;夫妇一方有神经管畸形,或生育过开放性神经管畸形儿（无脑儿、脊柱裂等）的孕妇；有原因不明的自然流产史、畸胎史、死产或新生儿死亡史的孕妇；羊水过多的孕妇；35岁以上的高龄孕妇；夫妇一方有明显致畸因素接触史的孕妇。产前诊断主要通过观察胎儿表型的形态学特征、分析基因产物（蛋白质和酶）、检查基因载体（染色体）和鉴定基因本身（DNA）进行诊断。

2. 产前诊断的主要手段　产前诊断的主要手段包括胎儿镜诊断、超声诊断、羊水诊断、绒毛细胞检查、孕妇的血液和尿液检查等。

> **知识链接**
>
> **无创DNA产前检测技术**
>
> 无创DNA产前检测技术是利用孕妇血浆中游离胎儿DNA（cell-free fetal DNA，cffDNA），在妊娠期进行的一种安全、相对更为可靠的产前筛查方法。孕妇外周血中游离的胎儿细胞主要来源于凋亡的胎盘滋养层细胞，其次为胎儿细胞及胎儿DNA的直接跨膜转运。一般在妊娠4周时的母体血液中就可出现，随着孕周的增加而增加。无创DNA产前检测技术通过抽取孕妇静脉血，利用测序技术对母体外周血浆中的游离DNA片段（包含cffDNA）进行深度测序，并进行生物信息分析，从而判断胎儿患染色体非整倍性疾病的风险。新一代高通量测序技术的高通量、高分辨率等技术特点使其在无创DNA检测胎儿非整倍体中广泛应用。如今，越来越多的研究显示，孕妇外周血浆游离DNA检测技术具有无创伤性，而敏感性、特异性较高。然而，应该明确的是，临床上无创DNA检测技术目前并不能完全取代唐筛检测，而只是一种高精确的筛查方法，是风险预测，不是诊断；而且无创DNA检测技术对双胎、多胎妊娠存在一定的检测局限性，主要可应用于21三体、18三体、13三体高风险筛查，检测异常或正常但其他检测显示胎儿异常的孕妇，还需经过遗传咨询确认是否需要进一步进行产前诊断。同时，该技术因人类伦理和成本因素，其应用推广还受到一定的限制。随着诊断技术的提高和检测成本的下降，无创DNA检测技术这种"近似于产前诊断水平""目标疾病指向精确"的产前筛查技术在临床上的应用前景不容小觑。

第二节　系谱分析

系谱分析（pedigree analysis）是遗传病诊断的一个非常重要的方法。通过系谱分析，可以明确某种病是否为遗传病。如果是遗传病，根据遗传规律可确定其遗传方式，进而确定家系中每个成员的基因型。进行系谱分析首先要绘制一个全面、详尽、准确、可靠的系谱，这是得出正确结论的前提。为此，在绘制系谱过程中应注意以下几点，否则会造成系谱不准确：

（1）系谱的系统性、完整性和可靠性。完整的系谱应有三代以上家庭成员的患病情况、婚姻情况以及生育情况（包括有无流产史、死胎史及早产史），还应注意患者或代诉人是否因有顾虑而提供虚假资料，如不愿提供重婚及非婚子女、同父异母、同母异父、养子养女等信息，造成系谱失真的情况，必要时应对患者及家属进行实验室检查和其他辅助检查，使诊断更加可靠。

（2）由于某些显性遗传病存在迟发表现，以致在绘制系谱时某些患者尚未表现出症状，影响分析的准确性。如亨廷顿病是一种由于常染色体显性遗传导致基底节及大脑皮质变性引起的，以进行性舞蹈样动作、肌张力时高时低、进行性智力衰退甚至痴呆为主要表现的锥体外系疾病。患者一般在中年发病，病情进行性恶化。苯丙酮尿症（PKU）患者出生时表现正常，由于苯丙氨酸（PA）代谢途径中的酶缺陷，如果不能得到早期诊断和早期治疗，会逐步出现智力低下、神经精神症状、湿疹、皮肤抓痕征及色素脱失和"鼠尿味"、脑电图异常等临床表现。

（3）由于外显不全而呈现隔代遗传现象，不可将显性遗传病误认为隐性遗传病。要充分考虑目前家庭成员数目较小导致可供观察样本不足的状况。

（4）新的基因突变。有些遗传病家系中除先证者外，找不到其他患者，因而很难从系谱中判断其遗传方式，更不可因患者在家系中是"散发的"而误定为常染色体隐性遗传。如假肥大性肌营养不良是一种致死的X连锁隐性遗传病，约有1/3的病例为新的基因突变引起。

（5）显性与隐性概念的相对性。分析同一种遗传病，可能因为采用的观察指标不同而得出不同的遗传方式，从而导致发病风险的错误估计。如镰状细胞贫血，HbS的纯合子（Hb^SHb^S）有严重的贫血，而杂合子（Hb^AHb^S）在正常情况下无贫血，这时突变基因Hb^S对Hb^A来说被认为是隐性的；然而，在氧分压低的情况下，杂合子的红细胞也可形成镰刀状，此时Hb^S对Hb^A来说是显性的。

此外，在系谱分析统计子女发病比值时应校正因统计带来的偏倚。

第三节　细胞遗传学检查

细胞遗传学检查适用于染色体畸变综合征的诊断，可以直接观察到染色体的形态结构，主要包括染色体检查和性染色质检查。

一、染色体检查

染色体检查也称核型分析（karyotype analysis），是确诊染色体病的主要方法。目前随着显带技术的发展以及高分辨染色体显带技术的应用，能更准确地判断和发现更多的染色体数目和结构异常综合征，甚至能发现染色体微畸变综合征。

染色体检查的方法有孕妇及丈夫外周血染色体G带核型分析、羊水细胞染色体核型分析、胎儿脐血细胞染色体核型分析、早期绒毛染色体核型分析等。染色体检查的标本主要取自外周血、绒毛、羊水中胎儿脱落细胞和脐血、皮肤等各种组织。

荧光原位杂交（fluorescence in situ hybridization，FISH）技术是应用不同荧光标记的多种特异核酸探针与细胞中期染色体或间期染色质的DNA分子杂交，通过荧光显微镜或共聚焦激光扫描仪观察荧光信号，以确定特定染色体的数目和结构是否正常。FISH技术可以很直观、方便地检测到单体型、三体型以及染色体的微小缺失、插入、易位、倒位或扩增等结构异常，因此在遗传病染色体异常的诊断特别是羊水细胞的产前诊断中具有常规细胞遗传学方法无法比拟的优越性。

染色体检查的适应证及对象：①有明显的智力发育不全、生长迟缓或伴有其他先天畸形者；②夫妇之一有染色体异常者，如平衡易位、嵌合体；③家族中已有染色体异常或先天畸形的个体；④习惯性流产妇女及其丈夫；⑤原发性闭经和女性不孕症患者；⑥无精子症和男性不育症患者；⑦两性内、外生殖器畸形者；⑧疑为唐氏综合征的患儿及其父母；⑨原因不明的智力低下伴有大耳、大睾丸和（或）多动症者；⑩35岁以上的高龄孕妇（产前诊断）。

二、性染色质检查

性染色质检查包括X染色质和Y染色质检查，主要用于疑似两性畸形或性染色体数目异常的疾病诊断或产前诊断，具有一定的价值，但确诊仍需依靠染色体检查。性染色质检查材料来自发根鞘细胞、皮肤或口腔黏膜上皮细胞、女性阴道上皮细胞，也可取自绒毛和羊水的胎儿脱落细胞涂片等，检查方法简便、易行。性染色质检查可以确定胎儿的性别，有助于 X 连锁遗传病的诊断，判断两性畸形，以及辅助诊断由于性染色体数目异常所致的性染色体病。X 染色质数目计数分析适用于 X 染色体异常而引起的性染色体畸形综合征的检出。如特纳综合征 X 染色质为阴性，克兰费尔特综合征 X 染色质为阳性。Y 染色质数目计数分析适用于具有一个或一个以上 Y 染色体的个体或细胞群。如正常男子只有 1 个 Y 染色质，而 XYY 男性有 2 个 Y 染色质。

第四节　生物化学检查

基因突变引起的单基因遗传病往往表现在酶和蛋白质的质和量的改变或缺如，因此酶和蛋白质的定性和定量分析可以反映基因结构的改变，是诊断单基因遗传病或遗传性代谢病的主要方法。由于代谢产物及蛋白质分析主要采用生化手段，故称为生物化学检查。可从以下两个方面进行分析。

1. 代谢产物分析　酶缺陷导致一系列生化代谢紊乱，从而使代谢中间产物、底物、终产物和旁路代谢产物发生变化。因此，检测某些代谢产物的质和量的改变，可间接反映酶的变化而做出诊断。例如对疑似苯丙酮尿症（PKU）的患者，可检测血清苯丙氨酸或尿液中苯乙酸浓度；对黏多糖贮积症，可测定尿中硫酸皮肤素、硫酸乙酰肝素水平。

2. 酶和蛋白质分析　基因突变引起的单基因遗传病主要是特定酶和蛋白质的质和量改变的结果。因此，对酶活性和蛋白质含量测定是确诊某些单基因遗传病的主要方法。检测酶和蛋白质的材料主要来源于血液和特定的组织、细胞，如肝细胞、皮肤成纤维细胞、肾及肠黏膜细胞。但应注意，许多基因的表达具有组织特异性，因此，一种酶缺乏不一定在所有组织中都能检出。例如苯丙氨酸羟化酶必须用肝组织活检，在血细胞中无法测出。常见的可通过酶活性检测而诊断的遗传性代谢病列于表 10-1。

表 10-1　常见的可通过酶活性检测而诊断的遗传性代谢病

疾病	所检测的酶	采样组织
白化病	酪氨酸酶	毛囊
苯丙酮尿症	苯丙氨酸羟化酶	肝
半乳糖血症	半乳糖-1-磷酸尿苷转移酶	红细胞
黑矇性痴呆	氨基己糖苷酶	白细胞
进行性假肥大性肌营养不良	肌酸激酶	血清
糖原贮积症Ⅰ型	葡萄糖-6-磷酸酶	肠黏膜
糖原贮积症Ⅱ型	α-1，4-葡萄糖苷酶	皮肤成纤维细胞
糖原贮积症Ⅲ型	红细胞脱支酶	红细胞
糖原贮积症Ⅳ型	支化酶	白血病细胞、皮肤成纤维细胞
枫糖尿病	α-酮酸脱羧酶	肝、白细胞、成纤维细胞
戈谢病	β-葡萄糖脑苷脂酶	皮肤成纤维细胞
腺苷脱氨酶缺乏症	腺苷脱氨酶	红细胞
组氨酸血症	组氨酸酶	指（趾）甲屑
高苯丙氨酸血症	二氢蝶啶还原酶	皮肤成纤维细胞
瓜氨酸血症	精氨基琥珀酸合成酶	皮肤成纤维细胞
精氨基琥珀酸尿症	精氨基琥珀酸裂合酶	红细胞
同型胱氨酸尿症	丙氨酸、丁氨酸、胱硫醚合成酶	肝
胱硫醚尿症	胱硫醚酶	肝、白细胞、皮肤成纤维细胞
酪氨酸血症Ⅰ	对羟基苯丙酮酸羟化酶	肝、肾
酪氨酸血症Ⅱ	酪氨酸氨基转移酶	肝
氨基脯氨酸转移症	氨酰脯氨酸酶	白细胞

第五节 基因诊断

基因诊断（gene diagnosis）是指运用分子生物学技术在 DNA 或 RNA 水平对某相关基因进行分析，从而对特定疾病进行诊断的方法和过程。

一、基因诊断的特点

1. 取材方便 机体组织的有核细胞基因组成完全一致，都有全套基因组 DNA；基因突变也存在于一切细胞中。个体任何发育阶段的任何细胞均可作为基因诊断的材料，不受组织时相限制。最常用的是外周血细胞，羊水、脐带血或孕妇外周血等，均可作为胎儿的检测材料。
2. 针对性强 以直接检测遗传病发生的根源（基因）为目的。
3. 特异性强 基因诊断是以 DNA 碱基互补为基础的，因而也就决定了它的强特异性。
4. 灵敏度高 用放射性同位素、酶或化学发光试剂标记探针，具有很高的检测灵敏度。PCR 扩增也有很高的灵敏度。
5. 适用范围广 可检测内源性基因和外源性基因。

二、基因诊断的常用方法及原理

（一）核酸分子杂交

核酸分子杂交是基因诊断的较基本的方法之一。其基本原理是根据核酸分子碱基互补原则，互补的核苷酸单链能够在一定条件下结合成双链，即能够进行杂交。这种结合是特异性的，它不仅能在 DNA 和 DNA 之间进行，也能在 DNA 和 RNA 之间进行。基因探针（gene probe）是一段与目的基因互补的标记核苷酸序列（DNA 或 RNA）。当用一段已知基因的核酸序列作为探针，与变性后的单链基因组 DNA 接触时，如果两者的碱基完全配对，它们即互补结合成双链，表明被测基因组 DNA 中含有已知的核酸序列；反之，则不能杂交，反映被测 DNA 序列异常，从而帮助我们进行判断和诊断。核酸分子杂交主要包括斑点杂交、原位杂交和基因芯片等技术。

1. 斑点杂交 等位基因特异性寡核苷酸（ASO）探针杂交是最早用于检测点突变的方法。将待测 DNA 样品直接点在硝酸纤维素膜或尼龙膜上，经变性成单链后与标记（同位素或其他标记）的探针进行杂交，根据杂交信号的有无或强弱来判断是否存在基因突变、是突变基因的纯合子还是杂合子，从而进行基因诊断。用人工合成的 20 个核苷酸左右长度的 ASO 探针，在严格的杂交洗脱温度下，可区分一个碱基的差别，用针对正常和突变的 ASO 可准确鉴定个体的基因型（图 10-1）。

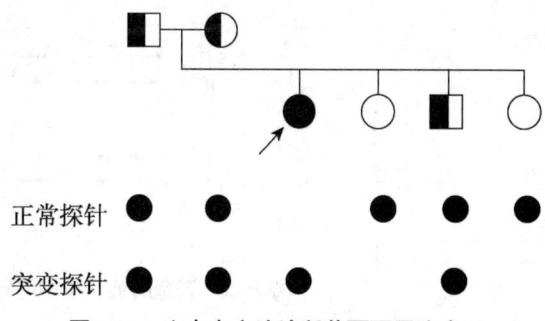

图 10-1 斑点杂交法诊断苯丙酮尿症家系

2. 原位杂交 用特定标记的已知核酸片段作为探针，直接与细胞或组织切片中的核酸进行杂交，结合光学显微镜和电子显微镜，检测 DNA 在细胞核或染色体上的分布及特定基因在细胞中的表达情况。

3. 基因芯片（gene chip） 将大量特定序列的寡核苷酸或 DNA 片段通过一定方式固定于硅玻片、尼龙膜等固相载体表面，形成致密有序的 DNA 分子点阵，然后与标记好的待检 DNA 标本杂交,采集杂交信息后通过计算机分析,便可迅速、准确地鉴定出该个体许多基因的基因型或突变类型。基因芯片技术可极大地提高基因分析和诊断的效率。

(二)聚合酶链反应

聚合酶链反应(polymerase chain reaction,PCR)是一种模拟天然 DNA 复制过程的体外 DNA 扩增方法,它在引物的引导下通过 DNA 聚合酶催化,使 DNA 或 RNA 分子在体外大量扩增。

PCR 的主要过程是首先使待扩增的 DNA 在高温(92~95℃)下变性(解链);然后降低温度(40~60℃),使引物与待扩增的 DNA 链互补复性(杂交);最后在适合温度(65~72℃)条件下,使引物在 DNA 聚合酶的作用下不断延伸,合成新的互补链。这样按照高温变性→低温复性→引物延伸的顺序循环 20~40 个周期,就可以得到大量的 DNA 片段。

PCR 特异性强、灵敏度高,极微量的 DNA 即可作为扩增的模板得到大量的扩增片段。毛发、血痕,甚至单个细胞的 DNA 即可供 PCR 扩增之用。因此,它广泛应用于病原体 DNA 的检查、肿瘤残留细胞的检测、罪犯或个体遗传物质的鉴定以及遗传病的基因诊断等。

PCR 技术目前有许多新的发展,用途日益扩大。例如,以 RNA 为模板经过反转录再行扩增的 RT-PCR;改变两引物浓度,使其相差 100 倍,结果得到大量单链产物的不对称 PCR,其单链产物可用于序列分析;在一个反应中加入多对引物,同时检测多个部位的多重 PCR 等。

目前已经可以对一些遗传病进行 PCR 诊断。如果疾病是由基因缺失引起的(如 α- 珠蛋白生成障碍性贫血),则经过 PCR 后,不会得到该基因相应片段的扩增产物。如果疾病是由点突变引起的,而且突变的位置和性质已知,则在设计引物时使之包括突变部位,由于突变后的碱基不配对,结果无扩增片段;或者在引物设计时于其 3′ 端设计一个错误的核苷酸,使之与突变的核苷酸配对,其结果是正常引物不能扩增,而用错误的引物能扩增,从而可对突变的存在做出判断。

进行性假肥大性肌营养不良(DMD)的致病基因 *DMD* 长度为 2500 kb,含 79 个外显子。其主要的遗传缺陷是外显子缺失,集中在外显子 2~20 和 44~52。根据这些外显子序列设计引物,对待检患者基因组 DNA 进行多重 PCR,可快捷、高效地进行基因诊断。如果 *DMD* 基因发生外显子缺失,PCR 产物电泳就不会显示相应片段的条带,达到诊断目的(图 10-2)。

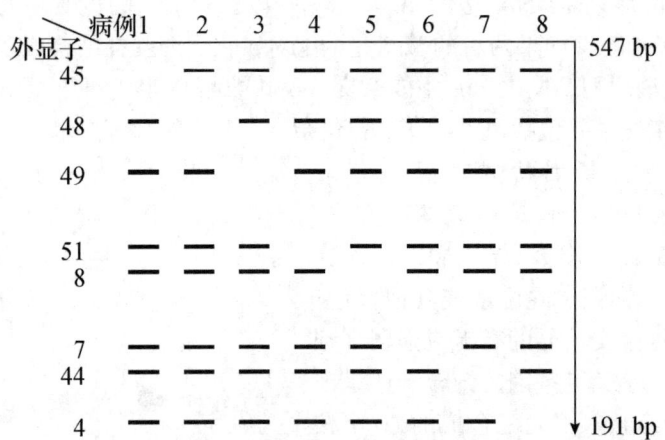

图 10-2 聚合酶链反应诊断进行性假肥大性肌营养不良外显子缺失

(三)DNA 测序

对 PCR 扩增得到的特定 DNA 片段直接进行测序,可以精确地了解基因的突变情况,是最直接检测基因突变的方法。目前 DNA 测序技术已经实现了全自动分析,它快速、精确、可靠,是基因诊断的发展方向。该技术已广泛应用于疾病的基因诊断、基因研究、亲子鉴定等工作。DNA 测序技术可以对全基因组进行序列分析,对于已有明确治疗方法的遗传病,可以尽早诊断并指导临床进行早期治疗,有效地降低伤残率和死亡率。

以上这些分子生物学技术已逐步应用于遗传病的产前诊断，如镰状细胞贫血、巴氏胎儿水肿综合征、α-珠蛋白生成障碍性贫血、β-珠蛋白生成障碍性贫血、血友病 A、$α_1$-抗胰蛋白酶缺乏症、苯丙酮尿症、进行性假肥大性肌营养不良及视网膜母细胞瘤。随着分子生物学技术的不断成熟和完善，其作为先天性遗传病的诊断方法将会有更广泛的应用前景。

三、基因诊断的应用与发展前景

美国国家卫生研究院（NIH）2015 年颁布的精准医疗白皮书中，将精准医疗定义为"是一种新兴的，综合考虑居民基因、环境、生活方式等变量的疾病预防和治疗手段"。我国已于 2016 年启动中国精准医疗计划。目前，更加个性化的诊疗需求正在对传统的医学模式提出挑战。

与传统的诊断方法相比，基因诊断的优点主要在于其直接从基因型推断表型，即越过基因产物直接检测基因的结构而做出产前或症状前的早期诊断，具有针对性强、特异性强、灵敏度高、诊断范围广、目的基因无组织和发育特异性等特点。

可以说，我国已着手筹建的中国人群全基因组数据库和样本库，将为精准医疗的开展奠定基础。同时，越来越多与疾病有关的基因得到确认，技术进步导致基因测序成本大幅降低，使得人们看到了其应用于临床诊疗的前景。早期、灵敏度高的确诊加上后续及时的预防及治疗，对于遗传病患者尤其是恶性肿瘤患者是至关重要的。

自 测 题

一、选择题

1. 不能进行染色体检查的材料有
   A. 羊水　　　　　　　　B. 排泄物　　　　　　　C. 绒毛膜
   D. 肿瘤　　　　　　　　E. 外周血
2. 家系调查的最主要目的是
   A. 了解家族发病人数　　　　　　B. 了解该疾病的遗传方式
   C. 了解医治效果及预后　　　　　D. 收集病例
   E. 便于与患者联系
3. 生化检查主要是针对
   A. 病原体　　　　　　　B. DNA　　　　　　　　C. 蛋白质和酶
   D. 微量元素　　　　　　E. 大量元素
4. 在 X 染色质检查中，特纳综合征患者的 X 染色质数目是
   A. 1 个　　　　　　　　B. 2 个　　　　　　　　C. 0 个
   D. 4 个　　　　　　　　E. 3 个
5. 在 Y 染色质检查中，核型 47, XYY 的患者 Y 染色质的数目是
   A. 1 个　　　　　　　　B. 2 个　　　　　　　　C. 0 个
   D. 4 个　　　　　　　　E. 3 个
6. 基因诊断与其他诊断相比较，其最主要的特点是
   A. 费用高　　　　　　　　　　　B. 周期短
   C. 取材便利　　　　　　　　　　D. 针对基因结构
   E. 针对病变细胞

7. 目前诊断单基因遗传病最常用的分子诊断技术是
   A. 荧光原位杂交（FISH）　　　　　　B. 聚合酶链反应（PCR）结合基因测序
   C. 染色体核型分析　　　　　　　　　D. 酶活性测定
   E. 串联质谱分析

二、名词解释

1. 基因诊断
2. PCR
3. 核酸分子杂交技术

三、简答题

为什么说基因芯片是基因诊断的发展方向？

（王　钏）

第十一章　遗传病的治疗

第十一章数字资源

学习目标

1. 知识：说出遗传病治疗的主要方法以及适用对象，分析基因治疗存在的问题与解决办法。

2. 能力：根据患者症状、家族史、基因检测结果分析治疗方案，评估治疗案例的优劣。综合多种因素设计遗传病初步治疗方案。从多渠道获取遗传病治疗信息并整合运用。

3. 素养：通过关注前沿信息，积极参与探究，了解相关实验技术并能运用。培养逻辑思维，合理评估遗传病治疗方案的效果与风险。树立伦理观念，遵循规范，增强科普宣传意识。

案例 11-1

有一对夫妇，他们身体健康，但是却生育了一个患有苯丙酮尿症（PKU）的孩子。这个孩子从出生开始就面临着很多问题，他不能像正常孩子一样吃普通的食物，因为他的身体缺乏一种将苯丙氨酸转化为酪氨酸的酶，一旦摄入含苯丙氨酸过多的食物，就会导致智力发育迟缓、皮肤毛发异常等严重问题。

问题与思考：

1. 为什么健康的父母会生出患有苯丙酮尿症的孩子？

2. 目前这个孩子只能通过特殊的饮食，严格限制苯丙氨酸的摄入来控制病情。这种治疗方式是不是最佳的？有没有其他更好的治疗方法？

遗传病的治疗是遗传学研究与临床实践中极具挑战性又充满希望的重要部分。目前，遗传病治疗领域正处于快速发展与变革之中。一方面，传统的治疗方法仍在发挥着一定的作用，例如针对某些代谢性遗传病采用饮食控制疗法，通过限制特定物质的摄入来调节代谢平衡；对于一些遗传病引发的症状，则采用药物治疗来缓解症状、改善患者的生活质量。另一方面，随着生物技术的不断进步，新兴的治疗手段逐渐崭露头角，如基因治疗，旨在修正或补偿缺陷基因，以从根源上治疗遗传病。还有干细胞治疗，利用干细胞的分化潜能来修复受损的组织或器官。然而，遗传病的治疗面临着诸多难题，不同类型遗传病的异质性、治疗的安全性和有效性的平衡、高昂的治疗成本等都制约着治疗的全面推进，但科学家仍在不懈努力，探索更有效的治疗方案，为遗传病患者带来更多的希望。

第一节　手术治疗

遗传病曾被认为是一类即使能够确诊也无法治疗的疾病。然而随着医学遗传学（特别是分子遗传学）的发展，人们对遗传病的发病机制、病理过程的认识逐渐深入。尤其是基因沉默、基因敲除等技术的开展，使得遗传病的治疗有了长足的进展，已从传统的内科治疗、外科治疗、饮食治疗尝试跨入基因治疗，这为彻底根治遗传病开辟了广阔的前景。

当遗传病发展到出现临床症状，尤其是器官、组织出现损伤时，应用外科手术对病损器官或组织进行切除、替换或修补，可有效地改善症状，减轻患者的痛苦。

一、矫正畸形

矫正畸形是手术治疗的主要手段。对遗传病所产生的畸形进行手术矫正，可收到较好的效果，如先天性心脏病的手术矫正；唇裂和（或）腭裂的修补；切除脾治疗某些遗传性溶血。对于某些先天性代谢病，可用手术的方式调整体内某物质的生化水平，如空肠回肠旁路术可使肠道胆固醇吸收减少，从而降低高脂蛋白血症患者的血胆固醇浓度。

二、器官和组织移植

随着免疫学知识和技术的发展，免疫排斥问题得到控制，所以器官和组织移植也逐渐被用于治疗遗传病。

1. 肾移植　肾移植是迄今最成功的器官移植。对家族性多囊肾、遗传性肾炎、糖尿病、先天性肾病综合征等多种遗传病患者进行肾移植可取得较好的疗效，可缓解患者的病情。

2. 肝移植　对 $α_1$-抗胰蛋白酶缺乏症（OMIM#613490）患者进行肝移植后，可使其血液中 $α_1$-抗胰蛋白酶达到正常水平。

3. 骨髓移植　对重型珠蛋白生成障碍性贫血及某些免疫缺陷病患者施行骨髓移植可重建患者机体免疫功能，并取得良好效果。

4. 胰腺移植　对 1 型糖尿病患者进行胰腺移植后，能使其血糖恢复到正常水平。

此外，还有其他器官、组织的移植，如对家族性遗传性角膜营养不良患者施行角膜移植术。

第二节　药物治疗

药物治疗可以在胎儿出生前进行，这时可以大幅度减轻胎儿出生后的遗传病症状。当遗传病发展到各种症状已经出现时，组织、器官已经受到损害，此时药物治疗主要是对症治疗，这类治疗主要是针对分子病。药物治疗的原则可以概括为补其所缺、去其所余。

一、补其所缺

分子病及遗传性酶病多数是由蛋白质或酶的缺乏引起的，故补充缺乏的蛋白质、酶或其终产物，常可收到效果，这种补充一般是终生性的。例如给予血友病 A 患者因子Ⅷ（抗血友病球蛋白）；给予生长激素缺乏性侏儒症患者生长激素；给予免疫缺陷病患者免疫球蛋白等。

二、去其所余

由于酶促反应障碍，患者体内贮积过多的代谢产物，此时可使用各种理化方法将其排出或抑制其生成。

1. 使用螯合剂或促排泄剂　肝豆状核变性（威尔逊病）是一种铜代谢障碍的常染色体隐性遗传病，患者细胞内由于过量铜离子堆积，出现肝硬化、脑基底节变性及肾功能损害等临床症状。D-青霉胺可与铜离子螯合，加速贮积的铜离子清除。

珠蛋白生成障碍性贫血患者因长期接受输血治疗，可导致体内铁离子沉积而造成器官损害，去铁胺B可与铁螯合形成螯合物经尿排出，去除多余的铁。

考来烯胺是一种不能被肠吸收的阴离子交换树脂。家族性高胆固醇血症患者口服考来烯胺后，交换树脂在肠道与胆酸结合排出，防止胆酸的再吸收，从而促进胆固醇更多地转化为胆酸从胆道排出，使血液中胆固醇水平降低。

2. 血浆置换或血浆过滤　血浆置换疗法已成功地应用于婴儿某些遗传性溶血、母婴血型不合溶血及重型高脂血症。血浆过滤则是将患者血液引入特殊的亲和结合剂瓶内，进行选择性结合，将过滤后的"清洁"血浆回输给患者。例如应用肝素选择性结合低密度脂蛋白（LDL），再将无LDL的血液回输给患者，可使家族性高胆固醇血症纯合子患者血胆固醇水平下降一半。

3. 使用代谢抑制剂　对因酶活性过高导致的代谢产物过剩病，可用代谢抑制剂降低代谢率进行治疗。例如，别嘌醇可抑制黄嘌呤氧化酶，减少尿酸形成，故可治疗痛风和自毁容貌症。

4. 平衡清除法　对于某些溶酶体贮积病，其沉积物可弥散入血，并保持血与组织之间的动态平衡，因此，如果将一定量的酶注入血液以清除底物，则平衡被打破，组织中沉积物可不断进入血液而被清除，周而复始，可逐渐达到去除"毒物"的目的。

第三节　饮食治疗

饮食治疗的原则是禁其所忌。对由于酶缺乏不能对底物进行正常代谢的患者，可限制其底物或前体物的摄入量，以达到治疗的目的。应用这一疗法取得成功的第一个病例是对苯丙酮尿症患儿限制苯丙氨酸的摄入，收到显著疗效。值得注意的是，饮食疗法的作用与患儿的年龄有很大关系。患儿年龄越小，治疗效果就越好。例如在出生后立即给苯丙酮尿症患儿服用低苯丙氨酸奶粉，患儿就不会出现智力障碍等症状。再如，半乳糖血症患儿出生后禁食乳汁及乳制品，不仅脑功能可正常发育，还可避免出现肝损害、白内障等。随患儿年龄的增长，饮食疗法的作用越来越小，到5岁左右出现各种症状，就难以逆转了。因此一定要早诊断、早治疗。

饮食疗法的另一个重要策略是减少患者对所忌物质的吸收。例如，在苯丙酮尿症患儿常规进食后，给予服用装有苯丙氨酸解氨酶的胶囊，这种酶在肠内释放，可将食物中消化后形成的苯丙氨酸转化为苯丙烯酸，使苯丙氨酸未被肠道吸收前即被选择性清除。

第四节　基因治疗

基因治疗（gene therapy）是指运用DNA重组技术设法修复患者细胞内有缺陷的基因，使细胞恢复正常功能，以达到治疗疾病的目的。考虑到基因治疗对后续基因表达及人类基因库可能存在的影响，临床应用应更加谨慎。

一、基因治疗的策略

基因治疗主要以两种策略达到治疗目的。①基因修正：定点导入外源正常基因，代替有缺陷的基因，而对靶细胞的基因组无任何改变，即在原位修复缺陷基因的直接疗法。基因修正是理想的基因治疗策略，但由于存在多种困难，目前尚未实现。②基因增补：即非定点导入外源正常基因以补偿缺陷基因表达的不足，而没有去除或修复有缺陷的基因，属于间接疗法，此法较前者难度小，也是目前主张采用的策略，并已付诸临床实践。就基因转移的受体细胞不同，基因治疗又有两种途径，即生殖（种系）细胞基因治疗和体细胞基因治疗。

1. 生殖细胞基因治疗　将正常基因转移到患者的生殖细胞，使其发育成正常个体。但由于技术和伦理方面受到的限制，目前暂不考虑生殖细胞的基因治疗途径。

2. 体细胞基因治疗　体细胞基因治疗是指将正常基因转移到体细胞，使之表达基因产物，以达到治疗目的。

体细胞基因治疗将基因转移到基因组上非特定座位，即随机整合。只要该基因能有效地表达出其产物，便可达到治疗目的。这不是修复基因结构异常，而是补偿异常基因的功能缺陷，这种策略易于获得成功。基因治疗中作为受体细胞的体细胞，离体后，先在体外接受导入的外源基因，待有效表达后，再输回到体内，这也是间接基因治疗方法。

二、基因治疗的方法

实现基因治疗要从患者体内取出细胞经体外培养、目的基因转移，然后重新返回人体产生治疗效应。

（一）目的基因的获取

基因治疗时通常选择两类基因作为目的基因：一类是与致病基因对应的有功能的正常基因，如腺苷脱氨酶（ADA）缺乏引起的重症联合免疫缺陷病（SCID），基因治疗时选择 ADA 作为目的基因；另一类是与致病基因无关，但有治疗作用的基因，如肿瘤治疗中选择自杀基因。获取目的基因的方法包括基因克隆 PCR 扩增、人工合成等。

（二）基因转移

基因转移是将外源基因安全、有效地导入靶细胞内的方法，是基因治疗的关键和基础。常用的基因转移技术主要有下列几类。

1. 化学法　用磷酸钙处理细胞，改变细胞膜的通透性，使外源 DNA 进入细胞内，并整合于受体细胞的基因组中。这种方法简单，但效率极低。

2. 物理法

（1）电穿孔法：将细胞置于高压脉冲电场中，通过电击使细胞产生可逆性的穿孔，周围基质中的 DNA 可渗入细胞。但有时也会使细胞受到严重损伤。

（2）显微注射法：在显微镜下，向细胞核内直接注射外源基因。一次只能注射一个细胞，工作耗力、费时，直接用于体细胞很困难。

（3）微粒子轰击法：利用亚微粒的钨和金吸收 DNA，通过高电压产生的轰击波，使其获得很快的速度（基因枪技术），可瞬间射进受体细胞，达到转移目的基因的目的，而又不损伤受体细胞原有结构。

3. 膜融合法　应用人工脂质体包裹外源基因，再与靶细胞融合，或直接注入病灶组织，使之表达。

4. 同源重组法　将外源基因定位导入受体细胞的染色体上，该座位有同源序列，通过单交换或双交换，新基因片段替换有缺陷的片段，达到修正缺陷基因的目的。

5. 病毒介导法　以病毒为载体，将外源目的基因通过基因重组技术组装于病毒内，让这种重组病毒去感染受体宿主细胞。目前主要应用反转录病毒载体和 DNA 病毒介导载体两种病毒介导基因转移方法。

（三）靶细胞

选择靶细胞必须考虑是否取材容易，便于体外培养和进行操作，并能安全返回人体内。目前使用较多的靶细胞有骨髓干细胞、成纤维细胞、肝细胞、血管内皮细胞和肌细胞等。

（四）转基因细胞的鉴定和回输

将目的基因转入靶细胞后，要对转基因细胞进行鉴定，了解外源基因的表达水平。通常应用 RNA 印迹（Northern blot）杂交法检测 RNA 的表达，通过测定表达蛋白来评估外源基因的表达情况。然后，将表达稳定的转基因细胞培养，扩增后使用合适的方式（如静脉注射、肌内注射、皮下注射）回输体内而发挥治疗作用。

三、基因治疗存在的问题与解决办法

1. 导入基因的稳定高效表达　外源基因转移入患者体内细胞表达，首先与转移方法有关。化学和物理方法导入基因效率低，自然表达也差。选择适当的受体细胞，也有利于导入基因能稳定、高效地表达。骨髓细胞作为受体细胞使用最多。应用反转录病毒载体导入基因，只能对分裂状态的细胞进行转染，因此用 5-FU 处理，使细胞分裂增强，再用含有目的基因的病毒颗粒转染，可获得较好的效果。骨髓细胞培养时使用造血因子，可使基因稳定、高效表达。

2. 导入基因的安全性　基因治疗应确保不因导入外源基因而产生新的有害遗传变异。因此，应构建相对安全的反转录病毒载体。另外，基因导入可能引起插入突变，导致重要基因失活，甚至可激活原癌基因，从而引起细胞恶性转化。所以进行基因治疗时，必须建立基因治疗的安全性研究检测指标，保证基因治疗的安全实施。随着医学遗传学的快速发展，遗传病患者将得到更加及时和准确的诊断和治疗。传统治疗方法和新技术、新手段的有机结合，将为我们提供更加高效和个性化的治疗方案。目前遗传病常用的治疗方法及其适应证列于表 11-1。

表 11-1　遗传病常用的治疗方法及其适应证

治疗方法		适应证
外科手术治疗	矫正畸形	手术修复：唇裂及腭裂；去脾：遗传性球形红细胞增多症；结肠切除术：家族性结肠息肉病
	器官或组织移植	骨髓移植：重症联合免疫缺陷病、β-珠蛋白生成障碍性贫血；肝移植：α$_1$-抗胰蛋白酶缺乏症
饮食治疗	禁其所忌	苯丙酮尿症（PKU）、半乳糖血症、枫糖尿病、蚕豆病（G6PD 缺乏症）
药物治疗	补其所缺	胰岛素：1 型糖尿病；生长激素：生长激素缺乏性侏儒症；因子Ⅷ：血友病 A；腺苷脱氨酶（ADA）：ADA 缺乏症；尿苷：乳清酸尿症；皮质醇：先天性肾上腺皮质增生症
	去其所余	肝豆状核变性、家族性高胆固醇血症、痛风

自 测 题

一、选择题

1. 由于分子遗传学的飞速发展，遗传病的治疗有了突破性的进展，已从传统的手术治疗、饮食方法、药物疗法等跨入了
   A. 手术与药物治疗　　　　B. 基因治疗　　　　　　　C. 饮食与维生素治疗
   D. 中医药治疗　　　　　　E. 物理治疗

2. 目前，遗传病的手术疗法主要包括
   A. 手术的剖析　　　　　　B. 器官、组织、细胞修复　C. 克隆技术
   D. 推拿疗法　　　　　　　E. 手术矫正和器官移植

3. 以下对基因治疗的描述，正确的是
   A. 只能用于单基因遗传病的治疗
   B. 是将正常基因导入患者体内以纠正或补偿缺陷基因的治疗方法
   C. 目前基因治疗技术已经非常成熟，广泛应用于临床各类疾病
   D. 基因治疗的载体只能选择病毒载体
   E. 基因治疗不会引发任何不良反应

4. 苯丙酮尿症患者的主要治疗方法是
   A. 基因治疗　　　　　　　B. 手术治疗　　　　　　　C. 饮食治疗
   D. 药物治疗　　　　　　　E. 化疗

5. 肝豆状核变性患者主要的治疗措施不包括
   A. 限制食用含铜的食物　　　　　　　　B. 服用促进铜离子排泄的药物
   C. 补充维生素　　　　　　　　　　　　D. 进行肝移植
   E. 使用螯合剂

二、简答题

1. 基因治疗存在哪些问题？
2. 饮食疗法治疗遗传病的基本原则是什么？请举例说明。

三、案例分析题

有一个患有家族性高胆固醇血症的家庭，患者血液中胆固醇水平极高，容易导致心血管疾病。请回答：可以采取哪些治疗方法来帮助这个家庭的患者？并说明理由。

（王　钊）

第十二章 遗传病的预防

第十二章数字资源

学习目标

1. 知识：说出遗传咨询的概念、对象和步骤，产前诊断的概念、对象和常用技术。简述遗传病预防的重要环节、内容和原则，常见遗传病的新生儿筛查。说出遗传病普查和遗传保健的注意事项。

2. 能力：能根据不同对象需求，选择新生儿筛查、产前筛查、产前诊断的不同检查方法。

3. 素养：通过学习遗传学名人事迹，培养求知、探索、创新的精神，养成良好的职业道德；通过了解遗传病对人类社会的影响，培养社会责任感，关注社会健康问题，积极参与遗传病的预防工作。

案例 12-1

一对夫妇生育了一个唐氏综合征患儿，经核型分析确诊为标准型患儿（47,XX，+21）。已知妻子生育年龄为 24 周岁，不属于高龄产妇，目前面临二孩生育问题。

问题与思考：

1. 该病若属于遗传病，如何避免再生育患同样疾病的患儿？
2. 他们还有可能生育健康的孩子吗？在生育过程中，应该采取哪些措施避免再次生育唐氏综合征患儿？

多数遗传病具有早发性、终身性的特点，目前多无有效的治疗方法，因此开展遗传病的预防十分重要，它能有效地避免遗传缺陷患儿出生，对降低遗传病发病率、提高人口素质具有重要意义。遗传病的预防主要涉及遗传病普查、遗传咨询、产前诊断、遗传保健等环节和内容。

第一节 遗传病普查

遗传病普查的目的是筛查出遗传病高危人群，以便作进一步的诊断和预防，控制遗传病在群体中流行。根据普查对象不同，可分为群体普查、新生儿筛查、携带者筛查、产前筛查等。进行遗传病普查时应注意的事项包括可行性、自愿性、专业性、保密性等。

一、群体普查

群体普查所选择的遗传病应是发病率较高、危害较严重、可以防治的病种。普查的方法应简单易行、准确性较高。对查出的病例应及时进行登记。登记的内容力求全面、真实，主要包括患者的病情资料，患者的发育史、婚姻史、生育史及亲属病情资料。普查的数据应及时进行统计分析，以便掌握该地区遗传病的发病规律和流行特点，更加有效地开展预防工作。明确人群中遗传病的种类、遗传方式、分布及发病率等情况，及时发现患者，及时治疗，并对患者及其家属进行婚姻和生育指导，以降低遗传病的发病率。

二、新生儿筛查

遗传筛查（genetic screening）是研究群体各成员某一位点基因类型的一项普查。通过筛查，可及早发现携带致病基因的个体，有利于遗传病的预防和治疗。

目前，某些遗传病已有有效的治疗方法，若能在新生儿阶段明确该疾病的诊断，在患儿出现不可逆转的损伤前得到治疗，则可防止临床症状的出现。

新生儿筛查（newborn screening）是指在新生儿期通过血液检查对某些危害严重的先天性或遗传性代谢疾病进行普查，使患儿得以早诊断、早治疗，避免因脑、肝、肾等损害，导致生长、智力发育障碍甚至死亡。新生儿筛查主要针对的是遗传性代谢病。国际公认的作为筛查疾病的条件有：①有一定的发病率；②早期缺乏特殊症状；③危害严重；④可以治疗；⑤有可靠的并适合大规模进行的筛查方法。新生儿筛查一般用静脉血或尿作为材料，采集时间是出生后 3～4 天。有些国家已将新生儿筛查列入优生的常规检查，筛查病种达 12 种。我国目前列入筛查的疾病主要有苯丙酮尿症（phenylketonuria，PKU）、先天性甲状腺功能减退症、听力障碍。此外，各地针对本地高风险病种开展的有半乳糖血症、先天性肾上腺皮质增生症和葡萄糖-6-磷酸脱氢酶（G6PD）缺乏症等病种的筛查。

苯丙酮尿症是由于苯丙氨酸羟化酶缺乏所导致的一种代谢病，这是一种常染色体隐性（AR）遗传病，临床表现为严重的智力障碍。但如果能在新生儿期发现，就可以通过饮食控制等措施防止或减缓症状的出现和发展。新生儿喂奶 3 日后，采集足跟末梢血。采用 Guthrie 细菌生长抑制试验半定量测定，其原理是苯丙氨酸能促进已被抑制的枯草杆菌重新生长，以生长圈的范围测定血中苯丙氨酸的含量。筛查到的阳性个体应采集静脉血做苯丙氨酸及酪氨酸测定。一旦确诊，应立即进行饮食控制，以减少苯丙氨酸的摄入。

新生儿先天性甲状腺功能减退症（congenital hypothyroidism，CH）又称呆小病，是由诸多先天因素导致的新生儿甲状腺激素分泌减少或其受体缺陷，进而影响患儿的正常生长发育，发生矮小、痴呆，丧失劳动能力，甚至生活不能自理，危害极大。新生儿先天性甲状腺功能减退症早期无明显表现，不易发现。而当患儿表现出智力发育低下、体格发育落后等典型临床症状时，已失去了早期治疗的机会，且情况不可逆转。先天性甲状腺功能减退症在新生儿期可以通过血清学筛查而早期发现。多采用出生后 2～3 天的新生儿干血滴纸片检测促甲状腺素（thyroid stimulating hormone，TSH）浓度作为初筛，当结果大于 20 mU/L 时，再检测血清甲状腺素（T_4）、TSH 以确诊。如能在新生儿时期及时诊断，做到早期治疗，患儿体格、智力发育可基本达到正常水平。故新生儿先天性甲状腺功能减退症筛查具有十分重要的意义。

> **知识链接**
>
> **葡萄糖-6-磷酸脱氢酶（G6PD）缺乏症**
>
> 葡萄糖-6-磷酸脱氢酶（G6PD）缺乏症又称蚕豆病，是机体内缺乏葡萄糖-6-磷酸脱氢酶（G6PD）而表现出的一系列症状。本病常发生于初夏蚕豆成熟的季节，表现为进食蚕豆后引起溶血性贫血。溶血的具体机制尚未明确。同一地区 G6PD 缺乏者仅少数人发病，而且也不是每

年进食蚕豆者均发病。3岁以下患儿占70%。G6PD缺乏症属于遗传病，40%以上的病例有家族史。绝大多数病例因进食新鲜蚕豆而发病。

三、携带者筛查

表型正常但带有致病的遗传物质，且能将其传递给后代使之患病的个体即称为携带者（carrier）。主要有显性遗传病未外显者或迟发外显者、隐性遗传病的杂合子、染色体平衡易位的携带者等类型。

携带者的检查方法包括临床水平、细胞水平、酶和蛋白质水平、基因水平4个层次的检查。临床水平的检查主要是根据体征和表型，分析某人可能是携带者，其准确率较低。细胞水平的检查主要是染色体的检查，可以查出异常染色体的携带者。酶和蛋白质水平的检查主要针对先天性代谢病和分子病。基因水平的检查是通过检测DNA或RNA的分子结构而直接检测出致病基因。

（一）先天性代谢病携带者的检出

先天性代谢病主要表现为人体内各种物质代谢的障碍，其中糖代谢异常、氨基酸代谢异常和脂质代谢异常较为多见。此外，还有溶酶体中酶的异常及核酸类代谢异常等。多数先天性代谢病是由于隐性基因所致，因此发病率较低。但人群中杂合子的比例却相对较高，检出这些杂合子对预防遗传病的意义重大。

基因异常引起相应酶异常所致的先天性代谢病，其杂合子的酶含量常常介于正常人与患者之间，通过测定酶含量检出携带者是常用的方法之一。此法适用于基因已表达且基因的拷贝数和产物呈正相关的代谢病。如苯丙酮尿症患者的肝中苯丙氨酸羟化酶缺乏，携带者肝中苯丙氨酸羟化酶的活性只有正常人的一半；半乳糖血症携带者的红细胞中半乳糖-1-磷酸尿苷酰转移酶的活性也是正常人的一半。

（二）染色体病携带者的检出

染色体病由染色体异常所致，但携带异常染色体的人并不一定就会发病。如染色体平衡易位携带者，虽然染色体数目减少了一条，但由于基因数量的基本平衡，其表型正常，而后代可能出现染色体病患者。此类疾病的筛查常常是针对患者的家族成员，如某家庭出现了易位型唐氏综合征患者，就应该进一步检查患者父母的染色体，经检测如果确定患者父亲或母亲是染色体平衡易位携带者，那么这对夫妇就有可能再生育唐氏综合征患儿。及时检测出染色体平衡易位携带者，就可以及时地预防患儿出生。

四、产前筛查

产前筛查是对妊娠期妇女，通过病史询问、检测孕妇血清生化指标、对胎儿进行超声影像学的检查等，筛查出子代具有出生缺陷的高风险人群，以进行产前诊断。筛查不是确诊性实验。筛查结果通常分为高危和低危两种，以百分比表示患病风险率。高危结果说明有可能患病；低危结果说明患病概率低，但不能彻底排除患病的可能性。对筛查结果为高危者，应进一步进行产前诊断。目前我国产前筛查主要针对唐氏综合征和神经管缺陷等出生缺陷，在妊娠早期和妊娠中期进行筛查。

（一）血清学筛查

用于筛查的血清标志物主要有甲胎蛋白（AFP）、游离雌三醇（uE3）、人绒毛膜促性腺激素（hCG）和妊娠相关血浆蛋白A（PAPP-A）等。其中甲胎蛋白（AFP）、游离雌三醇（uE3）、人绒毛膜促性腺激素（hCG）三者常联合检测，主要针对唐氏综合征（21三体综合征）、18三体综合征和

13 三体综合征进行。AFP 是胚胎早期的一种特殊糖蛋白。妊娠 6 周时胎血 AFP 值快速升高，妊娠 14~20 周时达高峰，此后至妊娠足月随妊娠进展逐渐下降。当胎儿出现开放性神经管缺陷、腹裂等发育缺陷时，母体血清中 AFP 值显著升高，而胎儿患有唐氏综合征时 AFP 值则偏低。hCG 是由胎盘细胞合成的，由 α 亚基和 β 亚基构成，以多种形式存在。hCG 在排卵后就可检测到，妊娠 40~90 天达高峰，然后浓度降低，至妊娠 18~20 周后保持稳定。染色体异常（特别是唐氏综合征）胎儿其母体血液中 hCG 值远高于正常值。

（二）超声筛查

妊娠早期超声筛查应在妊娠 $11~13^{+6}$ 周进行，主要检测胎儿顶臀径、胎儿颈后透明层厚度（NT）及胎心等，一方面根据胎儿径线判断胎儿大小是否符合孕周，另一方面可早期发现部分严重的胎儿畸形。如胎儿 NT ≥ 3 mm，应建议孕妇行妊娠早期绒毛穿刺和胎儿染色体检查。NT 增厚不仅提示胎儿染色体异常风险增加，而且说明胎儿罹患先天性心脏病概率也增加。妊娠中期超声畸形筛查应于妊娠 20~24 周进行，筛查胎儿结构的畸形，可发现先天性心脏病、脊柱裂、肾缺如、肢体短缩等各种畸形。妊娠早期和妊娠中期的超声检查相结合可使胎儿解剖异常的检出率达到 70%~80%。

（三）胎儿磁共振成像

磁共振成像（MRI）作为一种无射线和无损伤的影像学检查方法，在胎儿畸形筛查中显示出独特的优势，可在妊娠 20 周后进行。其视野大、安全系数好、软组织对比分辨率高、不受母体情况和羊水量的影响，在诊断胎儿结构畸形（尤其是中枢神经系统畸形）中应用广泛。胎儿 MRI 与超声联合筛查，可扬长避短，提高畸形胎儿的筛出率。

第二节 遗传咨询

遗传咨询（genetic counseling）也称遗传商谈，是由临床医师和遗传学工作者解答遗传病患者及其亲属提出的有关遗传病的病因、遗传方式、诊断、治疗及预防等问题，估算患者的子女再患该病的概率，并提出建议及指导，供患者及其亲属参考。遗传咨询是做好优生工作、预防遗传病发生的非常主要的手段之一。遗传咨询医师须执行非指令性原则，应按知情同意原则由咨询者自主选择决定，并遵守隐私保密原则。

一、遗传咨询的对象

需要进行遗传咨询的主要对象包括以下几种：①夫妇一方患有某种遗传病，需要给予生育指导；②已生育过遗传病患者的夫妇，询问再发风险率；③原发性不育的夫妇或有不明原因的习惯性流产者；④本人或家系中有人患有某种遗传病，询问是否会影响下一代；⑤近亲结婚的夫妇及后代；⑥不明原因的智力低下个体；⑦35 岁以上的高龄孕妇。

二、遗传咨询的步骤

在遗传咨询过程中，咨询医师起主导作用。咨询医师应对患者或患儿父母进行必要的开导，使他们理智地面对现实，才能使咨询达到良好的效果。遗传咨询可遵循下列程序。

（一）明确诊断

详细了解咨询者的病史、婚姻史、生育史和家庭史，如家系中有无先天性疾病患者、是否为近亲结婚，并根据信息绘制系谱图。再通过临床诊断、染色体检查、生化及基因诊断等方法，明确诊断是否为遗传病。

（二）估计再发风险

由于一些遗传病是致残、致愚甚至是致死的，所以再发风险估计是遗传咨询的核心内容。可绘制系谱图，利用遗传学原理进行估计。染色体病和多基因遗传病以其群体发病率为经验危险率，只有少数例外。单基因遗传病则根据孟德尔定律进行风险估计。再发风险率可分为3个等级：10%以上属于高度风险，不宜生育或应做产前诊断；5%~10%为中度风险，可根据病情适当指导；5%以下为低风险，对其生育不必劝阻。

（三）商谈对策

根据实际情况给咨询者提供切实可行的意见和可供选择的各种对策，并与之反复商讨，以帮助其做出恰当的选择。咨询医师应该将对策中各种有利和不利的因素都阐述清楚。这些对策主要包括以下内容。

1. 产前诊断　适用于病损严重且难以治疗、再发风险高、有产前诊断方法、夫妇急于生育健康孩子的情况。在妊娠后做产前诊断进行选择，如果是病胎，应采取选择性流产。

2. 不再生育　适用于危害严重且目前无有效治疗手段的遗传病。此法避免了该家庭出现遗传病患儿，也避免了有害基因的进一步传递。

3. 辅助生殖　如果男方患有遗传病，可采用他人健康精子人工授精；如果女方患有遗传病，可采用她人健康卵子体外受精与胚胎移植的方法，或进行植入前遗传学诊断，确保植入健康的胚胎，避免致病基因传给下一代。

4. 终止恋爱与婚约　适用于近亲（如表兄妹）之间。近亲结婚会增加常染色体隐性遗传病患儿的发病概率，也是《中华人民共和国婚姻法》所禁止的。咨询医师应耐心宣传此项法规的道理及近亲结婚的危害，促使咨询者在明白道理的情况下依法解除恋爱关系或婚约。

（四）随访服务

在遗传商谈中，咨询者有时很难马上做出选择，有些咨询者对咨询情况及对策不能准确而全面地理解，在实施对策时可能还存在某些困难，家族中其他成员的资料也需进一步补充。所以，全面的遗传咨询工作还应进行随访服务。在家族中扩大家庭咨询，使家庭中的可疑携带者及时被发现，进而及时得到婚育指导，以预防遗传病患儿在该家族中出生。

三、遗传咨询的实例

（一）单基因遗传病的遗传咨询

由一对等位基因异常所引起的疾病被称为单基因遗传病，按其传递方式的不同可以分为常染色体显性遗传（AD）、常染色体隐性遗传（AR）、X连锁显性遗传（XD）、X连锁隐性遗传（XR）、Y连锁遗传（YL）5种方式。单基因遗传病的再发概率符合孟德尔遗传定律。单基因遗传病的遗传咨询分为以下几种类型。

1. 常染色体显性遗传病　由一个显性的致病基因就可以引起疾病。如果患者与正常人婚配，则其后代患病的风险为1/2，属于高度风险。对于危害严重的疾病，一定要劝说其不生育。例如软骨发育不全（achondroplasia，ACH）患者多为杂合子，患者有多发性骨骼畸形。如果两个软骨发育不全患者婚配，那么他们的后代患病的可能性为3/4，而且还会出现纯合的重症患者，一般在婴儿期死亡（图12-1）。对于这样的婚姻，一定要尽量劝阻或建议其不要生育。进

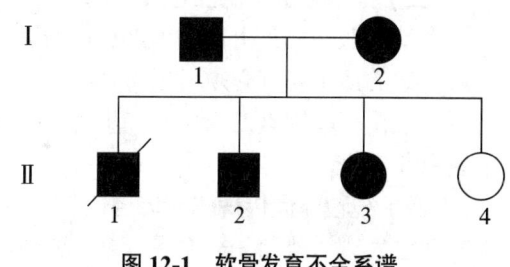

图12-1　软骨发育不全系谱

行常染色体显性遗传病咨询时，一定要考虑外显不全、不完全显性和延迟显性等因素才可以准确地预测和指导。

2. 常染色体隐性遗传病　常染色体隐性遗传病由一对纯合的隐性基因所引起，患者的父母均携带有一个隐性致病基因。此类疾病的咨询主要是考虑再次生育的再发风险。例如苯丙酮尿症患者的父母每次生育患儿的可能性都是 1/4，一般不宜生育。如果生育，一定要做产前诊断，若为病胎，应终止妊娠。

3. X 连锁显性遗传病　这类疾病的特点是男性患者和正常女性婚配时，他们生育的女儿全部发病而儿子全部正常。例如遗传性肾炎（hereditary nephritis）患者配偶妊娠，则建议其进行胎儿性别鉴定，保留男胎而流产女胎。

4. X 连锁隐性遗传病　此类疾病如果是女性携带者与正常男性婚配，那么生育儿子的患病风险为 1/2，女儿则有 1/2 的可能是携带者，因此她们婚后最好不要生育男胎。例如假肥大性肌营养不良（pseudohypertrophic muscular dystrophy）有两种亚型，其中的进行性假肥大性肌营养不良（Duchenne 型）病情严重，患者一般在 20 岁前死于呼吸衰竭及心力衰竭；患者的姐妹有 1/2 的可能是携带者，她们婚后有 1/4 的可能生育患儿，因此最好不要生育男胎。

知识链接

常见的单基因遗传病

1. 多发性家族性结肠息肉病　临床表现：便血，常有腹痛、腹泻。
2. 软骨发育不全　临床表现：四肢粗短，躯干相对长，垂手不过髋关节，手指短粗，各指平齐，前额向前突出，马鞍形鼻梁，下颌前突，腰椎明显前凸，臀部后凸。
3. 白化病　临床表现：毛发呈银白色或淡黄色，虹膜或脉络膜不含色素，因而虹膜和瞳孔呈蓝色或浅红色，且畏光，部分有屈光不正、斜视及眼球震颤，少数患者智力低下。
4. 苯丙酮尿症　临床表现：不同程度的智力低下，皮肤及毛发色浅，尿有发霉臭味，发育迟缓。
5. 抗维生素 D 佝偻病　临床表现：身材矮小，伴佝偻病和骨质疏松症的各种表现。
6. 血友病 A　临床表现：轻微创伤即出血不止，不出血时与正常人无异。
7. 色盲　临床表现：全色盲患者眼中一片灰暗，无颜色差别，红绿色盲患者不能区别红色和绿色。

（二）染色体病的遗传咨询

有染色体病患儿的家庭多为新发生的染色体异常所致，但易位型的染色体病却常常由双亲之一的平衡易位携带者所致，此时的遗传咨询应建议家庭中所有人员都要进行染色体检查。例如对易位型唐氏综合征患者的家庭，首先要检查患者父母是否为染色体平衡易位携带者，如果母亲是染色体平衡易位携带者，应检查其外祖父母是否异常，如果有异常者，应进一步建议患者的姨母和舅父也做检查，正常者可以放心生育，异常者一定要在妊娠时做产前诊断，以预防患儿在此家族中再次出现；如果父亲是平衡易位携带者，则父亲家族成员也应进行检查。

（三）多基因遗传病的遗传咨询

多基因遗传病是由遗传因素和环境因素共同作用的结果，由于其致病因素的复杂性，对于多基因遗传病的遗传咨询必须考虑各种因素，进行全面分析和综合判断，才能得出符合实际的结论。并且更要强调环境因素的作用，如生育过脊柱裂胎儿的女性，下次妊娠时要注意补充叶酸，以防止脊柱裂患儿出生。

（四）线粒体遗传病的遗传咨询

现已发现人类有 100 余种疾病与线粒体 DNA 突变有关。由于线粒体普遍存在于真核细胞的细胞质中，故线粒体遗传病表现为母系遗传的特征。例如莱伯遗传性视神经病变（Leber hereditary optic neuropathy，LHON）是母系遗传病，患者的母系亲属常出现异常，目前尚未发现男性患者将此病传给后代的例子。咨询时还要注意一些非遗传因素的作用。

第三节　产前诊断

产前诊断（prenatal diagnosis）又称出生前诊断（antenatal diagnosis）和宫内诊断（intrauterine diagnosis），是以羊膜穿刺术和绒毛膜取样等技术为主要手段，对羊水、羊水细胞、绒毛膜及胎儿脐血进行遗传学和生物化学分析，以判断胎儿的染色体或基因等是否正常。通过产前诊断决定是否继续妊娠，是防止遗传病患儿出生的有效手段。

一、产前诊断的对象

我国《产前诊断技术管理办法》已于2003年5月1日起实施，并于2019年2月28日进行了修订。其中规定孕妇有以下情形之一的，主治医师应当建议其进行产前诊断：①羊水过多或者羊水过少的；②胎儿发育异常或胎儿有可疑畸形的；③孕早期接触过可能导致胎儿先天缺陷的物质的；④有遗传病家族史或者曾经分娩过先天性严重缺陷婴儿的；⑤年龄超过35周岁的。另外，有原因不明的习惯性流产史的孕妇、夫妇一方为染色体异常携带者、近亲结婚的夫妇、医师认为有必要进行产前诊断的其他情形等，也应进行产前诊断。

二、产前诊断常用技术

产前诊断主要从细胞遗传学、分子遗传学、生物化学和影像学4个方面进行。主要技术包括以下4类：①直接观察胎儿的表型；②染色体检查；③生化检查；④基因诊断。从技术手段上来看，大致可分为非侵入性方法和侵入性方法两大类。

（一）非侵入性方法

非侵入性方法包括母亲血清和尿液的检测以及B超、X线及磁共振成像等。B超、X线及磁共振成像检查属于影像学检查，它们是产前诊断的重要手段。

1. B超检查　临床上经常使用B型超声扫描，该技术能详细地检查胎儿的外部形态和内部结构，可用于检查胎儿的性别及心血管畸形、唇裂、神经管缺陷（NTD）、脑积水、先天性心脏病等疾病。由于B超对胎儿和孕妇基本无损害，因此B超检查为目前首选的诊断方法。根据胎儿生长发育各阶段的特点，建议每位孕妇至少做4次B超检查，以便及时发现胎儿畸形：其中妊娠12周左右为第一次，主要采用阴道彩色超声检测和观察胎心、胎头和四肢；妊娠20周左右为第二次，应用二维彩色超声检测各类胎儿畸形；第三次在妊娠28周左右，主要运用三维彩色超声检测胎儿颜面部畸形和肢体畸形；第四次在妊娠37周左右，可进一步排除前三次B超检测中因各种原因漏诊的畸形。

2. X线检查　胎儿骨骼在妊娠20周后开始骨化，所以在妊娠24周后对胎儿进行X线检查最为适宜。诊断剂量的X线照射对胎儿并无不良影响。X线检查可以诊断脊柱裂、脑积水、软骨发育不全、小头畸形和无脑儿等。经济条件好的可以优先考虑磁共振成像检查，其效果明显优于X线检查，尚可发现多指、短指等骨骼异常。

3. 磁共振成像　胎儿结构异常多通过超声检查发现，在不确定的情况下则考虑应用磁共振成像（MRI）对其进一步评估或确诊。随着此项技术的快速发展，MRI在多种胎儿结构发育异常的诊断中凸显其优于超声的特点。磁共振成像空间分辨率高、对比分辨率高，对畸形诊断不需要使用造影剂，并且该检查不受羊水过少、孕妇肥胖、孕周较大等因素的影响，在超声判断受限的情况下仍可提供详细的解剖结构，对评估疑似染色体综合征或家族遗传疾病的胎儿、确认或排除超声检测到的异常发挥了重要作用。对胎儿脑室扩张、胼胝体缺失、透明隔腔异常、胸部及泌尿系统发育异常，MRI 具有很好的检出率及敏感性，目前仍最常应用于胎儿神经系统的检测。此外，它能够准确地确定胎儿的器官体积，对胎儿生长受限的评估也具有一定的价值。由于尚未明确 MRI 在妊娠早期的致畸作用，且胎儿多于妊娠中期后完成器官生成，故 MRI 检查应在妊娠中期或晚期进行。

（二）侵入性方法

侵入性方法主要包括羊膜穿刺术、绒毛膜绒毛活检、脐带穿刺术、胎儿镜检查等。不同孕期采用不同的取样方法，一般妊娠早期取绒毛，妊娠中期取羊水、经胎儿镜取胎儿标本或直接经腹壁取脐静脉血等。

1. 羊膜穿刺术　羊水是妊娠过程中子宫腔内维持胎儿生命必需的液体成分，其中 98% 是水，羊水中大部分成分来自胎儿，所以通过羊膜穿刺术检查可以反映胎儿情况。羊膜穿刺术一般在妊娠 15~17 周进行，此时的羊水量为 200~500 ml，羊膜腔占据整个子宫腔，穿刺成功率高，发生感染、流产及其他妇科并发症的风险相对较小（约为 1%）。另外，此时胎儿脱落的活性细胞多，培养的成功率也高。羊膜穿刺术是在 B 超监视下，进行胎盘定位，观察胎儿宫内发育的状况，确定最佳穿刺点。取 9 号腰麻穿刺针，以左手固定穿刺部位皮肤，右手将针刺入腹腔子宫进入羊膜囊内，有两次脱空感时立即取出针芯，接上 5 ml 注射器抽取 2 ml 羊水弃掉，以免有血液污染，更换注射器，缓慢抽取羊水 20 ml 待检测（图 12-2）。该法适用于染色体病、遗传性代谢病、神经管缺陷（NTD）的诊断和遗传病的 DNA 检测。

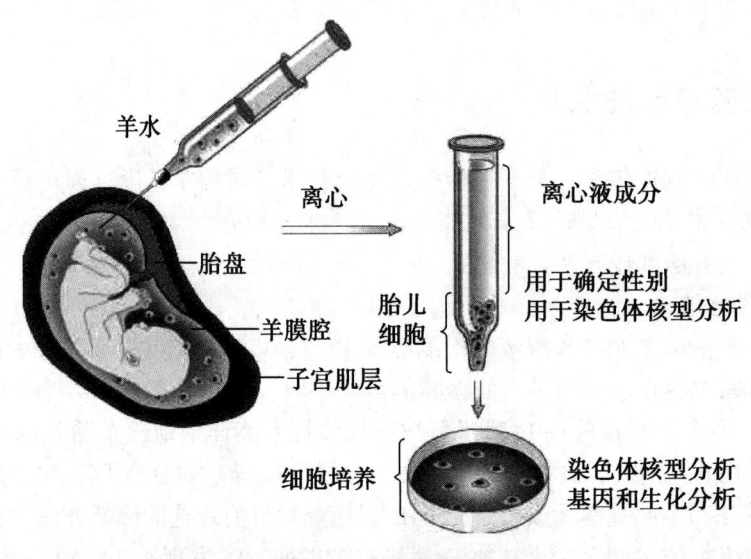

图 12-2　羊膜穿刺术

2. 绒毛膜绒毛活检　绒毛细胞由滋养层细胞和胚外中胚层细胞构成，胎儿组织与绒毛细胞同源，有相同的遗传性，通过产前绒毛细胞检测，能够准确反映胎儿的情况。利用分子生物学、细胞遗传学和生物化学等技术，可以对绒毛组织进行基因诊断、染色体诊断。绒毛膜绒毛活检一般在妊娠 10~11 周进行，在 B 超监视下，将一个直径为 2 mm 的带芯塑料管或细金属软管等适用的绒毛取材器械，经宫颈口轻轻插入子宫；然后沿宫腔方向，贴近宫壁缓慢进入宫腔孕卵植入的边缘，吸取绒毛 10~30 mg，放入盛有 Hanks 液的无菌试管中；用滴管反复吸推后绒毛与蜕膜分离，取 15~40 mg 的绒毛组织进行培养即可。培养的细胞可以作为胎儿细胞诊断的标本，可进行的检查项目同羊水中细胞。绒毛膜绒毛活检能够检测数百种遗传病，如珠蛋白生成障碍性贫血、唐氏综合征和镰状细胞贫血。与羊膜穿刺术相比，绒毛膜绒毛活检的最大优势是可以较早发现胎儿异常并能够尽早终止妊娠，有利于保障妇女的身心健康；其缺点是引起流产的风险是羊膜穿刺术的 2 倍，随着

B超技术的发展，绒毛膜绒毛活检的安全性和准确性有了很大的提高。

3. 脐带穿刺术　脐带穿刺术是在B超监视下经孕妇的腹壁、子宫壁进入胎儿脐带，抽取胎儿的静脉血用于获得胎儿纯血标本进行诊断的技术。手术时间一般在妊娠18周，常作为因错过绒毛膜绒毛活检、羊膜穿刺术最佳时机的补救措施。在B超引导下，一般选择脐蒂处作为穿刺点，当确定针尖进入脐静脉后，根据需要抽取2~8 ml脐血备用。该方法引起流产的概率大约为1%，低于羊膜穿刺术（2.5%）和绒毛膜绒毛活检（7%）。获取的脐血可以做染色体或血液学分析，还可做DNA分析和各种生物化学分析。

4. 胎儿镜检查　胎儿镜检查的最佳取样时间为妊娠18~20周，又称羊膜腔镜或宫腔镜检查。该方法使用一种特制的光导纤维内镜，可在局部麻醉下经孕妇皮肤插入羊膜腔，直接观察胎儿的外形、性别、有无畸形等，又可抽取羊水或胎血做检查，还可进行宫内治疗。因此，理论上这是一种理想的方法。然而由于操作困难，易引起多种并发症，不易被医护人员所接受。

三、妊娠早期产前诊断技术进展

尽早获取胎儿的组织进行产前诊断，对于有效地预防和控制新生儿遗传病的发生和死亡十分重要。绒毛膜绒毛活检和羊膜穿刺术对母亲和胎儿均有一定的危害，因此目前其临床应用受到一定的限制。非侵入性技术虽然安全，但敏感性低，假阳性率高，且时间也较晚。为此，人类一直在寻找更安全、可靠的早期产前诊断技术。

（一）孕妇外周血中胎儿细胞和胎儿DNA检查

1997年Lo首次证实妊娠男胎的孕妇外周血有胎儿起源的Y染色体特异性的DNA序列（SRY），由此开辟了利用孕妇外周血、孕妇血浆和孕妇血清获取胎儿细胞和游离胎儿DNA的途径。基因组测序技术为孕妇外周血胎儿DNA的检测提供了更加准确和快速的方法，不仅能准确检测出21三体、13三体等胎儿非整倍体异常，也能可靠检出性染色体及其他常染色体数量异常。妊娠12周就可以进行胎儿DNA检测，检测周期只需数日，只需5 ml孕妇外周血，避免了穿刺带来的流产和感染等风险，实现了"早期、快速、准确、安全"的四大目标。

（二）微量DNA技术

微量DNA技术可从一滴血（约50 μl）的干血纸片中提取DNA，再通过PCR使特异性的DNA片段得到扩增，DNA扩增产物进行凝胶电泳后观察结果。此方法适用于边远地区患者的检测，因为该方法可用孕妇少量的外周血制成干血纸片，方便送到有条件的医院进行检测。

（三）植入前遗传学诊断

植入前遗传学诊断（PGD）包括体外受精-胚胎移植（IVF-ET）、单精子卵细胞质内注射（ICSI）技术、荧光原位杂交（FISH）技术以及比较基因组杂交（CGH）技术。PGD通过体外受精获得若干个受精卵，经人工体外培养，从早期分裂的细胞中取一个做染色体或DNA分析，检测胚胎染色体或基因是否正常。最终选取正常的胚胎植入母体，继续妊娠。植入前遗传学诊断技术把遗传病控制在胚胎着床之前，不仅能排除患病胚胎，还可排除携带者胚胎，使有遗传病风险的夫妇得到完全健康的后代。目前国内外已成功地进行了α-珠蛋白生成障碍性贫血、囊性纤维化、镰状细胞贫血、马方综合征、唐氏综合征、脆性X染色体综合征等疾病的植入前诊断。

第四节　遗传保健

遗传保健（genetic health care）是遗传医学的组成部分，它不仅为遗传病患者，更重要的是为遗传病家系成员和人群中的遗传病高风险个体提供遗传医学服务，采取有效措施，防止遗传病患儿出生，降低人群中有害基因的频率。遗传保健涉及以下几个方面。

一、婚前保健检查

婚前保健检查是预防遗传病患儿出生的一项必要措施，是对准备结婚的男女双方进行全身健康检查和生殖器官检查。婚前保健检查时应询问：①双方是否为近亲；②双方的三代以内直系亲属和旁系近亲有无遗传病病史及发病情况；③双方有无遗传病或先天畸形；④双方有无男、女生殖系统畸形；⑤双方有无性病、麻风病等。进而根据情况评估双方是否适合结婚及生育，可防止传染病的传播，减少遗传病的延续。

二、婚姻指导

婚姻指导主要针对进行婚前咨询的待婚青年，他们往往一方或有家庭成员是疑似或确诊某种遗传病的患者。咨询医师了解相关人员的病因和病情并确定其遗传方式后，对其进行婚姻指导。婚姻指导提供的对策和措施主要包括以下几个方面。

1. 近亲不宜结婚　《中华人民共和国婚姻法》规定"禁止三代以内的旁系血亲结婚"，这是因为近亲结婚生育隐性遗传病患儿的风险明显高于随机婚配。此外，多基因遗传病（如精神分裂症、高血压和糖尿病）患者的家庭成员，其近亲婚配后代患病的风险也较非近亲婚配高。

2. 严重的常染色体显性遗传病（致死、致残、致愚）患者不宜结婚　如已结婚，应采取避孕或绝育措施，避免患儿出生。

3. 同种常染色体隐性遗传病基因携带者之间不宜结婚　因为该婚配类型后代的发病风险高达25%。

4. 严重的同种多基因遗传病患者之间不宜结婚　由于多基因遗传具有累加效应，所以严重患者可能携带更多的致病基因，后代易患性高。

5. 双方均为重症智力低下者禁止结婚。

三、生育指导

生育健康的孩子是每一个家庭的愿望，因此进行生育指导十分必要，可有效地避免遗传病患儿的出生。具体措施如下：

1. 适龄生育　研究表明，多数妇女的生育旺盛期是20～30岁，此时对生育分娩和母婴健康都是适宜的。目前提倡的最佳生育年龄是25～29岁。资料统计显示，20岁以下孕妇所生子女中，先天畸形的发生率较最佳生育年龄者高50%；35岁以上孕妇所生子女中，唐氏综合征的发生率要比最佳生育年龄者高5倍。此外，男子年龄大于40岁，精子的染色体异常和基因的突变率均增加。

2. 产前诊断　如果患者所患遗传病较严重、难以治疗且再发风险较高，可考虑进行产前诊断，对于能够做出准确产前诊断的遗传病，可在获得确诊报告后对胎儿进行选择性生育。对不能做出产前诊断的X连锁隐性遗传病，可在做出性别产前诊断后选择生育。

3. 冒险生育　如果患者的遗传病不太严重且低于中度风险，可考虑冒险生育。例如，一对夫妇已生育过一个单侧唇裂的患儿，唇裂能手术修复，他们再次生育后代再发风险约为4%，比一般群体高，但权衡利弊，可考虑冒险再生育。

4. 不再生育　对于某些危害严重、致残的遗传病，如先天性聋哑，尚无有效治疗手段，也不能进行产前诊断，再发风险又很高，应选择不再生育。

5. 领养或辅助生殖　对不孕不育或不宜生育的夫妇，可采取领养子女或辅助生殖等措施。如果丈夫是致病基因或异常染色体携带者，可选用其他健康男子的精子实施人工授精，达到生育目的；如果妻子是致病基因或异常染色体携带者，可取出其他健康女子的成熟卵子，与丈夫的精子实施体外受精，经培养后再植入妻子的子宫内，达到生育健康孩子的目的。

四、环境致畸的预防

环境中各种不良因素都会直接或间接地影响人类生活和生存，也可造成人类遗传物质的损伤，并传递给下一代造成严重的后果，引发先天畸形和遗传病。环境致畸因子主要包括化学因素、物理因素、生物因素以及不良嗜好等。

（一）化学因素

目前已知有600余种化学物质可通过胎盘进入胎体而影响胎儿发育，如化学工业物质、农药、药品、食品添加剂和防腐剂。

化学工业物质有致癌、致畸的效应，对人类危害较大的化学工业物质有汞、铅、甲醛等。1956年，轰动全球的日本水俣病就是由汞慢性中毒引起的。高浓度铅尘、甲基汞、多氯联苯、氯乙烯、苯乙烯等均可对生殖细胞及胚胎产生毒性作用。另外，很多化学药物都能对人体产生不良影响，特别是孕妇在妊娠早期如果用药不当，可导致胎儿畸形、死胎或流产等。自从沙利度胺（反应停）导致海豹肢畸形作用被证实以来，药物对胚胎发育的影响已越来越引起人们的关注。虽然药物对胎儿会造成影响，但是孕妇在妊娠期患病时也可在医师的指导下使用药物。

（二）物理因素

育龄男女和妊娠期妇女接触各种电离辐射，都可能对后代造成致畸危害。高温、噪声会使孕妇精神紧张、内分泌失调，容易引起自然流产或导致胎儿发育异常。

（三）生物因素

病原生物感染孕妇后，可通过胎盘屏障或经子宫颈管感染胎儿，造成胎儿及新生儿不同程度的损害。这些病原生物主要有弓形虫、风疹病毒、巨细胞病毒、单纯疱疹病毒、梅毒螺旋体、人类免疫缺陷病毒及麻疹病毒等。妊娠早期感染可导致流产和先天性畸形等；妊娠中、晚期感染可导致宫内发育迟缓、早产、死胎或出生后发病，甚至造成远期影响。

（四）不良嗜好

生活中的不良嗜好，如吸烟、酗酒、吸毒、过量摄入咖啡因，不但危害自身健康，而且可危及后代健康，使遗传病发病率增高。

（五）孕妇疾病及心理因素

妊娠期并发症对孕妇和胎儿的健康具有严重威胁。妊娠合并贫血、高血压、糖尿病等，均可造成胎儿流产、早产、死产或新生儿畸形。

孕妇的心理状态也能影响胎儿的生长发育。孕妇精神紧张、情绪波动或受到惊吓，都能引起内分泌紊乱，从而影响胎儿的正常发育，造成腭裂、唇裂等畸形发生。孕妇的不良情绪（如焦虑、恐惧、紧张、愤怒）会使其体内的各部分功能产生明显变化，从而导致血液成分改变，进而影响胎儿身体和大脑的发育。而孕妇良好的情绪可使自身体内分泌一些有益的激素、酶和乙酰胆碱，有利于胎儿的正常生长和发育。

综上所述，人类日常生活中，特别是妇女妊娠前3个月的致畸敏感期内，应避免接触上述各种致畸因子，防止先天畸形和遗传病患儿的出生。

知识链接

优 生

1883年,"优生"一词由英国人类遗传学家F.Galton首次提出,其原意是"健康的遗传"。优生学(eugenics)是应用优生学原理和方法研究如何提高人类遗传素质的科学。优生学可分为负优生学和正优生学:前者主要研究降低人类群体中有害基因的频率,减少遗传病的发生率;后者则研究优良基因的繁衍,如何出生优良的后代。

现在优生已经成为我国的一项国策,其主要内容是控制先天性疾病新生儿出生,以达到逐步改善和提高人群遗传素质的目的。当前我国主要推行的是负优生学措施,具体的优生措施有:①避免近亲结婚;②接受婚前咨询和检查,防止遗传病的传播;③实行适龄生育;④保持个人健康,受孕及妊娠期间避免接触有害因素和戒除不良生活习惯,不吸烟,不饮酒,不乱服药,不接触有害物质等;⑤实行妊娠期保健,预防感染,注意妊娠期用药和营养卫生,定期产前检查。

自 测 题

一、选择题

1. 下列不属于国际公认的作为新生儿筛查疾病条件的是
   A. 有一定的发病率　　B. 早期具有特殊症状　　C. 可以治疗
   D. 危害严重　　　　　E. 早期缺乏特殊症状

2. 下列属于非侵入性产前诊断方法的是
   A. 羊膜穿刺术　　　　B. 绒毛膜绒毛活检　　　C. 胎儿镜检查
   D. B超检查　　　　　E. 脐带穿刺术

3. 产前诊断进行羊膜穿刺术的最佳时段为
   A. 妊娠10~12周　　　B. 妊娠15~17周　　　　C. 妊娠22~24周
   D. 妊娠26~28周　　　E. 妊娠30~32周

4. 产前诊断进行胎儿镜检查的最佳时段为
   A. 妊娠13~14周　　　B. 妊娠15~17周　　　　C. 妊娠18~20周
   D. 妊娠24~28周　　　E. 妊娠29~32周

5. 胎儿患神经管缺陷的主要原因是妊娠早期缺乏
   A. 叶酸　　　　　　　B. 维生素D　　　　　　C. 钙元素
   D. 蛋白质　　　　　　E. 维生素K

6. 目前列入我国新生儿筛查的疾病有
   A. PKU　　　　　　　B. SARS　　　　　　　　C. DMD
   D. 甲状腺炎　　　　　E. 软骨发育不全

7. 应用遗传学原理和方法以改善人类遗传素质的科学称为
   A. 优生学　　　　　　B. 优育学　　　　　　　C. 优教学
   D. 优境学　　　　　　E. 优化学

二、名词解释

1. 遗传筛查
2. 遗传咨询
3. 产前诊断
4. PGD

三、简答题

1. 遗传咨询的意义是什么？
2. 什么是新生儿筛查？怎样进行新生儿筛查？
3. 产前诊断的主要技术有哪些？

（李广智）

第二部分

医学遗传学实验

实验一 人类正常性状的遗传学分析

【实验目的】

1. 掌握遗传性状的群体调查方法和系谱图绘制及分析方法。
2. 掌握基因型频率及基因频率的统计分析方法。
3. 了解人类某些性状并掌握其遗传规律。

【实验原理】

人类的各种性状都由特定的基因控制决定。由于每个人不同的遗传基础,某个性状在不同的人体会出现不同的表型。通过对特定人群的某一性状的调查,将调查材料进行整理分析,可以初步了解控制该性状的基因的性质及遗传规律,计算出基因型频率及基因频率,并判断该群体是否为遗传平衡群体。

【实验步骤及方法】

给每个学生发放一张人体正常性状调查表,利用课外时间自测,通过电话或利用回家的机会对自己的直系亲属以及旁系亲属进行调查,旁系亲属的调查范围包括叔父、伯父、姑姑、舅父、姨、表兄弟姐妹等。然后将调查结果填在调查表中并绘制系谱图,现以"上眼睑有无褶皱"为例开展实验。

【例】 人类上眼睑有无褶皱的调查分析

1. 每位同学准备一张调查表(表Ⅰ-1),并将调查结果填在上眼睑有无褶皱调查表中,绘制家族系谱图。

表Ⅰ-1 家族成员上眼睑有无褶皱调查表

	母亲	父亲	祖母	祖父	外祖母	外祖父	……
上眼睑有褶皱							
上眼睑无褶皱							

2. 调查结果分析

(1) 分析上眼睑有无褶皱的显、隐性关系。
(2) 分析上眼睑有无褶皱的分离比及遗传规律。
(3) 统计班级中该遗传性状频率,据此计算相关的基因型频率和基因频率,判断群体的平衡状态。

【注意事项】

1. 调查过程要认真、仔细，资料要齐全，不能有遗漏或出现差错。
2. 原来是上眼睑无褶皱，后经手术做成上眼睑有褶皱者，应记为上眼睑无褶皱。

【思考题与作业】

1. 每人写一份调查报告。
2. 绘制系谱图，判断显、隐性关系，总结系谱特点及遗传方式。
3. 计算出相关的基因型频率和基因频率。

【附录】人类一些正常性状特征

1. 达尔文结节　指耳轮边缘上的一个小突起（图Ⅰ-1）。有的人两个耳朵都有此结节，有的人仅一个耳朵有，也有人无此特征。一般认为此结节与猴类耳尖相当，呈显性遗传。有的人虽具有此显性基因，但外显率低，类似于隐性表型。也有学者认为，此结节与鼻尖厚度呈连锁遗传。

2. 拇指关节远端超伸展　人类群体中有些人拇指的最后一节能弯向桡侧，与拇指垂直轴呈60°（图Ⅰ-2）。该性状呈隐性遗传，即该性状纯合子的拇指端可向后卷曲60°。

3. 额前发际　在人群中，有些人前额发际基本为平线，发际平齐为隐性；有些人在前额正中发际向下延伸呈峰形，中央部分明显地向前突出，形成V字形发际（图Ⅰ-3），此特征属显性遗传。

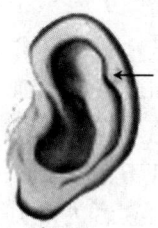　　　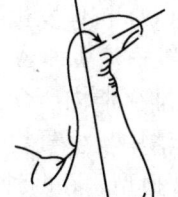　　　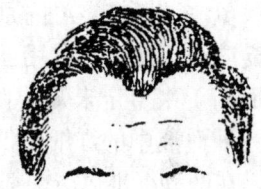

图Ⅰ-1　达尔文结节　　　图Ⅰ-2　拇指关节远端超伸展　　　图Ⅰ-3　额前V字形发际

4. 耳垂性状　人群中不同个体的耳朵可明显分为有耳垂和无耳垂两种情况（图Ⅰ-4），该性状受一对等位基因控制。耳垂下悬，与头连接处向上凹陷，称为有耳垂，为显性基因所控制。耳垂贴在头部，耳轮一直向下延续到头部，称为无耳垂，属于隐性遗传。

5. 卷舌和翻舌　卷舌即舌的两侧能在口腔中向上卷成槽形，甚至卷成筒状。能卷的是显性，不能卷的是隐性。翻舌即舌尖伸向口腔外能后翻面对着上颌门齿，翻舌出现频率多为1‰，属于隐性遗传；不能翻者则为显性（图Ⅰ-5）。

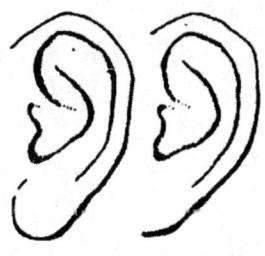　　　　　　　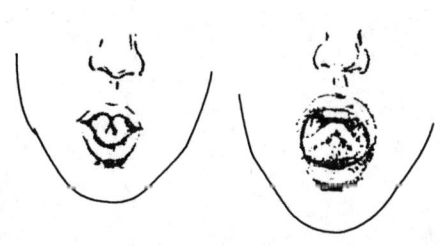

图Ⅰ-4　有耳垂与无耳垂　　　　　　图Ⅰ-5　卷舌与翻舌

舌的活动在人群中可有三种类型：能卷不能翻、能卷又能翻和卷翻都不能，能翻不能卷者则未见报道。

6. 发旋　每个人头顶稍后方的中线都有一个螺纹（有些人不止一个），俗称"顶"。其螺纹方向因人而异，顺时针方向为显性遗传，逆时针方向则为隐性遗传。

7. 示指与环指　示指与环指之间的长短关系表现为伴性遗传，控制基因位于X染色体上。示指短于环指是隐性基因所决定的，所以男子含有一个此种隐性基因就可表现，而女子则要有两个隐性基因同时存在才能表现。检查方法是在白纸上画一横线，手掌向下放于纸上，使中指指尖方向与横线垂直，无名指指尖与横线相齐，观察此时示指指尖是在横线的上方还是下方。

8. 眼睑　即俗称的"眼皮"。双眼皮的形成是由显性基因控制的，单眼皮则为隐性。

9. 人类ABO血型　人类ABO血型是人体的一种遗传性状，它受一组复等位基因（I^A、I^B、i）控制，是红细胞血型系统的一种。人类的红细胞表面有A和B两种抗原，血清中有抗A（α）和抗B（β）两种天然抗体，依照抗原和抗体存在的情况，可将人类的血型分为A、B、AB、O四种血型（表Ⅰ-2）。

表Ⅰ-2　ABO血型遗传特征

血型	基因型	红细胞膜上抗原	血清中天然抗体
A	$I^A I^A$、$I^A i$	A	抗B（β）
B	$I^B I^B$、$I^B i$	B	抗A（α）
AB	$I^A I^B$	A、B	—
O	ii	—	抗A（α）抗B（β）

根据免疫学原理，A抗原只能和抗A（α）抗体发生凝集反应，B抗原只能和抗B（β）抗体发生凝集反应。因此，可利用已知的抗B标准血清（即A血型人的血清）和抗A标准血清（即B血型人的血清）来鉴定未知的血型。两种标准血清内所含抗体将会凝集含有相应抗原的红细胞。所以，当一种血液中的红细胞仅在A标准血清中发生凝集者为B血型，仅在B标准血清中凝集者为A血型，在两种标准血清中都凝集者为AB血型，在两种标准血清中都不凝集者为O血型。

（广　慧）

实验二 人体外周血淋巴细胞培养与染色体标本制备

【实验目的】

1. 初步掌握人类外周血淋巴细胞染色体标本的制备技术。
2. 了解人类外周血淋巴细胞培养技术。

【实验原理】

健康成年人外周血淋巴细胞以小淋巴细胞为主。通常情况下，它们都处在间期的 G_1 期或 G_0 期，一般情况下不分裂。但在体外适宜培养条件下，它们经有丝分裂原如植物凝集素（phytohemagglutinin, PHA）的作用可发生转化而重新进行有丝分裂活动。因此，当该类细胞在人体外经 PHA 刺激短期培养后，经秋水仙碱（colchicine）处理，使正在分裂的细胞停止在中期，再经低渗和固定等处理，即可得到较多可供分析的中期染色体标本。

【实验材料】

人外周血。

【器材与试剂】

1. 主要器材　超净工作台，光学显微镜、恒温培养箱、水平式离心机、高压蒸汽消毒锅、水浴箱、冰箱、离心管、滴管、试管架、酒精灯及载玻片等。
2. 主要试剂　RPMI-1640 培养基、小牛血清、PHA（浓度为 5 mg/ml）、秋水仙碱（浓度为 4 μg/ml）、肝素（浓度为 0.4%）、固定液（甲醇与冰醋酸按 3∶1 配制）、低渗液（0.075 mol/L 氯化钾）、吉姆萨染液（浓度为 5%）。

【实验步骤】

1. 取材与细胞培养　在无菌条件下抽取静脉血 0.5 ml，立即接种于盛有 5 ml RPMI-1640 培养液的培养瓶中，加入 5 mg/ml PHA 20~40 μl，轻轻将其摇匀后放在 37 ℃恒温培养箱中。
2. 培养至 68~70 h。然后加入秋水仙碱 0.05 ml，继续培养 2~4 h，即可获得细胞。
3. 染色体标本制备

（1）将培养物吸入离心管内，以 150 r/min 离心 10 min，用吸管小心吸弃上清液。

（2）将预温至 37 ℃的低渗液 8 ml 加入离心管中，用吸管混匀后放入 37 ℃水浴箱中低渗处理 15 min。中途混匀一次。

（3）取出离心管，加入 1 ml 固定液，缓慢混匀，立即离心 10 min（1500 r/min）。

(4) 吸弃上清液，加入 6 ml 固定液，混匀，在室温下固定 20 min。

(5) 1500 r/min 离心 10 min。

(6) 吸弃上清液，再加入 6 ml 固定液，混匀，在室温下固定 20 min。

(7) 以 2000 r/min 离心 10 min。

(8) 吸尽上清液，根据离心管底部沉积的细胞多少，加入适量固定液（一般加 0.3~0.5 ml），用吸管轻轻混匀，制成细胞悬液。

(9) 滴片：用吸管吸取细胞悬液，并将其滴在冰冻载玻片上（吸管距离载玻片 20~30 cm），立即用口吹气，使细胞在玻片上散开，然后将载玻片在酒精灯火焰上来回通过 3~5 次即可。

4. 染色　用 5% 吉姆萨染液染色 5~10 min，用自来水轻轻冲洗即可观察（图Ⅱ-1，图Ⅱ-2）。

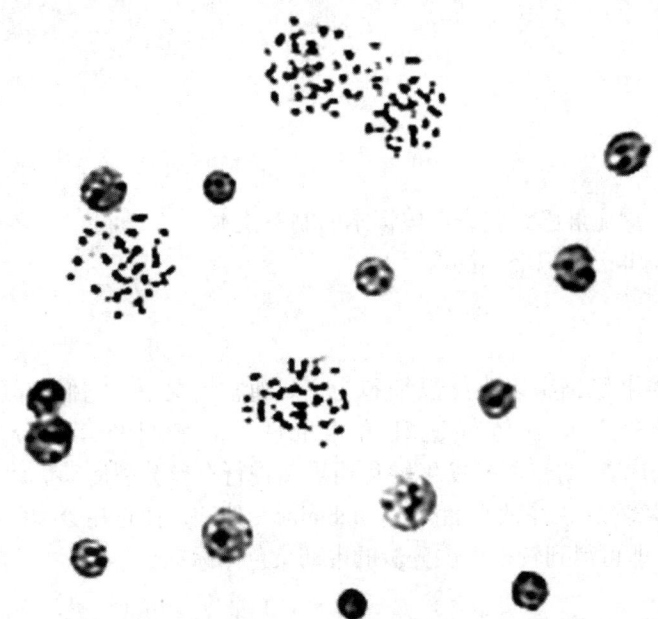

图Ⅱ-1　正常人外周血淋巴细胞染色体非显带中期分裂象 2 n=46（低倍镜）
图中可见成堆的中期染色体和黑色圆形的间期细胞核

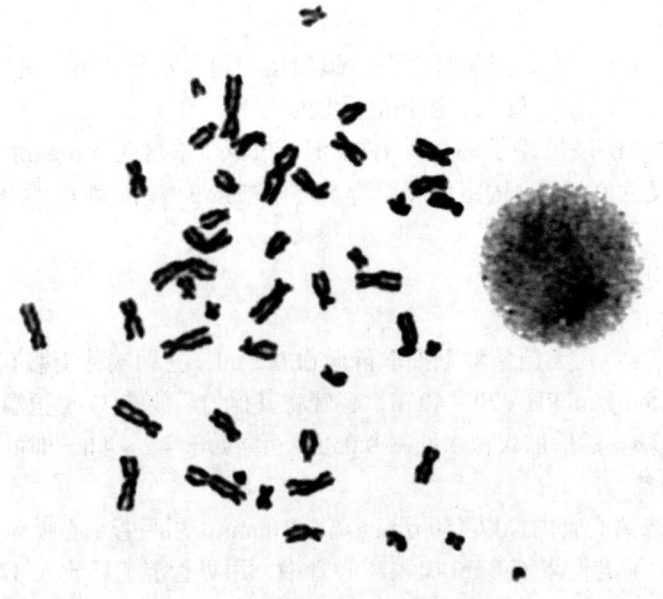

图Ⅱ-2　正常人外周血淋巴细胞染色体非显带中期分裂象 2 n=46（油镜）

【注意事项】

1. 凡是细胞培养过程中所涉及的一切溶液试剂和玻璃器材必须保证严格无菌。
2. 用于制备培养基的水达不到质量要求是细胞培养失败的主要原因之一，因而要使用三蒸水。
3. PHA 效价不好是细胞分裂象少的原因之一，因此，培养基中 PHA 的使用量要在试用后确定。
4. 在细胞培养过程中，每天至少要摇瓶一次，以利于细胞良好生长。
5. 如果染色体分散不好，可先将载玻片用 45% 冰醋酸溶液浸湿，然后立即将细胞悬液滴在载玻片上，并立即在酒精灯火焰上来回通过 3~5 次，这样可在很大程度上改善染色体的分散状况。

【思考题与作业】

1. 淋巴细胞培养中无菌操作不严格将会造成什么后果？
2. 淋巴细胞培养中 PHA 的作用是什么？秋水仙碱的作用是什么？
3. 染色体分散不好应采取什么措施？
4. 镜检发现细胞分裂象少，试分析原因。
5. 每位同学上交两张人类外周血淋巴细胞非显带染色体标本制片。

（付　红）

实验二、实验三
数字资源

实验三　人类染色体非显带核型分析

【实验目的】

1. 观察人类中期染色体的结构与数目。
2. 掌握常规染色体的分类、分组标准。
3. 掌握非显带染色体的核型分析方法。

【实验原理】

核型是指一个体细胞中的全套染色体按照大小、形态特征和着丝粒位置进行配对、分组、编号和排列所构成的图像。参照《人类细胞遗传学命名国际体制》（ISCN），对待检个体的细胞核型的染色体数目、结构、形态特征进行分析，称为核型分析。

人类中期染色体经固定后直接用吉姆萨（Giemsa）染色，可制得非显带染色体标本。人类染色体非显带核型分析是染色体研究中的基本方法。它可在显微镜下直接做出判断，或通过染色体图像分析仪分析，也可进行显微照相，经放大、冲洗后，根据照片进行分析。照片分析首先将人体中期染色体分裂象照片上的染色体按其轮廓剪下，并根据它们的大小、结构形态和着丝点的位置，进行配对、分组、排列，粘贴在报告单上，构成染色体核型图。按国际标准对每条染色体进行分析，判断是否正常，并进行核型描述。

【实验准备】

1. 试剂　二甲苯、香柏油。
2. 器材　光学显微镜（带油镜）、擦镜纸、染色体分析报告单、剪刀、镊子、胶水、尺子和橡皮等。

【实验材料】

人类非显带染色体标本、人类非显带染色体分裂象照片。

【实验步骤及方法】

1. 人类染色体形态观察　使用光学显微镜观察人类非显带染色体标本，人类染色体形态和分组列于表Ⅲ-1、表Ⅲ-2。

表Ⅲ-1 分裂中期染色体分组编号和主要形态

组号	染色体序号	形态大小	着丝粒位置	鉴别要求
A	1~3号	最大	中着丝粒	要求明确区分各号
B	4~5号	次大	亚中着丝粒	要求不与其他组相混
C	6~12号+X	中等	亚中着丝粒	要求6号、7号、8号、11号不与9号、10号、12号相混
D	13~15号	中等	近端着丝粒	要求不与其他组相混
E	16~18号	较小	中着丝粒	要求明确区分各号
F	19~20号	次小	中着丝粒	要求不与其他组相混
G	21~22号+Y	最小	近端着丝粒	要求21号、22号与Y相鉴别

表Ⅲ-2 人类染色体的形态特征和分组

染色体分组特征		各对染色体特征	
组别	特征	染色体序号	特征
A组(1~3号)	最大,中着丝粒,染色体长度依次递减,可明确区分各对染色体	1号	最大的中着丝粒染色体,长臂近着丝粒处常见次缢痕
		2号	亚中着丝粒染色体,着丝粒接近于中部
		3号	中着丝粒染色体
B组(4~5号)	次大,均为亚中着丝粒染色体,两对不易区分		
C组(6~12号+X)	中等大小、中着丝粒染色体,相互之间在形态上差别较少,故各对不易鉴别,各对染色体长度逐渐变短,6号、7号、8号、11号为接近中着丝粒染色体,而9号、10号、12号为亚中着丝粒染色体,9号长臂近着丝粒部位常见次缢痕,X染色体大小与7号、8号染色体相似,常规方法不易鉴定		
D组(13~15号)	中等大小,近端着丝粒染色体,短臂甚短,部分标本中可见染色体的短臂有随体,各染色体不易相互鉴别,染色体长度三对依次变短		
E组(16~18号)	较小,中及亚中着丝粒染色体,三对区别明显,其短臂长度依次递减	16号	为本组最大的染色体,中着丝粒,其长臂常见次缢痕
		17号	亚中着丝粒染色体
		18号	亚中着丝粒染色体,为本组最小的染色体,短臂长度比17号短
F组(19~20号)	最小的中着丝粒染色体,本组染色体很容易与其他组相鉴别,但组内两对染色体相互不易鉴别		
G组(21~22号+Y)	最小,近端着丝粒、染色体短臂均有随体,21号比22号小,但两者不易区分。Y染色体为近端着丝粒染色体,无随体,常比21号和22号略大,Y染色体的大小在正常人中变化较大,大者可近于18号染色体,也可小于21号和22号染色体,但染色体两长臂常靠拢平行,可与21号和22号染色体相鉴别		

2. 显微照片非显带核型分析

(1) 准备:每个人准备一张人类染色体非显带中期分裂象照片。

(2) 计数:对照片中染色体总数进行计数,确定有无染色体数目异常。

(3) 剪贴:用剪刀沿着每条染色体的四周按直线逐个剪下(呈长方形),放在白纸上。首先按每条染色体的大小顺序排列,然后参照着丝粒在染色体上的相对位置,仔细地进行配对。一般先找出1号、2号、3号染色体进行配对，再依次为B组和G组，然后依次识别F、D、E组，最后辨认C组。

（4）核对及调整：染色体排列后，要反复核对，如有差错，可进行调整，直至满意。

（5）粘贴：用牙签蘸少许胶水，小心地将每一号染色体贴于报告单上。注意染色体短臂朝上，长臂朝下，着丝粒的位置应在同一条直线上，按图Ⅲ-1的模式贴在报告纸上。

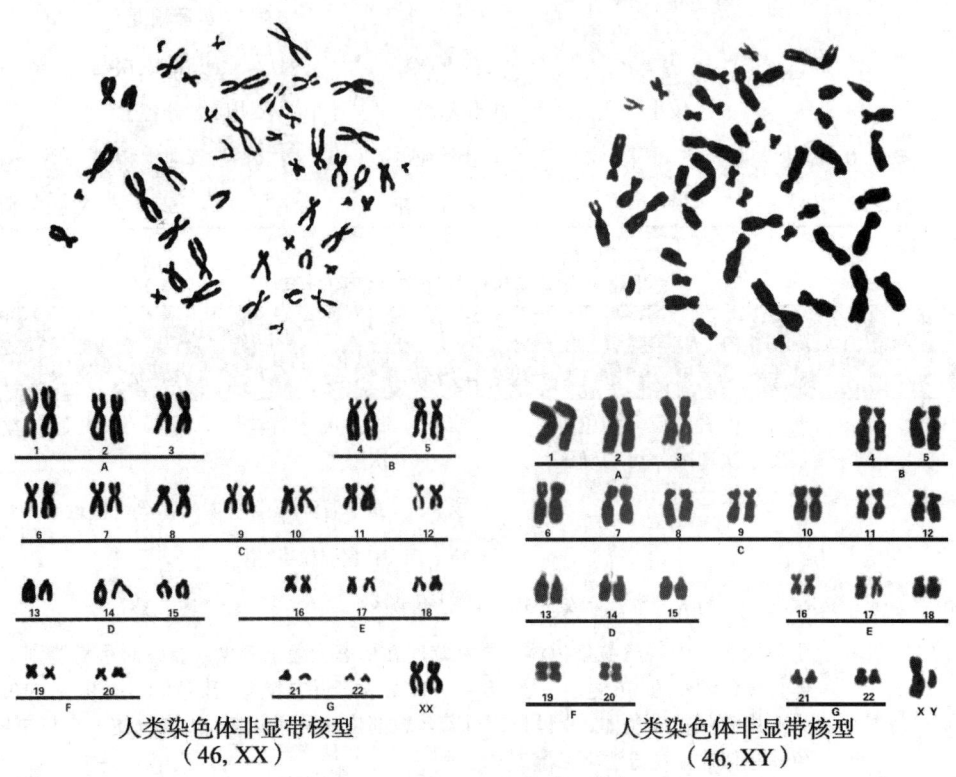

人类染色体非显带核型　　　　　　　人类染色体非显带核型
　　（46, XX）　　　　　　　　　　　（46, XY）

图Ⅲ-1　人类染色体非显带核型分析

（6）分析结果：核型记录，先写出染色体总数，再写逗号，最后写性染色体组成。如正常男性核型写为46, XY；正常女性核型写为46, XX。

【注意事项】

1. 每条染色体按轮廓剪成长方形，先按染色体的大小从大到小排队，以便识别、配对、分组、排列和粘贴。
2. 实验操作时，不要大声讲话、咳嗽和打喷嚏，以免将染色体吹走遗失。
3. 剪贴时应注意一对染色体要排列紧密，不要有间隔，但每对之间要有间隔。组间也要有间隔。短臂在上、长臂在下，着丝粒排列在同一水平横线上。
4. 将性染色体排列在G组旁。

【思考题与作业】

1. 剪贴一张人体细胞中期分裂象非显带染色体照片，分析并写出核型。
2. 简单描述正常人体细胞内各组染色体的非显带特点。

（付　红）

人类染色体非显带核型分析作业（剪贴用）

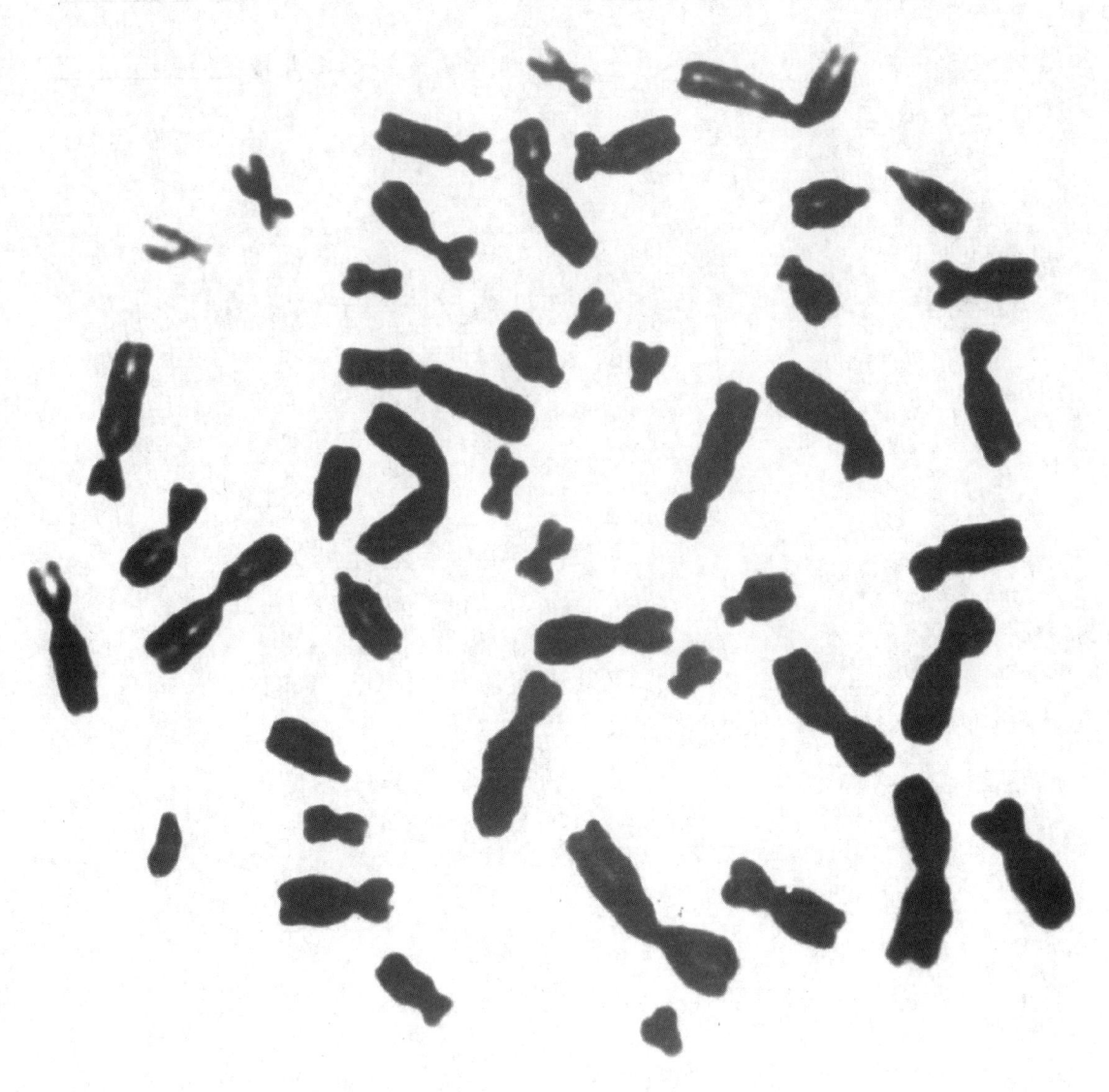

人类染色体核型分析报告

核型描述：

_____

姓名 _____

班级 _____

学号 _____

结果报告：

实验四　人类染色体 G 带核型分析

【实验目的】
1. 掌握染色体 G 带核型分析的基本方法。
2. 了解人类染色体 G 带的带型特征。

【实验原理】
正常人的体细胞染色体数目为 46 条，并有各自的形态和结构特点。染色体在形态结构或数量上的改变被称为染色体异常。对人类染色体的识别与分析，是确定和发现人类染色体异常和染色体畸变综合征的基本手段和诊断基础。

参照《人类细胞遗传学命名国际体制》(ISCN)，对待检个体的细胞核型的染色体数目、结构、形态特征进行分析，称为核型分析。人类中期染色体标本老化后经胰蛋白酶处理，再用吉姆萨（Giemsa）染色，可制得人类染色体 G 带标本。G 带技术是目前应用最广泛的显带技术，其主要优点是带型特征明显、重复性好、可长期保存，从而提高了染色体核型分析的精确性，为染色体病的诊断和病因研究提供了有效的手段。

G 带核型分析可在显微镜下直接做出判断，或通过染色体图像分析仪分析；也可进行显微照相，经放大、冲洗后，根据照片进行分析。照片分析首先将人类染色体 G 带中期分裂象照片上的染色体按其轮廓剪下，再根据它们的大小、结构、形态和着丝点的位置及各自所特有的带型特征，进行配对、分组、排列，粘贴在报告单上，构成染色体核型图。最后按国际标准对每条染色体进行分析，判断是否正常，并进行核型描述。

【实验准备】
器材：剪刀、镊子、剪贴纸、直尺、胶水、铅笔和橡皮。

【实验材料】
人外周血淋巴细胞染色体 G 带中期分裂象照片。

【实验步骤及方法】
1. 准备一张人类染色体 G 带中期分裂象高清照片。
2. 记忆每条染色体 G 带的带型特征和识别要点（表Ⅳ-1）。
3. 根据其大小、着丝粒位置和带型特征，将各条染色体逐一剪下，依次分组配对和排列组合，待检查无误后，按图Ⅳ-1 的模式贴在报告纸上。
4. 用简式和详式写出核型。

表Ⅳ-1 人类染色体 G 带带型特征及识别要点
"·"代表染色体特征性深带,"△"显示染色体最突出特点

组	染色体序号	着丝粒	G 带	短臂（p）	长臂（q）
A	1号	中		短臂近侧1/2有2条宽的深带，远侧有3~4条着色较淡的浅带，即宽的浅染区	有5条深带，中央的1条最宽和最深，长臂次缢痕深染，形似"黑三角"
A	2号	亚中		短臂有间隔均匀的4条深带，中间两条稍靠近，着丝粒浅染	长臂可见6~8条深带
A	3号	中		近侧可见2条深带，远侧有3条深带、其近端的1条较窄，中部有1条宽的浅带	近侧可见2条深带，中部是宽的浅带，远侧有3~5条深带
B	4号	亚中		有1~2条深带	均匀分布4条深带，近着丝粒的那条相对更明显深染
B	5号	亚中		中央可见1~2条深带	中段有3条深带，形似"黑腰"，远端有1~2条深带
C	6号	亚中		中段为明显宽阔的浅带，形似"白脸"，近侧和远侧段各有1条深带，前者紧贴着丝粒	长臂有6条深带，近侧1条紧贴着丝粒，远侧末端的1条窄而着色浅
C	7号	亚中		有3条深带，末端1条较宽且色深，形如"瓶盖"	有3条明显的深带，远侧1条较浅且可分为2条

续表

组	染色体序号	着丝粒	G带	短臂（p）	长臂（q）
C	8号	亚中		有2条深带，被1条浅带隔开	有3~5条带，远侧段有1条明显而且恒定的深带
	9号	亚中		有3条深带，远侧的2条有时融合为1条	可见明显的2条深带，次缢痕一般不着色，在有些标本上呈现出特有的狭长的颈部
	10号	亚中		中段有1~2条深带	有间隔均匀的3条深带，近侧的1条着色最深
	11号	亚中		近中段可见1条宽的深带，在处理较好的标本上，其可分为2条较窄的深带	近侧有1条深带，紧贴着丝粒，中段有1条较宽的深带，在这条带与近侧深带间有1条宽的浅带
	12号	亚中		中段可见1条深带	近侧有1条紧贴着丝粒的深带，中段有1条宽的深带，2条深带之间的浅带比11号的浅带稍窄
	X	亚中		中段有1条明显的深带，宛如"竹节状"，在较好标本上，其远侧还可见1条窄的着色淡的深带	可见4条深带，近侧1条最明显，与短臂的深带相对称，呈"竹节样"
D	13号	近端			可见4条深带
	14号	近端			近侧有2条深带，其中段有1条着色较淡且窄的深带，远端有1条明显的深带
	15号	近端			中段有1条明显而宽的深带。远侧端浅染，有时可见2条窄而浅染深带

续表

组	染色体序号	着丝粒	G带	短臂（p）	长臂（q）
E	16号	中		通常浅染，有时可见1~2条浅染深带	次缢痕深染，长度变异大，此外还有2条深带，远侧的1条带有时较浅或不明显
E	17号	亚中		中段有1条深带	长臂近着丝粒处有1条窄的深带，远侧有2条深带
E	18号	亚中		有1条窄的深带	近侧和远侧各有1条明显的深带，近侧的宽而浓
F	19号	中		着色最浅	着丝粒及其周围为深染，其余均为浅染
F	20号	中		有1条明显的深带	在远侧端可见1~2条淡染深带
G	21号	近端			长臂近着丝粒处有1条明显而宽的深带
G	22号	近端			在长臂上可见2条深带，近侧1条着色深，且紧贴着丝粒，呈点状，近中段的1条着色淡
	Y	近端		短臂末端有1条窄的深带	长臂远侧深染，有时可见2条深带

G带带型识别口诀

一秃二蛇三蝶飘　　　　　四像鞭炮五黑腰　　　　　六号是个小白脸

七上八下九苗条　　　　　十号长臂近带好　　　　　十一低来十二高

十三、十四、十五号（3.2.1）　十六长臂缢痕大　　　　　十七长臂带脚镣

十八人小大肚泡　　　　　十九中间一点腰　　　　　二十头重脚轻飘

二十一像个葫芦瓢　　　　二十二头小身子大　　　　X扁担两头挑

Y染色体长臂穿黑靴

【注意事项】

1. 实验操作时，注意避免剪下的染色体丢失或不小心被蹭掉。

2. 将染色体按轮廓剪成长方形，先从大到小排队，以便识别、配对、分组、排列和粘贴。

3. 剪贴时要将两条同源染色体紧密排列，而每对之间要有间隔。着丝粒要排列在同一水平的横线上，短臂在上，长臂在下，上、下线染色体要求对齐排列。

4. 将性染色体排列在G组旁。

【思考题与作业】
1. 完成人类染色体 G 带核型分析报告。
2. 简述人类染色体 G 带的原理、优点及缺点。

（付 红）

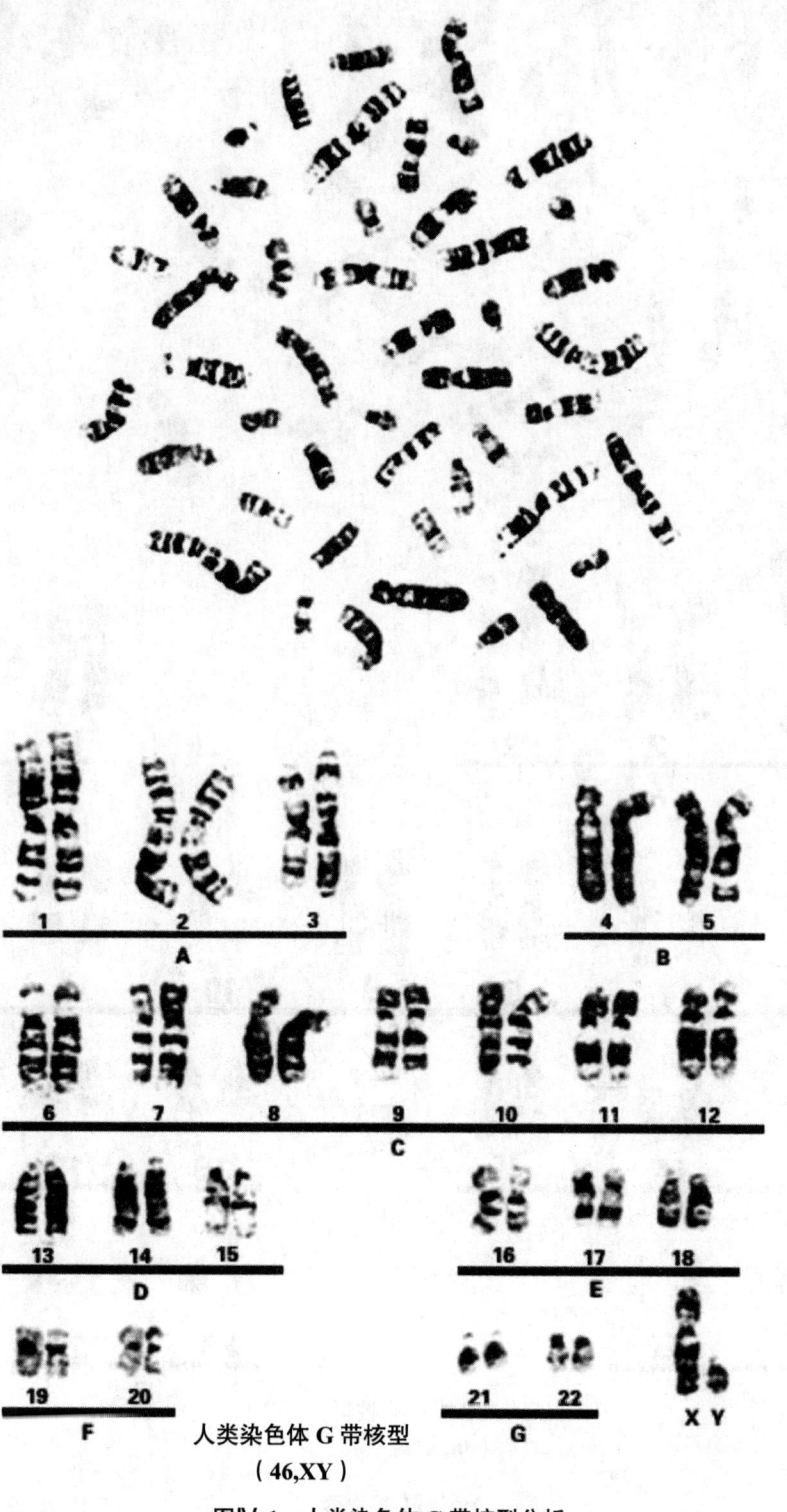

图Ⅳ-1 人类染色体 G 带核型分析

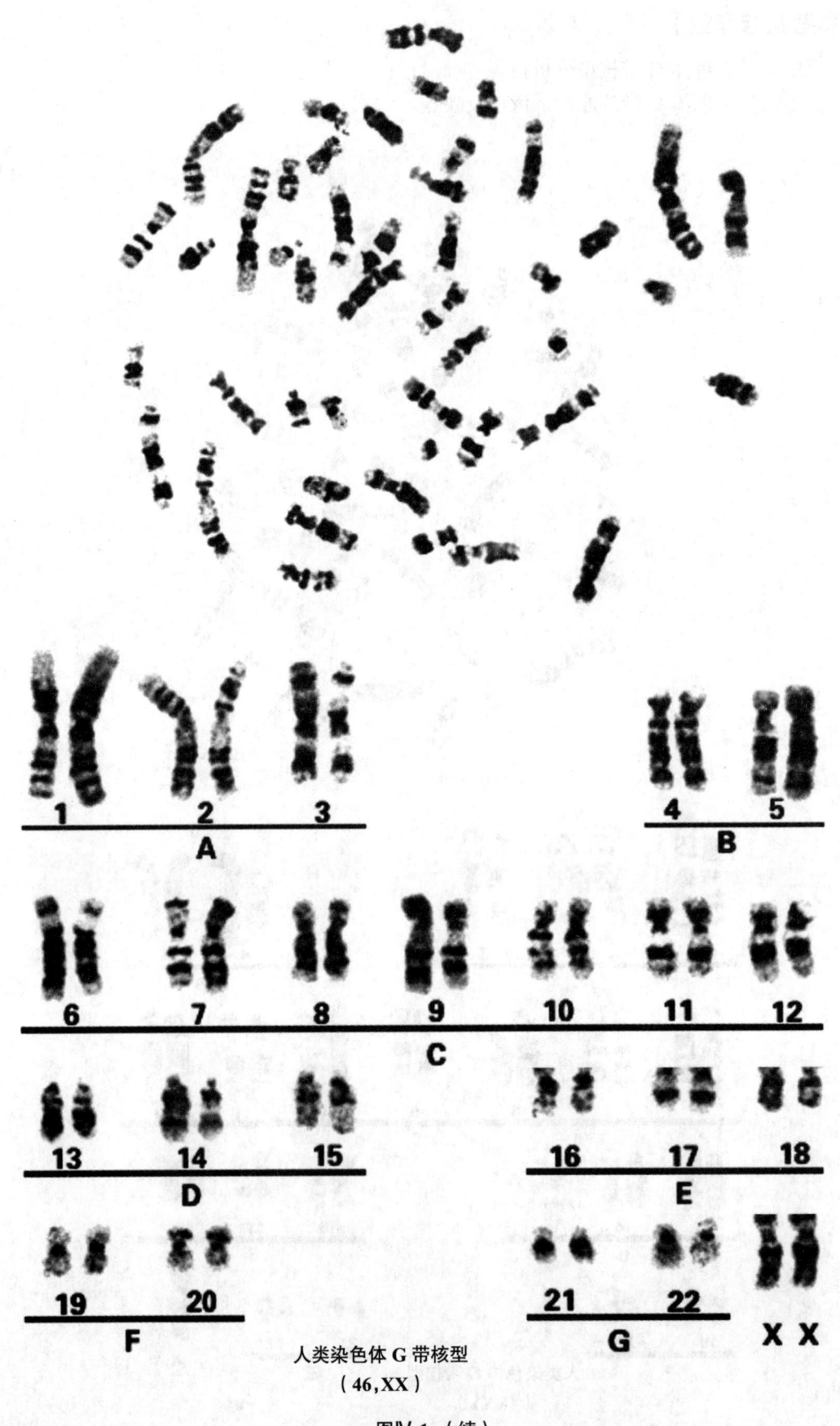

人类染色体 G 带核型
(46, XX)

图IV-1（续）

人类染色体 G 带核型分析作业(剪贴用)

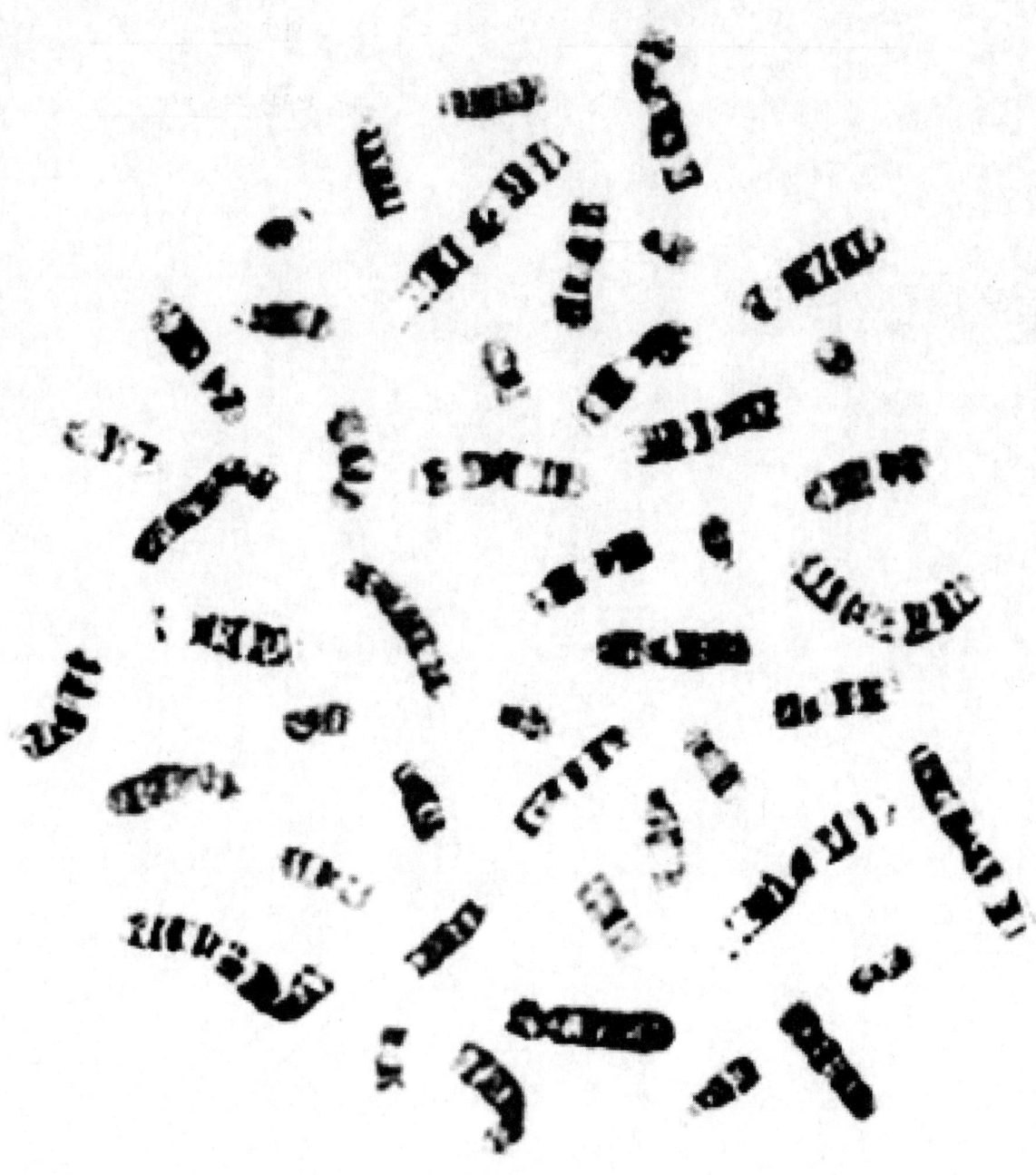

人类染色体核型分析报告

核型描述： _____

姓名 _____

班级 _____

学号 _____

结果报告：

实验五　人类遗传病与系谱分析

【实验目的】

1. 通过系谱图的分析，掌握常见人类遗传病的基本概念、基本特征和分类。
2. 学习如何绘制和解读家族系谱图，识别不同遗传病的传递模式，并推测未出现症状个体的基因。
3. 通过具体案例预测某家系中未来后代患病的风险，为遗传咨询提供依据。

【实验原理】

遗传病具有家族性，其在家族中传递的特征使得确定患者家庭成员的基因型，并对其父母、近亲和远亲进行再发风险率的估算，成为医学服务的重要目的之一。系谱分析（pedigree analysis）是了解遗传病的一种常用方法，其基本程序是先对某家族各成员出现的某种遗传病的情况进行详细调查，再以特定的符号或格式绘制成反映家族各成员相互关系和发生情况的图解，然后根据孟德尔定律对各成员的表型和基因型进行分析。通过这样的分析，可以判断某种性状或遗传病属于哪一种遗传方式（单基因遗传、多基因遗传）。如果是单基因遗传，还可进一步确定是显性、隐性或性连锁遗传。

【实验材料】

1. 音像播放设备。
2. 人类遗传病音像资料。
3. 纸、铅笔、橡皮：用于绘制系谱图。
4. 参考资料：包括人类常见遗传病的典型遗传方式及其临床特征说明。

【实验步骤】

1. 观看音像资料　学生需认真观察关于人类遗传病的音像资料，并记录关键信息。
2. 系谱分析理论学习　教师介绍系谱分析的基本方法和重要性。
3. 系谱图绘制实践　学生根据提供的系谱图示例，练习绘制简单的系谱图。
4. 系谱分析案例讨论　分析教师提供的系谱案例，讨论遗传方式和再发风险等。
5. 实验报告撰写　学生根据实验观察和分析，撰写实验报告。

【注意事项】

1. 仔细观察音像资料中的细节，准确记录遗传病的特征。
2. 绘制系谱图时，使用国际公认的系谱符号，以确保结果的科学性和规范性。

【实验报告】

在实验报告纸上绘制系谱图,并在系谱后写出分析结果。

【思考题与作业】

1. 何为遗传病?简述遗传病的基本特征和分类。
2. 单基因遗传病有几种遗传方式,各有什么特点?列举观察到的一些病例。
3. 讨论多基因遗传病的特点,并提供观察到的病例。
4. 染色体病有哪些特点?请列举一些病例。
5. 阐述系谱分析的关键要点。

(曾渊君)

实验六　遗传咨询

【实验目的】
1. 通过情景模拟，熟悉遗传咨询的一般过程。
2. 掌握系谱图的绘制、系谱分析的一般方法。
3. 掌握遗传病再发风险的估计方法，具有综合分析能力。

【实验原理】
　　遗传咨询是应用遗传学和临床医学的基本原理和技术，与遗传病患者及其家属以及有关社会服务人员讨论遗传病的发病原因、遗传方式、诊断、治疗和预后等问题，解答来访者提出的有关遗传学方面的问题，并在权衡对个人、家庭、社会的利弊的基础上，给予婚姻、生育、治疗、预防等方面的医学指导。目的是确定遗传病患者和携带者，以便商讨遗传病预防措施，降低其发病率，最终提高人群遗传素质。
　　遗传咨询是一个交流的过程，从事遗传咨询的工作人员除具备临床医学和医学遗传学的基本知识，掌握遗传病与其他临床疾病的鉴别诊断指标，掌握系谱分析的原理和方法，熟悉遗传病再发风险估计等外，还应该具备较强的沟通交流能力，要有耐心、同情心、责任心。
　　遗传咨询一般包括下列几个步骤：①询问、查体、实验室检查、收集家族史，绘制系谱图。②依据第一步获得的资料以及实验室检查结果，判断某病是否为遗传病。③根据系谱分析判断遗传病的传递方式。④回答患者及有关人员提出的各种遗传学问题，例如该遗传病的产生原因、诊断、预防、治疗及再发风险估计等问题。⑤与患者及家属商谈，并帮助他们做出恰当的选择和确定最佳措施。遗传咨询是减少遗传病患儿出生的有效方法，对降低遗传病的群体发病率、优化人类的遗传素质具有重要意义。

【实验内容】
　　采用情景模拟实验，分组完成婚前咨询、产前咨询和一般遗传咨询。
（一）婚前咨询
情景设计：
　　一位青年人准备与他的姑表妹结婚，他们家系没有遗传病患者，所以他们认为结婚对后代不会有影响。请从我国人群的遗传负荷是每人平均携带 5~6 个有害基因的角度说明此二人不宜结婚的原因。
（二）产前咨询
情景设计：
　　一对夫妇，已生育一个 21 三体综合征的孩子。
咨询问题：
（1）他们还能生育出正常的孩子吗？

（2）再生育一个正常孩子的概率是多少？
（3）该病属于遗传病吗？发病与性别有关吗？
（4）若再次生育，应该采取什么预防措施？

（三）一般遗传咨询

1. **情景设计一**　一对夫妇带一个5岁男孩就诊，孩子表现为行走笨拙、摇摆，似"鸭步"状。询问得知，妻子的哥哥在5岁左右也表现出以上相似症状，10岁时由于肌肉萎缩瘫痪在床，至20岁死亡。妻子的舅舅也患有此症并于早年死亡。

试绘制系谱图，并写出各成员可能具有的基因型，说明该病的遗传方式和特点。

咨询问题：
（1）该病是否可遗传？
（2）该病是否可治愈？
（3）再次生育出健康孩子的概率为多少？

2. **情景设计二**　幼年性黑矇性白痴是一种遗传病，患儿在6岁以前表现正常，以后智力发育减退、视力受损，导致失明、肌肉萎缩，最后常死于20岁之前。这种疾患可出现在双亲均正常的家庭中，且男女发病机会均等。现有一对25岁的表兄妹，表现正常，准备结婚，虽然双方父母正常，但双方的同胞中均有人死于此病，所以前来咨询。

咨询问题：
（1）双方都是携带者的可能性有多大？
（2）基于上述答案，他们生出该病患儿的概率有多大？
（3）通过淋巴细胞空泡形成增多试验可以检测携带者，如果此试验结果表明他们均为携带者，那么他们婚后生育一个患儿的可能性是多大？
（4）对他们有什么忠告？

3. **情景设计三**　一位女性表型正常，三个哥哥表型也正常，但因她的两个舅舅患有假肥大性肌营养不良（XR），前来咨询。

咨询问题：
（1）她是携带者的可能性有多大？
（2）如果她与正常男性结婚，婚后生育男孩的患病风险是多大？生育女孩的患病风险是多大？
（3）如果她婚后生育了一个患者，如再生育，则生育一个正常孩子的可能性是多少？

【注意事项】

1. 要求扮演咨询者的同学熟读情景设计，提出交流中患者最关心的问题。
2. 扮演遗传咨询工作人员的同学，严格把握咨询流程，耐心询问，仔细记录，科学分析，给出建设性的咨询结果。注意换位思考，保护患者尊严，注重医学伦理。

【思考题与作业】

1. 完成情景模拟遗传咨询报告单。
2. 在模拟遗传咨询过程中遇到了哪些问题？应如何应对？

（曾渊君）

遗传咨询报告单（模拟）

班级：
姓名：
学号：

姓名：　　　　　　　性别：　　　　　　年龄：
接收日期：　　　　　编号：

病史：

系谱：
系谱绘制：　　　　　　　　　　　　系谱分析：

相关检查：
项目：　　　　　　　　　　　　　　结果：

建议与解释：

报告医师：
报告日期：

主要参考文献

［1］阎希青．细胞生物学和医学遗传学．7版．北京：人民卫生出版社，2024．
［2］王培林，李冰，孙文靖．医学遗传学．5版．北京：科学出版社，2023．
［3］周长文，尚喜雨．医学遗传学．4版．北京：北京大学医学出版社，2019．
［4］左伋，张学．医学遗传学．8版．北京：人民卫生出版社，2024．
［5］赵斌．医学遗传学．5版．北京：科学出版社，2022．
［6］高江原，唐鹏程，师秀娟．医学遗传与优生．北京：中国科学技术出版社，2017．
［7］张璐，高建华．医学遗传学．上海：同济大学出版社，2019．
［8］黎敬章．医学遗传学基础．2版．北京：高等教育出版社，2014．
［9］陈竺．医学遗传学．3版．北京：人民卫生出版社，2015．
［10］梁素华，邓初夏．医学遗传学．5版．北京：人民卫生出版社，2019．
［11］马用信，郭风劲．医学遗传学．3版．北京：科学出版社，2022．
［12］杨保胜，李刚．医学遗传学．3版．北京：高等教育出版社，2023．
［13］姜炳正，霍春月．医学遗传学．武汉：华中科技大学出版社，2018．

中英文专业词汇索引

13 三体综合征（trisomy 13 syndrome）98
18 三体综合征（trisomy 18 syndrome）97
1 型糖尿病（type 1 diabetes mellitus, T1DM）83
21 三体综合征（trisomy 21 syndrome）96
2 型糖尿病（type 2 diabetes mellitus, T2DM）83
C 带（C band）21
D 环（displacement loop, D-loop）105
Edwards 综合征（Edwards syndrome）97, 103
G 带（G band）20
M 期（mitotic phase）26
N 带（N band）21
Patau 综合征（Patau syndrome）98
Q 带（Q band）20
R 带（R band）21
X 染色质（X chromatin）15
XYY 综合征（XYY syndrome）100
X 连锁隐性遗传（X-linked recessive inheritance, XR）66
X 三体综合征（trisomy X syndrome）100
Y 连锁遗传（Y-linked inheritance）68
Y 染色质（Y chromatin）15
α- 珠蛋白生成障碍性贫血（α-thalassemia）114
β- 珠蛋白生成障碍性贫血（β-thalassemia）115

A

癌基因（oncogene）129
癌家族（cancer family）126
癌前病变（precancerous lesion）127

B

白化病（albinism）120
半不连续复制（semi-discontinuous replication）42
半合子（hemizygote）67
半乳糖血症（galactosemia）121
胞嘧啶（cytosine, C）35
苯丙氨酸羟化酶（phenylalanine hydroxylase, PAH）120

苯丙酮尿症（phenylketonuria, PKU）118, 120, 152
编码链（coding strand）42
标记染色体（marker chromosome）128
表现度（expressivity）70
表现型（phenotype）36, 51
病毒癌基因（viral oncogene, v-onc）130
不规则显性（irregular dominance）59
不完全连锁（incomplete linkage）55
不完全显性（incomplete dominance）59

C

测交（test cross）52
插入（insertion, ins）96
插入易位（insertional translocation）94
产前诊断（prenatal diagnosis）137, 157
常染色体（autosome）18
常染色体显性遗传（autosomal dominant inheritance, AD）58
常染色体隐性遗传（autosomal recessive inheritance, AR）62
常染色质（euchromatin）14
超二倍体（hyperdiploid）89
超螺线管（super solenoid）13
成骨不全（osteogenesis imperfecta）117
出生前诊断（antenatal diagnosis）157
重复（duplication, dup）92
重复序列（repetitive sequence）37
重合（reunion）91
初级卵母细胞（primary oocyte）31
纯合子（homozygote）51
次级精母细胞（secondary spermatocyte）30
从性遗传（sex-influenced inheritance）71
促甲状腺素（thyroid stimulating hormone, TSH）152
脆性 X 染色体综合征（fragile X syndrome）47, 100
错义突变（missense mutation）47

D

带型（banding pattern） 19
丹佛体制（Denver system） 19
单倍体（haploid） 18，88
单基因遗传病（monogenic disease，single-gene disorder） 4，57
单体型（haplotype） 89
单一序列（unique sequence） 37
氮芥喹吖因（quinacrine mustard，QM） 20
倒位（inversion，inv） 93
等臂染色体（isochromosome，i） 95
颠换（transversion） 47
动粒（kinetochore） 17
端粒（telomere） 17
断裂（breakage） 91
多基因遗传（polygenic inheritance） 75
多基因遗传病（polygenic disease） 4，77
多体型（polysomy） 90
多效性（pleiotropy） 71
多因子遗传（multifactorial inheritance） 75

E

二倍体（diploid） 18
二分体（dyad） 27
二价体（bivalent） 27

F

翻译（translation） 42
反义链（antisense strand） 42
非姐妹染色单体（non-sister chromatid） 27
非整倍体（aneuploid） 89
费城染色体（Philadelphia chromosome） 128
分离（segregation） 51
分离定律（law of segregation） 52
分子病（molecular disease） 5，7，111
分子细胞遗传学（molecular cytogenetics） 5，7
分子遗传学（molecular genetics） 5
复等位基因（multiple allele） 46，61
复制（replication） 40
复制叉（replication fork） 41
复制分离（replicative segregation） 106
复制子（replicon） 41
副缢痕（secondary constriction） 17

G

干系（stem line） 128
冈崎片段（Okazaki fragment） 41
戈谢病（Gaucher disease） 122
割裂基因（split gene） 39
宫内诊断（intrauterine diagnosis） 157
共显性（codominance） 60
关联分析（association analysis） 6
冠状动脉粥样硬化性心脏病（coronary atherosclerotic heart disease，CHD） 84
胱氨酸尿症（cystinuria） 118
国际人类基因组单体型图计划（International HapMap Project） 8
国际糖尿病联盟（International Diabetes Federation，IDF） 83

H

核内不均一 RNA（heterogeneous nuclear RNA，hnRNA） 39
核内复制（endoreduplication） 89
核内有丝分裂（endomitosis） 89
核仁组织区（nucleolar organizing region，NOR） 17
核糖核酸（ribonucleic acid，RNA） 13，34
核糖体 RNA（ribosomal RNA，rRNA） 42
核小体（nucleosome） 13
核型（karyotype） 18
核型分析（karyotype analysis） 19，139
核型模式图（ideogram） 19
亨廷顿病（Huntington disease，HD） 3
亨廷顿舞蹈症（Huntington chorea） 61
后期迟延（anaphase lag） 90
后随链（lagging strand） 41
互换（crossing over） 55
互换定律（law of crossing over） 55
互换率（crossover rate） 56
环状染色体（ring chromosome，r） 94
回复突变（back mutation） 46

J

肌阵挛性癫痫伴破碎红纤维综合征（myoclonic epilepsy associated with ragged red fiber，MERRF） 108
基因（gene） 36，51
基因探针（gene probe） 141
基因突变（gene mutation） 45
基因芯片（gene chip） 141
基因型（genotype） 36，51
基因诊断（gene diagnosis） 141
基因治疗（gene therapy） 147
基因组（genome） 18，36
吉姆萨（Giemsa） 19
剂量补偿效应（dosage compensation effect） 15

加帽（capping） 42
加尾（tailing） 42
家族性癌（familial carcinoma） 126
家族性高胆固醇血症（familial hypercholesterolemia，FH） 50，117
家族性结肠息肉病（familial polyposis coli，FPC） 127
假肥大性肌营养不良（pseudohypertrophic muscular dystrophy） 156
间插序列（intervening sequence，IVS） 39
间期（interphase） 25
兼性异染色质（facultative heterochromatin） 14
减数分裂（meiosis） 26
剪接（splicing） 42
交叉遗传（criss-cross inheritance） 67
结构基因（structural gene） 38
姐妹染色单体（sister chromatid） 17
进行性假肥大性肌营养不良（Duchenne muscular dystrophy，DMD） 3，116
近亲婚配（consanguineous marriage） 64
精细胞（spermatid） 30
精原细胞（spermatogonium） 30
精子（sperm） 30
聚合酶链反应（polymerase chain reaction，PCR） 142
均匀染色区（homogeneous staining region，HSR） 131

K

抗肌萎缩蛋白（dystrophin） 116
克兰费尔特综合征（Klinefelter syndrome，KS） 99

L

莱伯遗传性视神经病变（Leber hereditary optic neuropathy，LHON） 108，156
酪氨酸酶（tyrosinase） 120
累加效应（additive effect） 76
连锁（linkage） 55
连锁定律（law of linkage） 55
连锁群（linkage group） 57
连锁与互换定律（law of linkage and crossing over） 55
联会（synapsis） 27
镰状细胞贫血（sickle cell anemia） 112
临床遗传学（clinical genetics） 6
卵子（ovum） 31
罗伯逊易位（Robertsonian translocation） 94
螺线管（solenoid） 13

M

慢性粒细胞白血病（chronic myelocytic leukemia，CML） 128

猫叫综合征（cri du chat syndrome） 98
模板链（template strand） 42
母系遗传（maternal inheritance） 4

N

内含子（intron，I） 39
拟表型（phenocopy） 72
黏多糖贮积症（mucopolysaccharidosis，MPS） 121
鸟嘌呤（guanine，G） 35

P

旁侧序列（flanking sequence） 39
旁系（side line） 128
配子（gamete） 26
葡萄糖脑苷脂酶（glucocerebrosidase） 122

Q

前导链（leading strand） 41
前突变（premutation） 101
嵌合体（mosaic） 90
亲缘系数（coefficient of relationship） 64
秋水仙碱（colchicine） 169
全突变（full mutation） 101
缺失（deletion，del） 92
缺体型（nullisomy） 89
群体筛查法（population screening method） 6
群体遗传学（population genetics） 5

R

染色体（chromosome） 12
染色体病（chromosome disease） 4，7，87
染色体不分离（chromosome non-disjunction） 90
染色体重排（chromosomal rearrangement） 91
染色体丢失（chromosome loss） 90
染色体多态性（chromosomal polymorphism） 24
染色体畸变（chromosomal aberration） 87
染色体畸变综合征（chromosome aberration syndrome） 4，87
染色质（chromatin） 12
人类表观基因组计划（human epigenome project，HEP） 8
人类基因组（human genome） 36
人类基因组计划（human genome project，HGP） 38
人类细胞遗传学命名的国际体制（International System for Human Cytogenetic Nomenclature，ISCN） 23
人类遗传学（human genetics） 2
融合基因（fusion gene） 114
软骨发育不全（achondroplasia，ACH） 155

中英文专业词汇索引

S

三倍体（triploid） 88
三体型（trisomy） 89
生化遗传学（biochemical genetics） 5
视网膜母细胞瘤（retinoblastoma） 127
视网膜母细胞瘤基因（retinoblastoma gene，RB gene） 132
受体病（receptor disease） 117
数量性状（quantitative character） 76
双雌受精（digyny） 89
双生子法（twin method） 6
双微体（double minute，DM） 131
双向复制（bidirectional replication） 41
双雄受精（diandry） 88
双着丝粒染色体（dicentric chromosome，dic） 95
四倍体（tetraploid） 88
四分体（tetrad） 27
随体（satellite） 17

T

泰-萨克斯病（Tay-Sachs disease） 122
唐氏综合征（Down syndrome） 7，96
糖尿病（diabetes mellitus，DM） 83
糖原贮积症（glycogen storage disease，GSD） 121
糖原贮积症Ⅰ型（glycogen storage disease typeⅠ，von Gierke disease，GSD-Ⅰ） 121
特纳综合征（Turner syndrome） 99
特异性标记染色体（special marker chromosome） 128
体细胞遗传病（somatic cell genetic disease） 4
调节基因（regulatory gene） 39
同义突变（synonymous mutation） 47
同源染色体（homologous chromosome） 27
同质性（homoplasmy） 106
脱氧核糖核酸（deoxyribonucleic acid，DNA） 13，34

W

外显率（penetrance） 60，70
外显子（exon，E） 39
完全连锁（complete linkage） 55
完全显性（complete dominance） 59
晚发性遗传病（late-onset genetic disease） 61
微效基因（minor gene） 75
无义突变（nonsense mutation） 47

X

系谱（pedigree） 57
系谱分析（pedigree analysis） 138，185
细胞（cell） 12
细胞癌基因（cellular oncogene，c-onc） 130
细胞遗传学（cytogenetics） 5
细胞增殖周期（cell generation cycle） 25
细胞周期（cell cycle） 25
先天性疾病（congenital disease） 3
先天性甲状腺功能减退症（congenital hypothyroidism，CH） 152
先天性葡萄糖-半乳糖吸收不良（congenital glucose-galactose malabsorption） 118
先证者（proband） 58
显性性状（dominant character） 51
限性遗传（sex-limited inheritance） 72
线粒体DNA（mitochondrial DNA，mtDNA） 37，104
线粒体病（mitochondrial disease） 107
线粒体脑肌病伴高乳酸血症和卒中样发作（mitochondrial encephalomyopathy with lactic acidosis and stroke-like episode，MELAS） 108
线粒体遗传病（mitochondrial genetic disease） 4
腺苷脱氨酶（adenosine deaminase，ADA） 8
腺嘌呤（adenine，A） 35
相互易位（reciprocal translocation） 94
携带者（carrier） 62
新生儿筛查（newborn screening） 152
信使RNA（messenger RNA，mRNA） 42
性染色体（sex chromosome） 18
性染色质（sex chromatin） 15
性状（character，trait） 51
胸腺嘧啶（thymine，T） 35
修饰基因（modifier gene） 60
血管紧张素受体（angiotensin receptor） 83
血管紧张素原（angiotensinogen） 83
血管紧张素转换酶（angiontensin converting enzyme） 83
血红蛋白（hemoglobin，Hb） 111
血浆凝血活酶成分（plasma thromboplastin component，PTC） 116
血友病（hemophilia） 116

Y

亚二倍体（hypodiploid） 89
延迟发作（late onset） 61
延迟显性（delayed dominance） 61
医学遗传学（medical genetics） 2
移码突变（frame shift mutation） 47
遗传保健（genetic health care） 159
遗传病（genetic disease，inherited disease） 2
遗传率（heritability） 79
遗传密码（genetic code） 42

遗传筛查（genetic screening） 152
遗传性代谢缺陷（inborn error of metabolism） 7
遗传性酶病（hereditary enzymopathy） 5，119
遗传性肾炎（hereditary nephritis） 156
遗传医学（genetic medicine） 8
遗传易感性（genetic susceptibility） 127
遗传印记（genetic imprinting） 72
遗传早现（anticipation） 72
遗传咨询（genetic counseling） 154
异常血红蛋白病（abnormal hemoglobinopathy） 111
异染色质（heterochromatin） 14
异质性（heteroplasmy） 106
抑癌基因（tumor suppressor gene，TSG） 132
易感性（susceptibility） 78
易患性（liability） 78
易位（translocation，t） 94
隐性性状（recessive character） 51
荧光原位杂交（fluorescence in situ hybridization，FISH） 7，139
优生学（eugenics） 162
游离胎儿 DNA（cell-free fetal DNA，cffDNA） 138
有丝分裂（mitosis） 26
有义链（sense strand） 42
诱变剂（mutagen） 45
诱发突变（induced mutation） 45
阈值（threshold） 78
原癌基因（proto-oncogene，pro-onc） 130
原发性高血压（essential hypertension，EH） 82
原位杂交（in situ hybridization，ISH） 7

Z

杂合子（heterozygote） 51
在线人类孟德尔遗传（Online Mendelian Inheritance in Man，OMIM） 5
整倍体（euploid） 88
整码突变（in-frame mutation） 47
正向突变（forward mutation） 46
植物凝集素（phytohemagglutinin，PHA） 169
质量性状（qualitative character） 75
终止密码突变（termination codon mutation） 47
众数（modal number） 128
重症联合免疫缺陷病（severe combined immunodeficiency disease，SCID） 8
珠蛋白生成障碍性贫血（thalassemia） 114
主缢痕（primary constriction） 17
转换（transition） 46
转录（transcription） 42
转运 RNA（transfer RNA，tRNA） 42
着丝粒（centromere） 17
着丝粒融合（centric fusion） 94
自发突变（spontaneous mutation） 45
自毁容貌症（self-destructive facial syndrome） 122
组成性异染色质（constitutive heterochromatin） 14